한국정치와 문화정책

백 익

Politics and Cultural Policy in Korea

박영사

머리말

문화의 세기, 문화의 시대를 맞이하여 문화와 정치를 주제로 저술활동의 문턱에 서서 아름다운 세상, 아름다운 시절을 떠올리며, 떨리고 설레는 마음으로 이 책을 쓴다.

그 어느 때보다도 문화가 중시되고 문화의 위상이 높아짐에 따라 국가와 사회는 물론, 우리의 실생활에서 문화의 중요성과 필요성은 매우 커졌다고 할 것이다. 고도 산업사회와 현대 물질문명의 발전 속에 소외되어온 인간의 본래적 가치 창출 및 인간의 존엄성과 정체성을 회복하게 하는 데에 중점을 두고 살아가는 시대에 문화는 이제 실천적 명제로서 선택의 문제가 아닌 당위의 문제가 되었다.

새로운 패러다임의 문명전환의 시대에 따라 과거의 왕권력, 군사력, 경제력을 거쳐 21세기에는 문화(창조)력이 국력을 좌우하는 국가발전의 원동력이 되었다. 그만큼 문화의 영역은 시대적 요구와 정책 환경의 변화에 따라 다양하고 광범위해져 정치, 경제, 사회분야와 교류하고 융합하고 통합되는 현상을 통해 새로운 문화의 정체성과 다양성을 형성하게 된 것이다.

이제는 과거의 노동력과 물질적 자원을 중심으로 하는 생산력보다 창조력과 창의성을 바탕으로 하는 문화가 국부를 창출하는 핵심원천이며, 국가경쟁력과 인간의 삶의 질을 결정하는 시대가 된 것이다. 따라서, 경제가 문화수요를 창출하던 패턴을 지나 문화가 경제력을 창출하며, 과거의 물질문명 중심에서 정신문명 중심으로, 생산주의 사회에서 문화주의 사회로 이행하는 문명사적 패러다임의 변화에 주목해야 할 것이다.

오늘날 모든 분야에 있어 수동에서 능동으로, 소극적 행태에서 적극적 행태로, 관전 위주에서 참여 위주로, 엘리트 중심에서 대중 중심으로, 객체에서 주체로 추세가 변화하듯이, 문화도 관람 중심에서 참여 중심으로 언제 어디서나 모든 국민이 문화향유권을 누리며 문화로 삶의 질을 향상시키는 정책 환경과 기반조성을 위해 근본적으로 변화와 혁신을 꾀해야 할 때다. 이러한 시대적 흐름과 변화에 부응하여 국가차원에서의 적극적인 정책 개발과 지원이 뒷받침되어야 하며, 국내외적으로 핵심 문화콘텐츠를 중심으로 한 K-Culture의 지속적인 육성과 확대 강화로 문화강국을 이루어나가야 할 것이다.

한편 학술적으로는 문화분야의 연구를 위해 정치, 경제, 사회분야와 정치학, 행정학, 정책학, 법학, 경제학, 경영학, 사회학 등 인접학문을 통해 다양하게 실무와 이론을 도입, 접목, 응용하여 오고 있지만 정책학을 제외하고는 크게 괄목할 만큼 활발한 편은 아니다. 특히 정치학과 사회학 등과의 학문적 접목과 융복합적 연구는 미흡한 편이어서 앞으로 더욱 다양한 학제간 연구의 시도와 많은 노력이 필요하다고 생각된다. 문화의 사회적 역할을 포함하여 문화현상을 분석하는 문화연구는 다양한 학문적 배경을 필요로 한다. 문화연구가 정책에 대한 관심을 기울이게 된 것은 문화의 정치적 측면에 대한 연구가 진행된 이후이며, 문화정책 연구가 문화이론가와 문화정책 담당자들에게 새로운 학문의 길을 제시하였던 사실을 주목할 필요가 있다.

저자는 평소 정치에 관심을 갖고 많은 책을 읽고 정치사극도 즐겨보며, 한국의 정치사와 선거론 등에 집중하여 한국정치를 공부하였다. 입법고시를 통해 국회에서 입법행정에 직접 몸담고 직무를 수행하는 한편, 행정고시를 통해 평생을 문화체육관광부 등 정부에서 봉직하며, 문화예술을 사랑하고 국가와 국민을 위해 봉사하고 헌신한다는 마음으로 문화예술정책을 수립하고 정책 실무를 수행해왔다. 그런 과정 속에서 자연스럽게 우리나라의 문화정책이 시대에 따라, 정권과 지도자에 따라, 정치적 환경에 따라 어떻게 결정되고 시행되어 왔는지에 대하여 지대한 관심을 갖고 연구해보고 싶은 학문적 충동과 호기심을 갖게 된 것이다.

인접학문과의 융복합으로 학문의 지평을 넓히고 통섭의 학문을 실천한다는 차원에서 한국정치와 문화정책과의 상관관계 나아가 정치와 문화와의 관계를 통시적으로 살펴보고 규명하고자 하였다. 궁극적으로는 우리나라의 정치발전과 문화발전을 위한 방향과 방안을 모색하고 천착해보고자 하는 목적의식으로, 학문적 연구영역의 확장과 학제간 이론적 접목을 통해 폭넓은 문화정책 연구와 발전적인 문화정책의 실현에 일조한다는 사명감으로 연구를 시작한 것이다.

우리나라의 경우 1987년 문화부 산하 한국문화예술진흥원에 문화발전연구소를 두고, 한국문화 발전을 위한 연구과제를 개발하는 것을 시작으로, 정부의 체계적인 문화정책의 수립을 지원하고 정책대안을 제시하기 위하여 정책연구기관을 설립하였다. 한국문화정책개발원을 거쳐 한국문화관광연구원을 통해 문화와 문화정책이 행정학이나 정책학에서 연구대상이 된 이후부터 지금까지 문화분야에 관한 학문적 연구활동은 활발하게 이루어져 왔다. 하지만 문화와 정치, 문화와 경제 또는 경영 등 타 분야와의 상호관계에 대한 연구는 많지 않았고, 특히 문화정책과 정치와의 상관관계나 문화정책의 정치성 등에 관한 연구는 거의 이루어지지 않았다. 정부의 정책현장에서 직접 직무를 수행한 저자 개인적으로도 평소 이에 대한 아쉬움과 안타까움 속에 각별한 관심과 애착을 갖게 되었다.

이러한 점에 착안하여 문화정책과 정치적 결정요인을 중심으로 시대별, 정부별로 상호 특성과 관계를 비교평가 및 종합 분석하고 규명함으로써 아직도 일천한 문화와 정치의 상관관계에 대한 연구의 지평을 새롭게 열어, 동 분야에 대한 학문적 문제의식의 함양과 다각적인 연구의 시각과 논점 유발, 그리고 각종 연구 자료 및 관련 정보를 제공하고자 한다. 나아가 앞으로의 연구 필요성과 방향 및 영역과 과제를 모색하고, 특히 문화정책에 대한 미래의 바람직한 방향과 발전방안을 강구해 나가는 데 기여하고자 한 것이다.

따라서 정치와 문화정책 간의 상관관계와 문제점을 중심으로 정치적 요인에 따라 시대적 환경에 의해 각 정부가 어떤 문화정책을 어떻게 수립, 시행하였는지를 통시적으로 살펴보고, 정치적 요인과 문화정책 간에 어떠한 상관관계가 있는지를 고찰한다. 이를 통해 향후 문화정책의 흐름을 파악하고, 문화정책의 목표인 문화 민주주의, 문화정체성, 문화다양성, 문화공공성, 문화복지 등의 실현을 통한 인간다운 삶의 질 향상과 궁극적인 문화사회 및 문화국가 건설을 위해 향후 문화정책이 나아가야 할 방향과 과제, 그리고 문화정책에 지대한 영향을 미치는 정치가 지향해야 할 바람직한 정책적 대안에 대하여도 제언하고자 한 것이다.

이 책은 정치적 결정요인을 중심으로 우리나라의 민주화 이후의 문화정책에 관한 연구결과를 토대로 하여 집필한 것으로, 제1장 서문에서는 문화정책과 정치 연구의 목적과 범위 및 방법에 대하여 기술하였다. 제2장 문화정책과 정치적 결정요인에서는 문화정책의 개념, 이념과 목표, 그리고 문화정책의 정치적 결정요인에 대하여 이론적으로 살펴보고, 선행연구를 중심으로 문화정책의 연구에 대하여 기술하고 연구 분석의 틀로서 정치적 요인과 문화정책의 특성 분석모형을 제시하였다. 제3장에서는 우리나라의 정치환경과 특성을 민주화 이전과 이후로 나누어 고찰하고, 제4장에서는 우리나라의 문화정책에 대하여 민주화 이전과 이후로 구분하고, 특히 명실상부한 민주정부인 김영삼 정부, 김대중 정부, 노무현 정부의 문화정책의 특성을 집중적으로 고찰하였다. 제5장에서는 우리나라의 문화정책과 정치적 결정요인을 정치체제적 측면, 대통령의 리더십 측면, 정치상황적 측면에서 각 정부별로 정치적 결정요인이 각각의 문화정책의 특성과 내용에 미치는 영향을 분석하였다. 제6장에서는 우리나라 문화정책의 나아갈 방향과 발전방안을 제시하였다.

기실 저자가 학문적 의지와 의욕은 앞섰지만, 학문적 연구활동을 전문으로 하는 학자나 연구자가 아니라서 걱정과 두려움이 앞선다. 학문적 조예나 지적 능력이 여러모로 부족함에도 불구하고, 용기를 내어 내딛는 첫걸음이라는 점을 감안하여 너그럽게 많은 이해와 배려, 혜량을 당부 드린다. 국내 대학과 연구기관에서 전문적으로 학문을 연구하는 교수나 연구원들, 특히 폭넓고 심도 있게 문화정책 개발과 정책대안을 제시하며 문화정책 발전에 크게 기여해온 한국문화관광연구원이 연구영역을 넓혀 인접학문과의 융복합적, 학제간 문화연구와 문화정책 연구로 문화분야와의 통섭을 실행하는 데에도 힘써 나가기를 바라는 마음이 간절하다.

저자도 겪었듯이, 공직자로서의 직무와 전공자로서의 학문을 접목시켜 실무와 이론을 바탕으로 학술적인 연구 활동을 수행한다는 것이 환경 여건이나 상황으로 보아 결코 쉽지는 않겠지만, 그럼에도 불구하고 실무 관련 지식정보와 자료 수집 등에 강점이 많고 연구과정상 유리한 점도 많으므로 평소에 조금만 더 관심을 갖고 틈틈이 노력을 경주한다면 좋은 기회와 결실을 맺게 될 것이라 확신한다. 따라서 정부정책을 수립하고 시행하는 공직자는 물론, 문화예술 기관이나 관련단체에서 문화예술 업무를 수행하는 종사자와 관계자들도 평소 관심을 갖고 문화분야의 지평을 넓히는 학문적 연구 활동에도 노력을 기울였으면 좋겠다는 생각이다.

이 책의 근간인 학위논문을 완성하는 데에 애정 어린 지도편달과 아낌없는 성원을 보내주신 정용길 교수님, 황태연 교수님, 전인영 교수님, 신병현 교수님, 박명호 교수님과 본 연구과정에 많은 도움을 준 한국문화관광연구원과 참고문헌 저자분들, 각종 참고자료와 데이터를 제공해주신 분들, 그리고 이 책을 출간하기까지 흔쾌히 호의와 배려를 베풀어주신 박영사 안종만, 안상준 대표님과 출판에 많은 도움을 주신 임재무 전무님을 위시한 정성혁 과장님, 전혜민 대리님과 편집진 여러분에게 깊은 감사의 말씀을 드린다.

각별히 이 기회를 빌려 저자가 태어나 자라고 공부하며 나름 성공적인 삶을 살아온 오늘날까지 무궁한 사랑과 성원과 은덕을 베풀어주신 부모님과 형제자매, 친인척과 은인들, 막역한 친구들과 지인들에게 존경과 보은의 마음을 듬뿍 담아 감사를 드리며, 특히 공직자 가족으로서 내게 항상 큰 힘이 되어준 사랑하는 영원한 반려자 김선애 젬마와 지수, 승원, 채이, 백진에게 각별한 사랑과 고마움의 증표로 이 책을 헌정하고자 한다.

2025년 12월

진수재(進修齋)에서

토번(土繁) 백 익 씀

차 례

표 목차

그림 목차

제1장

서문

제1절 문화정책과 정치 연구

문화의 세기로 일컬어지는 21세기 문화의 시대를 맞아 세계화와 정보화의 큰 흐름 속에서 문화의 가치와 중요성이 날로 증대하고 있다. 풍족하고 인간다운 삶의 질 향상과 국가발전을 위한 문화의 역할과 기능 또한 매우 폭넓게 빠른 속도로 확대되고 있다.

즉, 새로운 가치관의 정립과 함께 이를 위한 문화의 역할은 국가발전의 핵심요소로서 작용하며, 문화의 창의성이 국가발전을 주도하고 국민 각자의 삶의 질을 고양시키기는 등 문화의 기능이 날로 증대하고 있는 것이다. 따라서 문화는 현대의 지식기반시대에 지식정보사회의 최대의 화두이며, 선택이 아닌 당위의 문제로 실천적 명제가 되었다.

이제 문화는 단순히 사회체계상 상부구조의 일부를 이루는 사회적 형식이 아니라 정치, 경제, 종교, 사상과 같은 사회의 모든 층위에 걸쳐있는 복합적이고 중층적인 영역으로서 상호 유기적으로 관계를 형성하며 영향을 주고받는 대등한 상위개념으로 인식되고 있다. 즉, 인간다운 삶의 질 향상과 국가발전의 원동력으로서의 문화에 대한 인식의 전환과 새로운 문화적 패러다임이 이루어지고 있는 것이다.

과거 국가정책은 정치와 경제 위주의 정책기조하에서 수립되고 시행되어 왔다. 문화정책 또한 정치적 논리와 경제적 논리에 의하여 국가정책의 수단으로서 정치적 목적을 위해 또는 경제적 개발을 위해 활용되거나 하위개념으로 경시되어 왔다. 하지만 이제는 문화마인드와 문화적 논리를 바탕으로 한 문화중심의 국가정책이 국민복지중심의 문화 민주주의와 문화공공성을 실현하고, 문화창조력과 문화다양성을 기초로 하여 국가경쟁력을 강화하고 제고해 나가는 방향으로 추진되어야 할 것이다.

국가발전 전략으로서의 국가경쟁력 제고를 위한 문화발전 차원에서 우리는 그간의 문화정책이 어떻게 형성되고 변화해 왔는지, 그 문제점은 무엇이며, 그 원인은 어떤 것인지, 또한 기존 문화정책의 이념이나 기본방향이 시대의 흐름과 환경변화에 부합되었던 것인지, 정책의 목표와 과제와 내용 등이 실제로 적합하게 시행되었는지를 고찰하고 평가해 볼 필요가 있다. 또한 이를 바탕으로 향후 문화정책의 목표와 방향을 설정하고, 바람직한 정책과제와 발전방안을 모색해 나가야 할 것이다.

일반적으로 국가정책은 정책이념과 가치, 정책방향, 정책의제와 목표의 설정, 정책형성과 집행 및 평가과정 등에서 역사적, 정치적, 경제적, 사회적, 환경적 요인 등 여러 가지 요인들의 영향을 받게 된다. 무엇보다도 당시의 정치체제 및 정치지도자의 특성, 정치적 상황과 환경 등 정치적 요인으로 인한 영향이 대단히 크다고 하겠다.

그러나 국가정책에 대한 지금까지의 연구영역과 연구경향을 보면, 타 분야와는 달리 문화, 특히 문화정책에 영향을 미치는 정치적 결정요인에 관한 연구는 물론, 문화 또는 문화정책의 정치성에 관한 연구가 매우 미흡한 실정이다.

이에 본 연구는 이러한 맥락과 배경에 따라 우리나라의 문화정책이 역대 정부[1]의 특성에 따라 어떻게 형성되고 변화하여 왔는지, 그 정치적인 결정요인에

1) 우리나라의 현대 정치사를 구분할 때, 일반적으로 공화국별로 또는 정권별로 구분하고 있는데, 여기에서는 제6공화국 이후 문민정부, 국민의 정부, 참여정부 등의 별칭으로 각 정권을 명명하고 있는 점을 감안하여 '정권'이라는 용어 대신 미국의 예처럼 '정부(Administration)'라는 용어를 적용하고자 한다.

따른 문화정책의 특성을 정부별로 살펴보고자 한다. 이를 종합적으로 분석하여 정치와 문화정책 간의 관계를 도출함으로써 각 정부별 문화정책에 대한 비교평가는 물론, 향후 우리나라의 문화정책이 나아가야할 바람직한 방향과 과제를 모색하고 문화정책의 발전방안을 제시하고자 한 것이다.

일반적으로 문화연구에서는 문화의 정치적 측면에 대한 연구가 진행되면서 문화정책에 관심을 갖게 되었고, 문화정책은 문화연구의 학문지향성을 벗어나 문화연구에 대한 비판과 함께 정부의 지원과 규제에 관한 정책과정의 실제적 측면에 대한 비판적 분석을 중심으로 문화정책 연구가 행해지면서 그 정치적 함의가 중시된 것이다. 현대사회의 급격한 변화와 문화복지 증진, 국민의식의 고취, 문화분야의 시장실패 등을 이유로 문화정책의 필요성과 중요성이 더욱 커짐으로써 그에 따른 국민의 삶의 질 향상과 사회통합을 위한 정치적 기능과 역할 또한 증대된 것이다.

제2절 연구의 범위 및 방법

1987년 한국문화예술진흥원에 문화발전연구소를 두고 한국문화 발전을 위한 연구과제를 개발하는 것을 시점으로 하여, 정부의 체계적인 문화정책의 수립을 지원하고 정책대안을 제시하기 위한 정책연구기관으로 한국문화정책개발원(1994)과 한국문화관광정책연구원(2002)을 거쳐 한국문화관광연구원(2007)이 설립되었다. 이를 통해 문화와 문화정책이 행정학이나 정책학에서 연구대상이 된 이후부터 지금까지 문화분야에 관한 학문적 연구 활동은 활발하게 이루어져 왔다. 그러나 문화와 정치, 문화와 경제 또는 경영 등 타 분야와의 상호관계에 대한 연구활동은 그다지 많지 않았다. 특히 문화정책과 정치와의 관계나 문화정책의 정치성 등에 관한 연구는 거의 이루어지지 않았다.

본 연구에서는 이러한 현실을 감안하여 역대 정부에 따른 시기별 문화정책을 중심으로 각각 어떤 특성을 지니며 어떻게 변화해왔는지 살펴보고, 이를 통시적으로 분석하고자 한다. 따라서 연구범위와 대상 시기는 민주화 이후 형식적 민주주의에 기초한 제6공화국의 과도기체제인 노태우 정부 이후로 진정한 민주주의 정치체제가 시작된 김영삼 정부, 김대중 정부, 노무현 정부까지로 정하고, 그 기간에 걸쳐 이루어져 온 각 정부별 정치적 요인과 문화정책을 중심으로 한정하고자 한다.[2)]

1948년 정부수립 이후부터 헌정 60년에 걸친 역대 모든 정부의 문화정책으로 연구범위와 그 대상을 설정할 수도 있겠으나, 이 경우 시기가 광범위해진다. 또한 과거 권위주의적 독재정권 체제하에서의 문화의 위상과 역할이 정권을 위한 정치적 도구와 수단으로서 남용되어온 역사적 사실이 너무도 명확하고 당연시되어 정치적 요인에 의한 문화정책 연구의 유의성이 낮기 때문에 본 연구에서는 이를 상기와 같이 한정하고자 한 것이다.

2) 시대구분 방식에 있어 공화국별로 정권에 따라 구분한 경우는 '문화정책의 역사적 전개 과정'(임학순, 2003), '문화정체성 제고정책의 변천과정'(한국문화정책개발원, 2002), '문화정책의 회고와 발전방안'(정홍익, 1995), '문화행정연구: 개념틀과 분석'(정홍익, 1992), '문화정책의 역사적 분석'(정홍익, 1991) 등이 있고, 연대별로 구분한 경우는 '문화공보연감: 문화부편'(1992), '한국의 문화정책'(정재완, 1985) 등이 있으며, 이들을 혼용한 경우로는 '우리나라 문화정책의 목표와 특성'(구광모, 1999), '우리나라 문화정책의 이념에 관한 연구'(정갑영, 1993) 등이 있다. 복합적인 변수를 혼용한 구분 방식은 '문예진흥원 20년사'(한국문화예술진흥원, 1993), '우리나라의 문화행정'(문화부, 1992), '한국 문화정책'(한국문화예술진흥원, 1992) 등이 있다.

또한 이러한 연구대상의 시기 설정은 우선 정치사적으로 보면, 제6공화국은 1987년 6.10 민주화항쟁에 의해 6.29 선언이 이루어지면서 1970년대부터 시작되었던 민주화운동이 결실을 맺었다. 약 30년간의 군사정권에 의한 독재체제 시대가 막을 내리고, 대통령 직선제라는 형식적 민주주의의 실현으로 탄생한 노태우 정부가 출범하면서 과거의 사회적, 문화적 현상들이 쇠퇴하였다. 새로운 시대를 여는 쟁점과 현상들이 가시화되기 시작한 변혁과 전환의 시기였음을 우선적으로 고려한 것이다.

나아가 1990년대는 사회, 문화적으로 단절과 새로움의 역사적 의미를 가졌다. 1970－'80년대의 경제성장과 1988년 서울올림픽의 성공적 개최의 바탕 위에서 정치적 민주화와 함께 소련을 중심으로 한 사회주의권 국가체제의 붕괴와 세계질서의 재편이 가져온 세계화 물결 속에서 문화에 대한 새로운 사고와 인식의 변화가 생겼다. 이어서 문화가 이 사회의 중심의제로 대두된 '문화의 시대'를 맞게 된 것이다.

또한 민주화 이후 정치권력 내에서도 문화에 대한 좀 더 정교한 정책과 논의가 필요하다는 인식이 싹트기 시작하였다. 그간 공보기능에 중점을 둔 '문화공보부' 시대를 마감하고, 문화정책의 전담부서로서의 독립적인 '문화부' 설치로 본격적인 문화발전을 위한 종합적이고 체계적인 정책이 추진되는 등 문화정책의 대대적인 변화가 수반된 시기이기도 하다. 이러한 맥락에서 노태우 정부는 국민직선제에 의한 형식적 민주주의 체제로 헌정절차상 어느 정도 정권의 정당성은 확보하였다. 그러나 과거의 군부체제와 군사정치 문화에서 자유롭지 못한 의사 민주주의라는 과도기체제임을 감안하여 민주화 이후의 민주정부 차원에서 배제한다. 진정으로 문민화된 민주주의 체제인 김영삼 정부와 김대중 정부, 그리고 노무현 정부를 본 연구의 주요한 대상시기적 범위로 한정하고자 한다.

더구나 제 1, 2공화국 시기에 문화정책이라 일컬을 만한 정책이 사실상 없었다. 제3공화국부터 제5공화국 시기에는 문화가 정치, 경제의 하위개념 내지는 정권홍보 및 정권의 정통성과 정당성을 위한 수단과 도구로 사용되었다. 문화 본연의 의미를 사실상 갖지 못하게 된 박제화된 문화관이라는 당연하고도 공통된 인식이 자리 잡고 있음을 감안한 것이다. 결과적으로 이러한 정부별 구분방식은 원칙적으로 각 시기마다 정부에 따라 정치적 특성과 문화정책의 기조와 이념과 특성이 다르게 형성되고 변화하여 왔다는 점을 전제한다.

다음으로 본 연구의 분석대상의 내용적 범위는 문화정책에 영향을 미치는 결정요인이 정치적, 경제적, 사회적, 역사적, 환경적 요인 등 복합적이고 다양하지만, 무엇보다도 각 정부에 따라서 문화정책의 특성이 어떻게 결정되고 변화해 왔는지를 고찰하고자 함에 중점을 두고 있다. 국가정책의 특성상 정치적 요인의 영향이 가장 크고 중요하다고 판단되므로 정치적 결정요인을 중심으로 한다. 대신 많은 정치적 요인에도 불구하고 정책과정의 핵심부분인 정책결정 및 정책집행에 미치는 영향이 가장 크고 중요한 요인들로 각 요인 간 차별화와 특성화가 용이한 점을 감안하여 이를 정치체제적 요인, 대통령의 리더십 요인, 그리고 정치상황적 요인 이 세 가지로 구분하여 살펴보고자 한다.

따라서 정치적 특성을 형성하는 정치적 요인은 문화정책에 미치는 정치적인 주요 결정요인이다. 첫째, 각 정부의 정치체제 구조 및 정부형태, 통치이념과 국정지표 및 국정과제, 둘째, 최고 정치지도자이자 정책 결정권자인 대통령의 출신배경 및 성장과정, 성격 및 리더십, 그리고 대선공약 사항과 지시사항, 셋째, 정치적 주요상황 및 환경 등 그 정치적 특성을 중점적으로 고찰할 것이다.

문화정책에 대하여는 문화정책의 다양한 개념과 범위를 감안하여 당시 정부직제에 따라 문화행정을 관장하는 중앙행정기관의 문화행정 체계와 문화분야에 대한 국정과제와 중장기계획 및 주요업무 계획상의 정책사업과 그 내용을 중심으로 범위를 한정하여 구체화할 것이다. 이는 문화정책의 업무영역이 개념적 정의에 따라 다양하게 정부 여러 부처에 산재해 있으나, 문화부가 문화정책으로 실제 관장한 업무영역을 연구대상으로 하며, 우리나라 문화정책을 다룬 기존의 연구영역과도 대체로 일치한다는 점을 고려한 것이다.

따라서 정부조직의 직제개편에 따라 1993년 문화체육부 발족 이후 관장업무에 변화가 있었던 체육, 관광, 청소년 분야의 정책과 행정은 본 연구가 역대 정부의 문화예술분야를 중심으로 한 문화정책이라는 동질성과 연속성 차원에서 연구에 직접 관계되거나 필요한 경우 외에는 본 연구의 주요범위와 대상에서는 이를 원칙적으로 제외하고, 문화분야의 정책을 중점적으로 다룰 것이다.

본 연구에서 조사, 분석에 필요한 자료 수집을 위해서는 설문지를 병행하는 방법도 가능하겠지만, 본 연구의 성격상 기존의 관계문헌과 학술연구 논문, 그리고 과거 객관적인 사실의 기록물과 기록상의 데이터들을 활용하는 방법을 택하고자 한다.

즉, 문화정책에 영향을 미치는 정치적 결정요인을 고찰하기 위해 한국의 정치사적 관계문헌과 학술논문, 역대 대통령의 전기 및 관계문헌과 기록물 등을 중심으로 각 정부별로 정치체제, 대통령의 특성 및 리더십과 정치적 상황을 분석하며, 문화정책 수단으로서의 문화행정 체계와 문화정책의 특성을 고찰하기 위해서는 문화 관계문헌 및 학술논문과 정부 및 정책연구 기관의 정기간행물(각종 백서, 논총, 정책보고서, 연감, 통계자료집 등)을 중심으로 그 당시의 주요 문화정책사업과 중점과제 및 주요업무계획, 그리고 조직, 인사, 재정, 각종 법제, 제도 및 주요 문화 인프라 등 문화행정 체계와 문화정책상의 이념 및 목표와 성과를 종합하여 문화정책의 특성을 정성적으로 비교 분석하고자 한다.

따라서 본 연구는 역대 정부에서의 정치적 결정요인이 각각 우리나라의 문화정책 과정상 '어떻게' 영향을 미쳤는가 하는 절차나 방법상의 문제보다는 문화정책의 특성과 정책내용에 '어떤' 영향을 미쳤는가 하는 내용상의 문제에 중점을 두고 진행한 것이다.

이는 일반적으로 정책이 정책결정자에 의하여 결정되고, 정책결정자는 정치체제의 구조적 특성과 운영방식 등에 의해 제약을 받으므로, 정책은 결국 정치체제의 산물이기 때문이다. 따라서 정치체제의 구조적 차이, 정치체제의 운영방식의 차이, 정책결정권자의 성격 및 정책결정 능력과 리더십에 따라 정책내용이 달라지고 특성화된다는 점을 중시하였다.[3)]

3) 정정길 외, 「정책학원론」(서울: 대명출판사, 2008), p.92

제2장
문화정책과 정치적 결정요인

제1절 문화정책의 개념 및 이념과 목표

앞에서 기술한 바와 같이 정치적 결정요인에 의한 문화정책의 특성을 살펴보기 위해서는 문화와 문화정책에 대한 명확한 개념과 범위와 영역에 대한 규정이 선행되어야 한다. 하지만 문화의 개념이 매우 다양할 뿐만 아니라 문화정책의 개념 또한 이를 사용하는 학자와 맥락에 따라서 매우 다양하게 정의되어 왔다. 시대와 나라에 따라서도 문화에 대한 정부의 역할과 개입범위가 각각 달라서 이를 명백하게 규명할 필요가 있다. 따라서 문화와 문화정책의 개념 및 그 이념과 목표에 대한 이론적 논의를 정치적 의미와 연계하여 고찰하고자 한다.

1. 문화정책의 개념

문화정책의 개념을 구체화하기 전에 그 뜻을 보면, 이는 문화와 정책의 합성어로서 '문화의 정책', '문화에 대한 정책', '문화를 위한 정책', '문화와 관련된 정책' 등의 의미로 해석된다. 따라서 먼저 문화와 정책의 개념을 살펴보고, 문화정책을 정의하는 것이 개념에 대한 이해를 용이하게 해줄 것으로 판단된다.

일반적으로 문화의 개념을 명확하게 정의하기란 쉬운 일이 아니다. 그것은 문화의 개념이 시대와 국가에 따라, 학자와 사용목적에 따라, 또한 협의와 광의에 따라 각각 다양하게 정의되어 왔고 또 정의될 수 있기 때문이다.

'문화'라는 개념은 수세기에 걸쳐 발달된 개념으로 오늘날에는 광범위하게 적용되고 있다. 문화연구의 창시자인 윌리엄스(R. Williams)는 문화를 첫째, 지적, 정신적, 심미적 개발의 일반적 과정, 둘째, 인간이나 시대 또는 집단이 지니고 있는 특정한 생활방식, 셋째, 지적인 활동 특히 예술적 활동의 작품과 실천행위 등으로 정의하고, 경우에 따라 협의 및 광의의 개념으로 문화의 정의와 범위가 다름을 보여주고 있다.

또 일상생활에서 사용하는 문화의 의미와 달리 사회과학에서는 사회의 고유한 생활양식이나 규범체계이기 때문에 가치중립적인 문화개념을 사용하여 문화를 정의하여 왔다.

문화인류학의 대표적 학자인 타일러(Tylor)는 '문화는 지식, 신념, 예술, 도덕, 법, 관습 등 사회구성원으로서의 인간이 습득하는 모든 능력과 습관의 총체'라고 규정한다. 가장 포괄적인 것으로 널리 인용되는 고전적 정의로 상징적 측면과 물질적 측면을 모두 포함한 것이다. 사회학적인 문화개념은 예술, 과학, 기술 등 비규범적 요소들보다 법, 제도, 관습, 규범 등으로 구성된 규범체계를 보다 강조한다.[4)]

유네스코의 세계문화정책회의(Declaration of Mondiacult, 1982)에서는 '어떤 사회와 사회집단의 성격을 특징짓는 독특한 정신적, 물질적, 지적, 정서적 특성들의 총체적인 복합체'로 정의하여 광의의 개념으로 사용하고 있다.[5)]

본 연구대상이 문화정책임을 감안하면, 서로 다른 여러 가지 개념으로 이해되고 있는 문화에 관하여 '문화정책의 관점'에서의 문화개념을 유형화해 볼 수 있겠다.[6)]

---

4) 서순복, "문화예술진흥법의 내용분석과 환경변화에 따른 입법방향", 「문화정책논총」 제18집 (2006), pp. 71－72

5) 국제적인 문화협력 활동을 총괄하고 있는 유네스코는 광의의 문화개념을 권장해오고 있으며, 문화지표 속에 문화유산, 인쇄, 문예, 음악, 공연예술, 조형예술, 영화, 사진, 방송, 사회문화 활동, 체육, 오락, 자연과 환경 보호활동을 포함시키고 있다. (김수갑, "문화국가를 위한 법체계 검토", 「문화정책논총」 제18집 (2006), p.73

6) 구광모, 「문화정책과 예술진흥」 (서울: 중앙대학교 출판부, 1999), pp.31－33

첫째, 문화를 예술과 거의 동일하게 인식하는 관점으로, 이 경우 문화정책이 주로 예술을 대상으로 예술과 예술인 활동을 위한 재정지원으로 설계된 정책으로 정의된다.

둘째는 문화를 사회 내에 있는 집단들이 공유하는 인식 등 정신적 유형으로 보는 관점이다. 이는 특정계층이나 집단이 계획하고 관여할 수 있는 대상으로서 특정목적을 위한 도구나 수단으로 인식하는 경우이다.

셋째로는 예술과 정신적 유형 및 경제적, 사회적 조건들을 모두 포함하는 생활에 있어서의 인간태도의 총화로 보며, 이는 민속학자들과 고고인류학자들이 사용하는 광범위한 개념을 원용한 것으로 인문사회계의 폭넓은 지지를 얻고 있다.

문화정책적인 관점에서 가장 주목 받고 있는 학술적 개념은 영국의 사학자 버크(Peter Burke)가 정의한 '표현되거나 구체화된 의미와 태도와 가치, 그리고 상징적 형식의 공유시스템'이라고 할 수 있다. 이는 문화를 근본적으로 사회와 집단들의 공유된 태도들 간의 관계와 인간 집단과 관련된 집합적 현상 및 상징적 표현들로 보는 것이다.

한편, 20세기 후반 문화를 연구하는 새로운 기획으로 대두한 '문화연구(cultural studies)'의 전통에 따르면, 문화는 첫째, 예술과 예술적 활동으로서의 문화, 둘째, 일정한 생활방식의 일차적인 상징적 특징(삶의 방식)으로서의 문화, 셋째, 과정과 발전으로서의 문화를 뜻한다고 정의한다.[7)]

이상과 같이 다양한 문화의 개념을 광의의 문화와 협의의 문화로 대분하여 보면, 광의의 경우 문화를 '생활양식과 생활방식 및 상징체계'를 말하며, 협의의 경우 '내부감정 및 관념의 미적 표현'으로서 예술 및 정신적 산물을 말한다고 할 수 있다.

문화관련법에서 보는 문화의 정의를 우리나라 법제로 알아보자. 「문화기본법」(제3조)은 '문화란 문화예술, 생활양식, 공동체적 삶의 방식, 가치체계, 전통 및 신념 등을 포함하는 사회나 사회구성원의 고유한 정신적·물질적·지적·감성적 특성의 총체'를 말한다. 「문화예술진흥법」(제2조)은 '문화예술이라 함은 문학, 미술(응용미술을 포함한다), 음악, 무용, 연극, 영화, 연예, 국악, 사진, 건축, 어

---

7) 조애리 외 역, 「문화코드」 (서울: 한울, 2008) (원저 : E. Baldwin 외, 「Introducing Cultural Studies」 (Pearson Prentice Hall, 2004), pp.24－28

문, 출판, 만화, 게임, 애니메이션 및 뮤지컬 등 지적 · 정신적 · 심미적 감상과 의미의 소통을 목적으로 개인이나 집단이 자신 또는 타인의 인상, 견문, 경험 등을 바탕으로 수행한 창의적 표현활동과 그 결과물을 말한다'고 정의한다. 「문화체육관광부 직제령」(제3조)은 '문화 · 예술 · 영상 · 광고 · 출판 · 간행물 · 체육 · 관광, 국정에 대한 홍보 및 정부발표에 관한 사무를 관장한다'고 규정하고 있다.

이와 같이 우리의 경우에는 단순하고 초보적인 정의로 문화와 예술을 구분하고 있다. 이는 과거 침략세력과 집권세력의 정치적 목적을 달성하기 위하여 문화정책이 가치관과 정신적 유행에 편향되어 있었던 역사적, 정치적인 산물로 보인다.

현재도 문화예술에 관한 개념정립이나 범위가 명백히 설정되어 있지 않아 모호한 상태에 있음에도, 실제는 통상 문화의 개념이 하위개념으로서의 예술을 포함하는 비교적 넓은 의미로 통용되고 있다고 할 것이다. 따라서 문화관계법에서는 문화에 대한 개념정의와 함께 문화정책의 대상이 되는 문화는 순수문화예술과 문화산업을 포함하며, 방송, 광고, 멀티미디어 콘텐츠 관련 산업과 관련분야의 생산, 유통, 소비를 포함하고 있음을 알 수 있다.[8)]

우리나라의 법률적, 행정적, 역사적 특수성 때문에 정책적, 실무적 입장에서는 '문화예술', '문화예술 정책'이라는 용어와 개념을 사용하는 것이 적절하나, 학문적으로는 문화에 당연히 예술이 포함되기 때문에 여기에서는 국제적으로 일반화되어있는 '문화'와 '문화정책'으로 사용하고자 한다.[9)] 세계적인 추세도 국내외를 막론하고, 과거 문화가 예술과 거의 동일시되는 인식으로부터 근대화, 산업화, 세계화, 정보화 과정에 따라 문화의 개념이 점차 폭넓게 정의되고, 그 범위와 대상이 확장되는 추세에 있다고 할 것이다.

현대에 이르러 문화는 삶의 질 향상은 물론 국가, 사회 발전의 주요 영역으로서의 위상과 역할을 확보해 나가고 있다. 사회정책으로서의 문화정책과 관련된 문화에 대한 이해는 인간다움과 삶의 차원에서 이루어져야 하고, 이를 위해 문

---

8) 「문화예술진흥법」(제2조)에서 문화산업은 '문화예술의 창작물 또는 문화예술 용품을 산업의 수단에 의하여 기획, 제작, 공연, 전시, 판매하는 것을 업으로 하는 것'으로, 「문화산업진흥기본법」(제2조)에서는 '문화상품의 기획, 개발, 제작, 생산, 유통, 소비 등과 이에 관련된 서비스를 하는 산업'으로 정의하고 있다.

9) '문화'와 '예술'의 용어는 통상적으로 혼용되고 있으나, 문화부 직제상으로는 문화와 예술을 구분(문화정책국, 예술국)하고 있고 문화예술진흥법상으로는 문화예술로 통용하고 있으며, 실무적, 행정적 입장에서는 협의의 문화와 예술의 개념을 적용하여 양자를 구분(예술장르 외의 영역을 문화영역으로 분장)하여 업무를 담당하고 있다. 일반적으로는 문화가 예술을 포함한 상위개념 내지는 광의의 개념으로 공통적인 인식을 갖고 있다.

화를 정치, 경제와 함께 사회적 실천을 구성하는 3대 층위의 하나로 위상을 제고할 필요가 있다. 이를 위해 주요 사회정책 결정에서도 문화적 관점을 반영해야 하며, 이는 경제발전과 구분되는 인간발전의 관점, 새로운 환경을 창출하고 적응하는 인간의 창조성의 관점, 인간의 행복과 발전에 필요한 인적 자원으로서의 관점, 문화 민주주의 원칙에 입각한 자율성과 문화적 주권의 관점, 그리고 문화적 공유와 참여를 위한 다양성 및 공공성의 관점 등을 고려할 필요가 있다는 것이다.[10)]

그림 1) 현대사회 문화의 영역관계

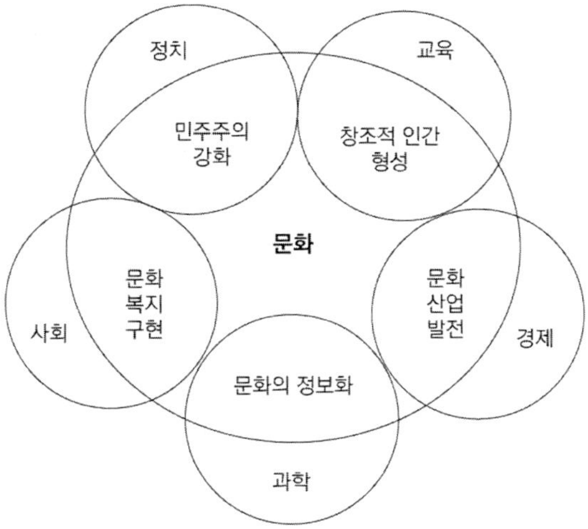

* 출처: 한국문화정책개발원, 「창의적 문화국가 건설을 위한 정책제안」(1998), p.65

현대사회에 있어 문화의 영역관계를 보더라도 정치, 경제, 사회, 교육, 그리고 과학 등과 인접하고 융화되어 민주주의의 강화, 문화산업의 발전, 문화복지의 구현, 창조적 인간형성, 그리고 문화의 정보화라는 새로운 발전형태의 발전영역 형성에 기여하면서 상호 영향을 주고, 문화가 정치, 경제와 함께 국가와 사회발전 및 개인적 삶의 질 향상을 위한 주요영역으로서의 위상과 역할을 확보해 나가야할 당위성이 바로 여

10) 강내희, 「문화변동과 문화정치」(서울: 문화과학사, 2003), pp.463－465

기에 있는 것이다.

다음은 문화가 정치와 원론적으로 어떠한 관계를 형성하고 있는지, 문화의 정치적 의미와 정치의 문화적 의미를 개관하고, 정치와 문화와의 관계를 일반론적으로 약술하고자 한다.[11)]

문화의 사회적 위상[12)]과 관련하여 보면, 사회구성의 상위개념으로서의 문화는 정치, 경제와 함께 사회적 실천을 구성하는 3대 층위의 하나라 할 것이다. 사회를 구성하는 세 가지 영역이 각각 독립적으로 자율성을 갖고 존재하면서도 상호 밀접하게 연계되어 있다. 과거 하위개념으로서의 문화가 타 영역, 특히 정치 영역의 종속 부문으로 인식되어져 왔으나, 국가발전과 사회발전을 위한 정책차원에서의 위상은 이제 과거의 인식을 넘어서서 정치, 경제와 동등한 위상의 올바른 문화적 관점과 시각이 필요하다.

문화는 상호작용의 산물로서 그 자체가 사회의 일부이고 사회 내 주요세력의 노선에 따라 형성된다. 모든 사회는 정치적, 경제적으로 조직되어 있고 그로부터 권력과 권위가 배분된다. 문화는 사회적으로 지배집단의 이해에 영향을 받으며, 지배집단은 특정구조 속에서 자신의 위치를 정당화하고 종속집단을 중독시키고 세뇌시키기 위해 대중문화를 이용하기도 한다. 프랑크푸르트학파의 비판이론이 지적하듯이, 문화산업은 대중에게 수동성과 순응성을 주입한다. 이렇게 정치 또는 권력과 문화는 불가분의 관계에 있으며, 따라서 문화분석은 정치와 권력으로부터 분리할 수 없는 것이다.[13)]

문화와 정치와의 관계도 '문화'와 '정치'의 개념 설정에 따라 광의와 협의의 관계설정이 가능하다. 정치는 '국가의 권력을 획득하고 유지하며 행사하는 활동으로서 국민이 인간다운 삶을 영위하고 상호간의 이해를 조정하며 사회질서를 바로 잡는 역할 기능'으로 사전적 정의를 할 수 있다.

'문화연구(cultural studies)' 관점에서는 정치가 국가의 문제를 다루는 것뿐만

---

11) 이는 Elaine Baldwin, B. Longhurst, S. McCracken, M. Ogborn, G. Smith, *Introducing Cultural Studies*(Pearson Prentice－Hall, 1999)를 참조한 것으로 강내희,「한국의 문화변동과 문화정치」(서울: 문학과학사, 2003), pp.93－126

12) 문화의 위상에 대한 시각이 1980년대에는 정치중심주의에 의한 도구적 관점에서, 1990년대에는 전반적 탈정치화과정에서 주변적인 것으로부터 중심적인 사회현상으로 주목받기 시작한 것으로 본다. (심광현,「문화사회와 문화정치」(서울: 문화과학사, 2003), p.171

13) 조애리 외 역,「문화코드」(서울: 한울, 2008), pp.39－40

아니라 일상과 스타일의 차원에서, 정체성의 관점에서, 심지어 양성관계나 세대관계에서 다양한 형태의 정치적 관계가 형성된다고 본다. 사회적 권력관계를 규정하는 정치가 사소한 우리의 일상영역에서도 일어나고 권력관계의 변화를 초래하게 되는 것을 보면, 문화가 정치적 역할이 작용하는 영역임을 알 수 있다.

문화와 정치의 관계는 전통적 관점에서는 별개의 영역이지만, 문화가 정치적 성격을 띠거나 정치성을 갖는 경우도 다양한 양태로 대두되어 왔다. 군부독재 시대에 문화행사 등 문화적 행위는 군부독재에 항의하는 사회변혁에 대한 요구행위로서 강력한 정치적 표현행위의 좋은 예이며, 문화가 정치권력을 미화하거나 정당화하는 데에 동원되는 행태 또한 문화와 정치가 상호 밀접한 관계를 지니고 있다는 증거가 된다.

정치의 고유한 영역을 강조하는 전통적인 정치영역이 거시적인 차원에서 정책결정이 이루어지고 행해지는 공식정치의 영역에서도 상징체계나 재현체계를 통해 의미를 만들어내는 영역인 문화의 힘에 의존해오고 있는 현실은 정치적 의미를 생산하는 기호, 이미지, 텍스트 등의 문화적 상징의 체계나 메커니즘을 볼 때, 문화와 정치와의 불가분한 관계를 대변해준다고 할 것이다. 이러한 연유로 '문화연구'에서는 정치적이지 않은 문화가 없고, 문화적이지 않은 정치가 없다는 인식이 강하게 작용한다.[14)]

정치의 문화[15)]로서 정치나 권력이 어떻게 문화적으로 표현되고 작용하는가를 보면, 정치인들의 이미지 변신을 위한 이미지 연출과 정치권력의 합법성, 정당성, 효율성의 과시, 혁명이나 쿠데타 등을 통한 집권세력의 새로운 상징체계 창안을 위해 문화를 활용한다. 정치적 권력을 상징하는 문화적 상징체계의 강력한 힘은 권력자를 중심으로 한 지배집단에 의해서 특정한 목적을 위해 이루어지고 당시의 정세나 상황에 대한 특정한 관점을 대변한다고 할 것이다.

문화의 정치적 기능은 이데올로기와도 연관된다. 문화는 이데올로기적 지식이 가장 잘 작용하며 여러 상반된 이데올로기가 각축을 벌이는 사회의 층위이

---

14) 1950년대 말 영국의 문화주의 전통에서 유래한 문화연구에서는 문화정책을 문화정치차원에서 비판적으로 접근하고 있으며, 문화정책이 문화적 가치와 사회권력의 문제라는 인식에 바탕을 두고 있다. (Barber, 2004) 또 문화연구를 문화와 권력관계를 진단하는 학제적 분야로 이해한다. (Bennett, 1998)

15) '정치의 문화'와 '문화의 정치'라는 관점은 서로 뚜렷이 구분되지 않으며, 각각 상호관계적 측면이 내재되어 있다고 할 것이다.

다. 이렇게 문화의 장에서 이데올로기가 작용하는 것은 의미와 가치와 규범이 만들어지기 때문이다.

다음은 문화의 정치로서 문화의 영역에서 정치가 어떻게 행해지는지를 보면, 문화정치는 복잡한 정체성의 조건을 지닌 개인이나 집단이 타고났거나 선택한 여러 상징체계, 재현방식, 기호사용방식 등을 놓고 일어난다. 위계질서의 유지나 저항은 반드시 나름대로의 스타일을 만들어내고 이는 정체성의 표현으로 문화적 상징체계와 재현체계를 갖추게 된다. 즉, 이러한 상징체계는 일정한 상징적 효과를 만들어내고 삶의 스타일을 표현함으로써 사회적 발언방식이 되고 있어 문화적 행위가 그 자체로 정치적 의미를 띤다.

또한 문화의 영역에서 행해지는 정치적 행위는 문화적 가치, 나아가 문화자본의 배분을 둘러싸고 일어난다. 문화에 대한 위계질서의 관념은 문화의 차별화를 낳고 대중적, 민중적, 통속적인 하위문화와 소수문화는 저항문화의 성격을 지니고 궁극적으로 지배문화와 정치적 권력에 도전함으로써 자신들의 정체성과 스타일을 보여준다. 문화정치는 이러한 지배문화에 대한 도전과 저항을 통해서 이루어지기도 한다. 문화가 국가의 문제로 인식됨과 함께 문화국가주의적 흐름은 문화의 정치를 잘 대변해주고 있다고 하겠다.

한편, '정책'의 개념에 대하여는 그간 정치학, 행정학, 정책학 등 여러 관련 학문 분야에서 많은 논의가 있어 왔지만, 이 또한 학자들이나 정책관계자들 간에 널리 수용되는 개념 정립의 문제가 완전히 해결된 것이 아니다. 정책에 대한 개념정의도 연구대상인 실제 현상의 주요 측면에 따라 다르게 규정되는데, 목적가치와 실행을 투사한 계획(Lasswell & Kaplan), 목표와 그것의 실현을 위한 행동으로 구성된 것(Dror), 의도적인 강압(Lowi) 등 목표와 수단의 결합 개념으로 보는가 하면, 정책의 목표나 수단 등 일부 측면만을 강조하는 개념정의도 많다.

여기에서는 문화정책을 다루기 위한 논의의 편의를 위해 '정책'이란 '가치의 권위적 배분을 수반하는, 의도적이거나 목표지향적인 일련의 의사결정과 행동'으로 그 개념을 함축할 수 있다.[16)]

일반적으로 정책은 '바람직한 사회상태를 이룩하려는 정책목표와 이를 달성

---

16) 일반적으로 정책에 대한 개념은 '정부기관이 공적 목표를 달성하기 위하여 가치와 실제를 투시해서 얻은 행정지침'을 의미하며, 따라서 문화정책은 '문화와 관련된 공적 목표의 달성을 위한 행동지침'으로 정의된다.

하기 위해 필요한 정책수단에 대하여 권위있는 정부기관이 공식적으로 결정하는 기본방침'[17]으로서 정부의 행동계획이나 지침이라 할 수 있고, 이는 정부가 당면하고 있는 문제에 대한 여러 가지 가능한 대안들 중에서 선택되어 일정한 조건하에 현재와 미래의 정부행동에 대한 지침이 된다.[18] 이와 같은 정책의 개념정의는 여러 가지 중요한 요소가 포함되어 있는데, 그중 정책목표와 정책수단 그리고 정책대상 집단이 핵심적인 요소들이다.

위에서 살펴보았듯이, 문화에 대한 개념 정의가 어렵고 복잡하고 다양한 만큼, 문화정책에 대한 개념 또한 문화를 어떻게 정의하느냐에 따라 다양하게 정의된다고 하겠다. 그만큼 문화정책에 영향을 주는 문화개념의 대상과 범위에 관한 문제도 심도 있는 논의의 대상이 되고 있다.

문화정책의 개념은 정부 등 공공부문에서 문화예술부문을 위해 지원하기 시작하면서 대두되었다. 요즘은 심미적, 지적 활동의 산물 개념을 넘어 생활문화 및 대중문화를 포함한 생활양식 문화로서 광의의 개념으로 확대되고 있는 추세이다. 그간 우리나라에서 문화정책의 개념을 정의한 경우를 보면, 주로 문화행정의 개념정의를 통하여 문화정책의 목표에 초점을 두고 정책과정과 정책영역을 고려한 것이었다.[19]

문화정책은 문화정책의 목표와 정책과정에 참여하는 다양한 이해관계자 상호 간의 긴밀한 상호작용을 토대로 이루어진다. 이를 고려하면 문화정책은 '정부 등 공공기관이 문화를 발전시키고 국민들의 문화적 삶의 질을 높이기 위해 문화부문에 개입하는 일련의 행위 및 상호 작용'이라고 개념을 규정할 수 있다.[20]

또한 문화정책은 문화라는 목적을 정책이라는 수단으로 엮어내는 공공활동, 특히 정책주체가 문화의 가치를 획득, 유지하고 부가, 증대시키기 위하여 의도하는 종합적인 행동대안, 방침, 계획을 말한다. 문화의 고유가치를 높이고 정책

---

17) 정정길 외, (2008), p.54

18) Neil Gilbert and Harry Specht, *Dimensions of Social Welfare Policy* (Englewood Cliffs, N.J. : Prentice－Hall, 1974), p.4

19) 정홍익, "문화정책연구－개념틀과 분석" 「한국행정학보」 제25권 (4)호 (1992) 및 이종인, "한국의 문화정책에 관한 연구" 「단국대학교 석사학위논문」(1985) 등이 이 경우에 해당된다.

20) 임학순, 「창의적 문화사회와 문화정책」 (서울: 진한도서, 2003), p.55

속성에 따라 일정한 과정을 거쳐 추진함으로써 관련된 정책가치나 문제에 대하여 행동지침들을 만들고 목적과 수단을 동원하여 해결하는 활동으로 공공부문이 주로 행동하며, 공공목적과 미래지향적 방향성을 갖는다고 할 수 있다.[21)]

한편, 유네스코 회의보고서(Monaco, 1967)에 의하면 '문화정책은 한 사회에 있어서 주어진 시간 내에 그 사회가 이용할 수 있는 모든 물적, 인적 자원의 최적 이용을 통해 어떤 문화적 욕구를 충족시키는 것을 목표로 하는 의식적이고 의도적인 사용 및 작위, 부작위의 총체를 의미하는 것으로 간주되어야 하는 것'으로 정의했다. 글로버만은 문화정책을 '정부가 공공재원을 활용하여 문화예술을 지원하는데 우선순위를 설정하는 것'(Globerman, 1987)이라 규정하고, 유럽의회(Council of Europe, 1997)는 '문화분야에서 정부, 지방정부, 기타 공공기관 등 공공부문의 행동수단의 총체적 틀을 의미하는 것'으로 문화정책의 개념을 정의했다. 이렇게 문화와 문화정책의 관계는 한 국가가 추구하는 문화에 대한 목표를 국가개입을 통하여 수행하는 과정이라 할 것이다.

문화정책은 사회정책의 일환으로서 국가정책의 중요한 일부분을 차지하고 있지만, 우리나라에서는 문화정책의 개념이나 영역에 관한 논의가 매우 미흡한 실정이다. 문화의 개념과 그 대상과 범위와 영역이 나라와 시대에 따라 다양하게 변화해 왔듯이, 문화정책의 개념과 그 대상과 범위와 영역 또한 나라와 시대에 따라 다양하게 변모해오고 있으며, 과거의 전통적인 협의개념에서 문화산업과 대중문화와 생활문화 등을 포함한 광의의 개념으로 확대하고 있는 추세에 있다.

실질적인 문화정책의 대상과 범위가 가장 넓은 프랑스와 스웨덴 같은 선진국의 문화정책의 경우 예술활동의 진흥, 지원을 비롯한 전통적인 문화정책의 범위는 물론, 사회예술교육, 문화산업진흥, 문화개발 등도 폭넓게 포함시켜 그 범위를 넓혀가고 있다.

우리나라는 프랑스와 유사한 문화정책의 개념과 범위를 갖고 있으면서도 국어와 종교 등의 분야도 추가시키고 있는 특색을 지니고 있다. 또한 문화정책의 내용과 범위에 내재된 특색으로는 문화정책의 범위설정에 관한 명백한 합의나 규정이 없고, 국민정신 문화를 국가 문화정책의 대상에 포함시키고 있으며, 재

21) 이흥재, 「문화정책」(서울: 논형, 2006), pp.17－19

정투자 능력에 비해 정책영역이 광범위하고 모호한 특색이 있고, 정치적인 필요에 의한 즉흥적이고 구호적인 계획이나 정책 발표 등으로 부정적 이미지를 부각시키는 요인이 되기도 하였다.[22)]

문화정책의 연구대상을 규정함에 있어 문화정책의 영역설정에 대한 실질적 접근방법으로 정부에서 실제 시행해온 문화정책이 어떤 것들인지 조사한 후에 이들을 영역별로 정리하여 그 영역의 범주를 문화정책의 범위로 수용하는 것이 현실적인 타당성을 갖는다고 할 것이다. 따라서 과거나 현재에 문화분야를 관장하는 중앙행정 기관인 문화부[23)]가 시행해온 업무를 기준으로 문화정책의 영역과 범위를 정하는 것이 무리가 없을 것이다.

실제 문화부가 관장하고 있는 문화정책의 영역을 문화부의 조직체계와 업무분장내용에 따라 구체적으로 살펴보면, 문화정책 일반, 어문, 도서관, 박물관, 공간문화, 국제문화 교류, 예술진흥, 공연예술, 전통예술, 지역문화, 문화산업기획, 출판진흥, 영화, 영상음반, 게임진흥, 언론·방송, 저작권 및 문화재 등으로 구분할 수 있다.

문화부 발족 이후, 문화체육부, 문화관광부[24)], 문화체육관광부로 각각 직제가 개편되고, 업무가 이관되는 과정에서 실국단위 조직뿐만 아니라 과단위조직도 통합분리와 소관 실국과 분장업무의 조정을 수차례 거쳐 온 것이 현실이다. 지금도 명확한 업무분장이 이루어져 있다고 보기 힘들 정도로 복잡하고 가변적이다. 그만큼 문화의 개념과 영역이 광범위하고 복합적이며 중첩되어 있기 때문이다.

본 연구에서는 연구의 조사 및 분석 대상과 범위를 고려하여 문화정책의 개념을 '정부 등 공공기관이 문화를 발전시키고 국민들의 문화적 삶의 질을 높이기 위해 문화부문에 개입하는 일련의 행위와 상호작용으로서의 정부의 기본 행

---

22) 구광모, (1999), pp.35－36

23) 우리나라의 문화행정을 담당해온 중앙행정기관은 1968년 공보업무와 문화예술 업무의 통합으로 문화공보부가 발족된 이래 문화부, 문화체육부, 문화관광부, 문화체육관광부로 그 명칭과 업무기능이 변천을 거듭하여 왔으나, 여기에선 '문화부'로 통칭하고자 한다.

24) 문화관광부 직제(2007. 12 기준)에 따르면, 문화정책국(문화정책팀, 국어민족문화팀, 지역문화팀, 국제문화협력팀, 공간문화팀, 다문화정책팀), 예술국(예술정책팀, 공연예술팀, 전통예술팀, 문화예술교육팀), 문화산업본부 문화산업진흥단(문화산업정책팀, 콘텐츠진흥팀, 저작권산업팀, 영상산업팀, 게임산업팀, 문화기술인력팀), 문화미디어진흥단(미디어정책팀, 방송광고팀, 출판산업팀, 뉴미디어산업팀)으로 분장되었다.

정지침 내지 방침'이라 규정하고, 실제 문화분야를 관장하는 중앙행정기관인 문화부가 추진해오고 있는 정책과 업무를 중심으로 문화정책의 개념과 그 대상범위 및 영역을 한정하고자 한다.

표 1) 문화체육관광부 문화분야 부서별 업무분장

구분	부서별	업무내용
(문화예술 정책실) 문화정책관	문화정책과	문화정책, 국민여가정책, 국가유산정책,, 문화법령, 통계
	국어정책과	국어정책, 한국어보급, 한글산업화, 어문규범, 언어개선
	전통문화과	전통문화 정책 및 창업, 전통생활문화, 전통문화포털
	문화예술교육과	학교문화예술교육 및 자격제도, 전문인력, 국제교육협력
예술정책관	예술정책과	문학진흥정책, 번역원, 한국문학관, 예술위운영, 진흥기금
	공연전통예술과	전통공연예술진흥, 공연지원, 공연장안전, 공연기관운영
	시각예술디자인과	미술진흥정책, 공예문화진흥, 건축문화진흥, 창작공간조성
	예술인지원팀	예술인복지정책, 권리보장 및 환경조성, 서면계약활성화
지역문화 정책관	지역문화정책과	지역문화정책, 생활문화활성화, 문화원, 문화도시조성지원
	문화기반과	문화기반시설종합계획, 박물관미술관지원, 학예사자격제도
	문화시설기획과	문화시설업무기획, 신규사업개발지원, 지방이양사업관리
	도서관정책기획단	도서관운영평가, 도서관정보화, 도서관운영활성화
(국제문화 홍보정책실) 국제문화 정책관	국제문화정책과	재외문화원관리운영, 문화장관회의, 해외문화협력교류지원
	한류지원협력과	한류정책, 해외진출지원, 한류관광활성화, 한류교류사업
	국제문화사업과	문화홍보관기획, 해외인사초청사업, 우수브랜드사업운영
해외홍보 정책관	해외홍보기획과	해외홍보총괄, 국가이미지제고, 국가홍보정보화시스템, 홍보오류시정, 코리아넷운영관리, 통계관리 및 대외협력
	해외홍보콘텐츠과	홍보콘텐츠총괄, 영상콘텐츠 및 간행물제작관리, 코리아넷 콘텐츠 제작 및 번역, 영상콘텐츠 기획 및 제작
	해외미디어협력과	외신협력홍보업무, 해외언론인초청사업, 주한외국인대상사업, 정상외교순방행사, 국빈방한외신취재지원
	해외뉴스분석팀	국내외현안외신분석, 외신모니터링 및 분석사업, 모니터링 번역사업관리, 국역영역총괄, 외신빅데이터시스템구축
콘텐츠정책국	문화산업정책과	콘텐츠산업육성지원, 콘테츠인력양성, 수출기반조성
	영상콘텐츠산업과	영화정책, 영화해외진출, 에니메이션·캐릭터산업육성지원
	게임콘텐츠산업과	게임제공업총괄, 게임기획 및 제작유통, 건전게임문화
	대중문화산업과	만화, 대중문화, 음악, 패션, 노래연습장 관리, 제도개선
	문화기술투자과	콘텐츠금융·세제업무, 문화기술개발, 지역콘텐츠관리

저작권국	저작권정책과 저작권산업과 저작권보호과 문화통상협력과	지식재산·저작권관리 및 제도개선, 저작권교육홍보 음악신탁관리단체, 저작권기술개발·표준화, 이용활성화 저작권보호정책, 홍보모니터링, 저작권침해대응시스템 저작권국제협력, 저작권 및 서비스통상, 국제조약
미디어정책국	미디어정책과 방송영상광고과 출판인쇄독서 진흥과	정부광고, 미디어교육, 언론법, 언론재단, 언론중재업무 방송영상기획개발·제작지원, 해외진출지원, 광고지원 출판기획·유통지원, 해외진출 및 국제교류, 독서진흥, 지역 서점, 출판유통 및 전자출판, 불법복제

2. 문화정책의 이념과 목표

문화정책의 이념은 문화정책의 가치와 기본방향의 준거가 되고 정책의 근본을 이해하고 정책을 형성하고 집행하는 데에 중심이 되는 핵심적 지향정신이라고 할 수 있다. 그간 문화정책에 대한 가치론적 논의가 이념, 가치, 정책기조, 정책방향, 정책목표를 주개념으로 사용하여 왔으나, 상호동의어로 쓰거나 혼용되어 개념적 혼란이 있어왔다.

일반적으로 이념도 학자에 따라 다양한 의미로 사용되지만, 대체로 '인간이나 사회의 기본적 성격 또는 원리에 대한 특정한 시각 또는 집단의 체계화되고 인지적이며 도덕적인 사상 또는 신념이나 개념의 체계'[25]라 정의되며, 따라서 이념의 특징을 '특정한 견해나 집단의 이익을 옹호하기 위한 지식의 체계이며, 사실에 신념과 도덕적 판단을 포함하고, 틀이 짜여진 체계적 사상으로 구성요소들 간에 내적인 일관성이 있고 그 적용범위가 광범위하다'고 규정지을 수 있다.[26]

---

25) Julius Gould, in Julius Gould and William Kalb (eds.), *A Dictionary of the Social Sciences* (New York: Free Press, 1992) p.315

26) 정홍익 교수는 문화정책의 특성에 적합한 정책이념으로 문화예술에 대한 사회적 가치를 기준으로 제도론(적극적 보편기능)과 파생론(소극적 보조기능)으로 나누고, 정책영역에 대한 포괄성을 기준으로 개인주의와 집단주의를 들고 있다. 또한 문화정책의 가치로는 정책목적과 내용을 기준으로 보편적 가치와 선택적 가치로 나누어 설명한다. 문화정책의 이념과 가치에 대하여 구체적인 내용은 정홍익, "문화정책의 가치론적 접근", 「문화정책논총」 제5집(1993) 참조.

가치는 개인이나 집단에 가지고 있는 바람직하고 소망스러운 것으로 그들의 행동이나 판단의 준거가 되고 삶의 이정표 역할을 하며, 이념의 구성요소로 보는 것이다. 기존의 행정학이나 정책학에서는 정책의 가치로 민주성, 능률성, 효과성, 형평성 등을 중시하나, 문화정책의 가치는 정책목적과 관련된 보편적 가치로서 창조성, 정체성, 향수성, 경제성, 자율성, 분권화 등을 들 수 있을 것이다.

정책형성에 있어 이념이나 가치의 역할은 여러 정책대안들 중에서 특정한 대안을 선택하는 기준을 제공한다. 정책의 이념은 보다 일반적인 선택기준을 제공하고 정책의 가치는 상대적으로 구체적인 선택기준을 제공하는데, 이들은 정책과정상 선행단계인 정책의제를 설정하는 데에도 준거가 된다. 또한 정책의 수립과 집행 담당자들에게 정책의 당위성에 대한 신념을 주고 정책판단의 기준뿐 아니라 정책평가의 기준을 제공해준다.

문화정책이 문화예술의 가치를 실현하는 동태적인 활동이라는 점에서 정책을 통해 실현하는 가치를 이상가치, 사회목적가치, 정책가치로 나누어 문화정책의 이념체계를 설명하기도 한다.[27]

그림 2) 문화정책의 이념체계

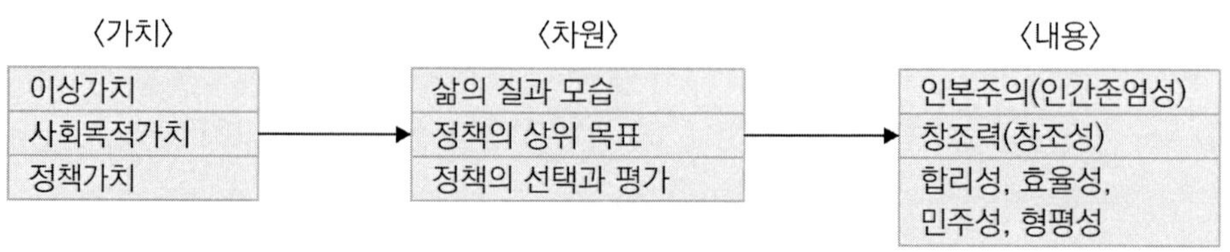

* 출처: 이흥재, 「문화정책」(2006), p.55

이러한 관점에서 볼 때, 우리나라의 문화정책이 정치적 이념이나 상황에 영향을 많이 받아 왔기 때문에 문화와 정치영역과의 관계에 대한 이해 또한 문화정책에 대한 이해로 가능하다. 이념은 인간의 행위와 사회제도 등 구조의 변화에 결정적인 역할을 할 수 있고, 따라서 문화정책 이념과 문화정책 간의 관계는 이념과 현실 간의 문제라 할 수 있다.

27) 이흥재, (2006), pp.53－55

일반적으로 정책목표란 '정책을 통하여 이룩하고자 하는 바람직한 상태(desirable state)'를 말하며, 미래에 도착하고자 하는 바람직한 상태로서 미래성과 발전지향적인 방향성을 가지고 가치판단에 의존하므로 주관적이며 타당성이나 규범성을 지닌다. 정책목표가 달성되어 나타나는 결과인 정책효과는 정책집행의 결과로 나타난 상태의 변화를 의미한다.[28] 따라서 정책목표의 달성정도를 효과성(effectiveness)이라 한다. 정책목표 간에는 상호보완적, 독립적, 모순적, 충돌적 관계 또는 상·하 관계를 갖기도 한다. 하지만 정책목표는 명목상의 목표와 실제 목표가 일치하고 타당해야 하며, 목표들 간에 내적인 일관성을 가져야 하고, 구체적이고 실질적이며 실현가능해야 한다.

문화정책의 목표는 문화정책에 대한 유네스코의 지속적인 논의[29]가 문화정책 성장과정에 많은 영향을 미쳐왔지만, 각 나라와 시대적 특성, 그 나라의 역사적, 정치적 맥락에 의해 형성되고 조정, 집행되기 때문에 그 내용이나 우선순위가 다르고 다양하다.[30] 따라서 각 나라의 구체적인 문화정책의 목표를 파악하기 위해서는 실제로 각 나라의 문화정책기관이 공식적으로 추구하는 정책의 이념과 목표를 규명할 필요가 있다.

문화정책의 목표에 관한 이론적 논의는 문화정책의 가치와 정당성 문제를 중심으로 이루어져 왔다. 이는 주로 정부 등 공공부문이 문화부문에 지원해야하는 타당성을 파악함으로써 문화정책의 목표를 규명하기 위한 것이다. 문화정책의 목표는 정부가 문화정책을 통해서 달성하고자 하는 미래의 바람직한 성과로서 최선의 정책수단 선정과 정책대안 개발 및 우선순위의 설정과 집행, 평가 등 정책과정 전반에 걸쳐 그들의 기준이자 지침이 되며, 이는 문화정책이 형성되고 집행되는 맥락에 따라 변화한다. 이러한 변화요인으로 역사적 맥락, 정치적 요인, 법제도적 요인, 사회경제적 요인, 문화의 국제화 등을 들 수 있다.

문화정책의 이념적 목표는 궁극적으로 국민의 문화적 삶의 질 향상 및 정서적 욕구충족, 민족의식의 배양, 가치관의 계도, 그리고 예술의 발전으로 정리할

---

28) 정정길 외, (2008), p.57

29) 유네스코는 수차례의 세계문화정책회의(베니스 1970: 멕시코 1982: 스톡홀름 1998 등), 문화정책에 대한 정부간 회의 등을 통해 문화정책에 관한 논의와 함께 문화정책의 목표를 제시하였다.

30) A. Zimmer and S.Toepler, "Cultural Policies and Welfare State : The Cases of Sweden, Germany and the United States" 「The Journal of Arts Management」(1996), p.35

수 있다. 문화정책의 목적이 국가의 이상을 충족시키고, 국민들에게 골고루 문화예술을 향유할 기회제공으로 민주사회를 유지할 조건을 마련해주며, 국민의 잠재된 창조력을 개방하고 개인과 공동체를 연결하여 활력 있는 사회를 이룩하는 데 있다는 것과도 일맥상통하다. 이는 문화정책의 필요성과 정부개입의 정당성에 대한 근거이자 이유이기도 하다.

일반적으로 문화정책은 실천적 관점에서 구체적인 사업을 통해 문화정체성 확립, 예술창작 진흥 및 문화발전, 민족정체성 및 공동체형성, 문화유산 등 전통문화 보존 발전, 그리고 문화예술의 사회경제적 가치 창출 등의 목표를 이루어내고자 하며, 이러한 목적달성을 위한 정책활동은 모두 문화정책의 영역과 범위에 포함된다고 할 수 있겠다.[31)]

이렇게 문화정책의 목표도 그 역사성과 정치성 및 사회성 때문에 국가와 시대에 따라, 당시의 환경이나 여건에 따라, 정책이념과 가치에 따라 각각 다르게 설정된다. 궁극적으로는 창의성, 민주성, 공공성, 다양성, 심미성, 책임성 등의 정책이념과 가치에 입각하여 문화정체성 확립, 문화 민주주의, 문화복지, 예술창작 진흥, 국제교류 증진, 문화산업 육성 등을 문화정책의 공통 목표로 설정할 수 있을 것이다.

이와 관련하여 국가나 정부가 문화정책의 목표달성을 위하여 문화분야에 대한 정책개입이 불가피하다는 것은 현대 사회에서는 일반적인 현상이다. 그 정당성의 근거로 시장의 실패, 문화복지, 국가발전전략, 그리고 사회문제의 치유라는 점을 들 수 있는데,[32)] 우리나라의 경우 문화정책 접근방법상 마케팅 접근보다는 계획접근에 근거한 혼합모델(Mixed Model)로서 문화정책에 개입하여 왔다. 정부는 1970년대 이후부터, 지방정부는 1990년대부터 문화복지와 국가발전 전략 차원에서 정책적으로 장·단기계획 수립 및 재정지원을 해오고 있다.

문화정책은 문화가 정치, 경제와 같은 사회적 위상을 확보할 수 있도록 그 역

---

31) 유럽 국가들의 경우, 문화정체성 확립, 문화적 다양성 증진, 창의성 증진, 참여활성화를 문화정책의 목표로 설정하고 있고, 2차 세계대전 이후에는 문화복지, 문화예술 발전 및 창의성 증진, 문화적 정체성 및 주체성 확립, 문화예술과 문화산업의 사회경제적 가치 창출 등을 문화정책의 일반적인 목표로 제시하고 있다. (임학순, (2003), pp.70－73)

32) 문화경제학을 비롯한 문화정책에 대한 이론적 논의에서는 정부지원의 근거로 문화예술의 공공혜택 효과와 형평성 및 시장실패와 효율성을 들고 있다.

할기능을 다해야 할 것이다. 이를 위한 사회적 기능으로서 감성의 표현기능, 윤리·도덕적 기능, 창조·생산적 기능, 정치적 기능, 그리고 경제적 기능을 들 수 있으며, 정책의 목표달성을 위해 문화정책이 견지해야 하는 기본원칙으로는 문화민주화, 공공성의 강화, 접근성의 확대, 사회적 생산성 제고, 자율성의 보장 등을 들 수 있다.[33)]

문화정책은 각국의 역사적 배경과 맥락, 정치적 요인, 사회문화적 요인, 환경적 요인 등에 따라 각각 다르게 형성되고 다양한 변화과정을 거치며 발전되어 왔다. 특히 당시의 시대적 상황과 그 나라의 역사와 전통과 지역적 환경과 특성에 따라 문화가 형성됨으로써 문화정책 또한 차별적인 특징을 갖게 된 것이다. 따라서 한 국가의 문화정책을 이해하려면 그 국가의 정치문화를 이해해야 한다. 이에 주요 선진국가별로 문화정책의 목표와 특성을 간단히 살펴보겠다.[34)]

먼저 프랑스는 독립부처형(문화부모형)으로 문화예술적 생활상 정부가 중요한 역할을 수행하는 전통을 가진 대표적인 나라다. 프랑스는 정치행정의 중앙집권화 영향으로 파리중심화 되어있으며, '창작진흥과 세계화 중점정책'으로 특징지을 수 있다. 사회당정부의 문화정책은 프랑스문화의 주체성과 창작과 문화민주주의 구현에 중점을 두며, 중도우파 정부는 예술기관의 자율성과 운영의 독립성과 세계화정책의 강화에 중점을 둔다.

스웨덴은 통합부처형으로 창작진흥보다는 국민문화향수 확대를 위한 '문화복지 확대정책'에 우선순위를 둔다. 당초에는 국가동질성과 주체성을 방어하려는 데에서 출발했으며, 문화정책을 교육, 사회, 주택문제와 함께 사회복지 정책의 4대 핵심내용 중 하나로 부각시키고 있다.

독일의 경우는 지방자치형으로 '도시문화 진흥정책' 위주로 문화지원책임과 권한을 가지고 자율적으로 문화정책을 지방자치단체가 주도하고 있다. 도시가 사회화와 정보화 및 창작력을 높일 수 있는 환경을 만드는 공간이어야 한다는 것이다.

캐나다는 예술위원회형으로 문화매체 진흥정책에 중점을 두고 있으며, 문화예술에 미디어 매체들을 전략적으로 연계하여 관리한다.

영국은 예술위원회형으로 시장원리에 따른 자유방임정책을 가장 신봉하는

---

33) 이홍재, (2006), pp.82－90
34) 구광모, (1999), pp.93－104

대표적인 나라로서 민간의 자발적 주도에 의한 문화재 중심의 박물관 중점정책과 함께 정부의 관여를 최소화하는 '시장원리와 팔길이 원칙'의 문화정책을 견지하고 있다.

미국은 독립위원회형으로 예술인과 예술단체의 자율성과 독립성을 높여주고, 조세감면제도에 의한 민간후원 조장과 적극적인 간접지원 정책을 펴며, 문화예술 지원정책을 중시한다. 국립예술기금에 의한 예술단체 창작 활동의 지원과 질 높은 예술자원의 확산을 목표로 추구하고 있다.

분산부처형인 이태리와 외청형인 일본은 문화유산인 문화재의 보호·보존에 중점을 두고 있으나, 이태리는 유형문화재 보존에 초점을 두고, 일본은 무형문화재 보호에 역점을 두고 있다. 하지만 최근에는 거의 모든 국가들이 공통적으로 정부주도로나 민간주도로나 문화재보호 및 보존정책을 문화정책의 핵심 중 하나로 중시하고 있다.

제2절 문화정책의 정치적 결정요인

전술하였듯이, 문화정책이 그 이념과 가치목표, 영역과 범위 및 내용에 있어 시대와 나라와 지역에 따라 다양하고 각각 다른 만큼, 정책결정요인론적 차원[35]에서 정책이 형성, 집행, 평가되는 전체적인 과정에서 영향을 미치는 요인에 따라서도 달라지며, 상이한 특성의 변화를 초래하게 된다.

일반적으로 문화정책에 영향을 미치는 결정요인으로는 역사적 요인, 정치적 요인, 사회문화적 요인, 경제적 요인, 기술적 요인으로 대분하여 볼 수 있다.[36]

그림 3) 문화정책의 결정요인

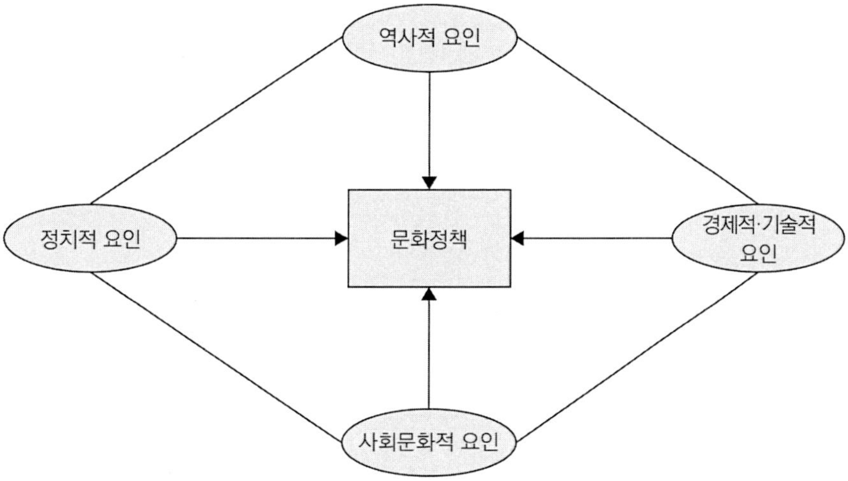

먼저 역사적 요인으로는 일제식민통치와 한국전쟁으로 인한 남북분단 상황을 들 수 있다. 일본식민통치 이래로 상실, 소멸, 왜곡, 침훼된 우리 문화의 정체성을 회복하고 전통문화를 발굴하는 문제는 중요한 문화정책의 과제로 인식되어 왔다.

35) 정책의 내용을 결정하거나 좌우하는 요인이 무엇인가를 밝히는 정책결정요인론에 따르면, 당초 사회경제학적 요인이 주로 정책의 내용을 결정하는 것으로 결론지었으며, 후에 정치행정학자들이 정치행정적 요인도 중요함을 주장하게 되었다.

36) 임학순, (2003), pp.124－138

이는 일본 대중문화에 대한 폐쇄정책과 개방정책의 정책적 판단기준으로 작용하기도 하였다. 또한 남북분단 이후 형성된 반공주의 이념은 민주주의와 함께 국가통치의 이념이 되고 민족문화를 중시하는 계기를 마련하게 하였다. 반공주의는 예술활동의 제약과 표현의 자유에 대한 침해를 가져왔지만, 후에는 그 양태가 변화됨으로써 통일문화정책의 적극적인 추진과 남북 간 문화교류로 이어지게 되었다.

둘째, 정치적 요인으로서 정치체제의 변화는 문화정책의 이념과 가치 및 목표와 사업에 큰 영향을 주었다. 정치적 목적으로 즉 체제 홍보를 위해, 취약한 정치적 정당성과 정권의 정통성 강화를 위해, 정치적 상징조작을 위해, 정치적 우민화 내지는 무관심 유도를 위해 다양한 형태로 문화정책을 활용하는 사례와 경향이 많았다.

이는 민족문화와 전통문화를 통한 문화정체성 확립을 위한 문화정책과도 밀접한 관계를 갖는다. 그 일례로 근대화과정에서는 국민통합의 동인으로, 또한 문화정체성 확립을 위한 민족주의 고취의 정책수단으로 지속적으로 활용되었다. 또한 정치적 상황과 환경의 변화, 그리고 대통령의 출신배경과 성격, 성향에 따라 문화정책에 큰 영향을 미쳐왔다.

한편, 정치제도적 차원에서도 정치적 분권화로서의 지방자치제 실시에 따른 지방분권화는 중앙정부에 의해 주도된 문화정책의 권력분권화로 지역발전 차원에서 지방자치단체의 정책적 관심 제고와 지역주민의 문화활동, 그리고 문화에 대한 인식의 전환 등 지역문화 정책에 획기적인 발전의 계기를 마련해 주었다.

셋째, 사회문화적 요인으로는 문화정체성의 문제와 건전문화의 확산, 문화생활의 변화와 각종 사회문제의 치유 등을 들 수 있다. 문화정체성 문제는 역대 대통령 모두가 국가발전의 중요요소로 문화예술 진흥의 중요성과 함께 지속적으로 강조하여 왔다. 문화정체성 문제는 전통문화의 계승발전 및 보호, 한국문화의 우수성과 이미지 홍보 및 국제교류·협력, 민족국가로서의 문화 동질성 회복 및 남북 문화교류, 한국문화 및 문화산업의 발전 등과 밀접하게 연결되어 있다.

건전문화의 문제는 문화정책의 전개과정에서 정부정책의 중요한 기준 중의 하나로 적용되어 왔으며, 이는 사회비판적인 대중문화와 체제비판적인 저항문화, 그리고 탈체제적인 사회주의 성향의 문화 등을 규제하는 정치적 목적의 정책준거로서의 판단기준이 되었다.

또한 문화생활의 변화로서는 국민소득 수준의 향상에 따른 여가활동 증대 및 문화수요증가와 다양화로 국민의 문화생활에 대한 참여가 활발해졌으며, 사회문제 치유와 관련해서는 물질만능주의와 상업주의의 부정적 측면 해소를 위해 사회문제 해결책으로서 문화예술의 가치를 강조하게 되고 지역갈등을 해결하고 황폐된 정신세계와 가치관의 혼란을 해소하는 수단으로 문화예술이 활용되었다.

넷째, 경제적 요인으로는 근대화과정에서부터 경제발전을 위한 동력으로서 문화를 활용하기 위한 정책적 접근이 있어왔고, 날이 갈수록 정책영역으로서의 문화의 개념이 국민들의 문화생활로 확대되면서 문화관광, 문화산업의 성황과 함께 경제적 가치를 창출하는 문화자본으로 인식되고 국부를 창출하는 중요자원으로서 문화산업이 크게 부각되어 왔으며, 국가경쟁력 강화와 문화정체성 차원에서도 문화경제 정책이 중요시되고 있다.

그 사례로 스크린쿼터 제도와 외국문화 개방 및 문화콘텐츠 수출정책 등을 들 수 있다. 문화산업은 문화콘텐츠의 기획, 제작, 가공, 유통, 소비와 관련된 문화적 가치를 지닌 산업으로, 문화정책의 경제적 요인의 직접적인 산출물이라 할 수 있다.

다섯째는 기술적 요인으로 정보화와 고도의 디지털기술 및 통신기술, 그리고 문화콘텐츠의 생산, 유통, 소비 과정에서의 변화를 들 수 있다. 이는 디지털 콘텐츠를 중심으로 한 문화산업 발전의 중요한 기반이 되고 있으며, 요즘엔 그로 인한 저작권 보호 및 관리 문제의 제기로 저작권 기반의 유통체계 정립이 중요한 정책과제로 부각되고 있다.

이상과 같은 요인들은 상호 간에 밀접한 관계를 갖고 있어 직간접적인 영향을 미치고, 문화정책의 과정에서 특히 정책결정과 정책내용에 복합적으로 영향을 미친다.

그림 4) 문화정책의 정치적 결정요인

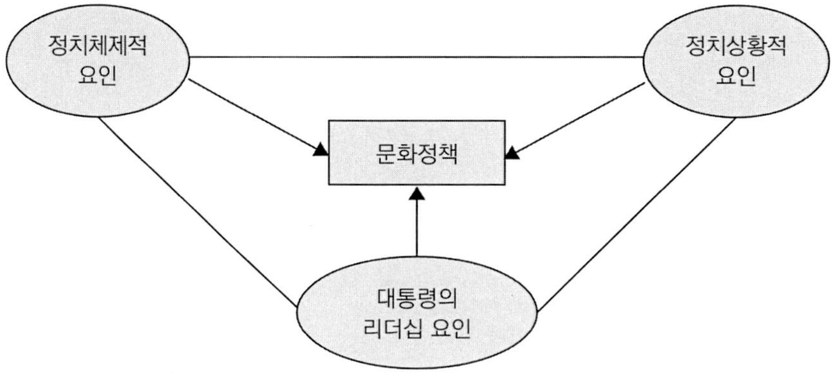

이들 요인 중 정치적 요인은 정책자체가 갖는 정치적 속성과 정책의 정치성 때문에 정책의 이념과 가치, 정책의제와 목표의 설정, 정책형성과 결정, 정책집행 및 평가 등 전체적인 정책과정에 미치는 영향이 매우 크고 보편적이다. 따라서 문화정책에 영향을 미치는 정치적 요인에 대한 지속적인 연구와 구체적인 고찰이 더욱 필요하다고 할 것이다.

다음에서는 정치적 결정요인으로서 정치체제적 요인, 대통령의 성격 및 리더십 요인, 그리고 정치적 상황 및 환경적 요인에 대하여 살펴보고자 한다.

1. 정치체제적 요인

먼저 정치적 결정요인으로서의 정치체제와 정책과의 관계를 살펴보고자 한다. 체계이론(system theory)에 의하면, 체계는 기능적으로 상호의존관계에 있는 단위요소의 유기체적 집합체로서 경계선에 의하여 환경과 구별되는 실존체이며, 체계와 환경은 상호관계를 갖고 있고, 양자 간의 교호작용은 투입(input), 전환(throughput, conversion), 산출(output)과정을 거쳐 반복적으로 이루어진다.[37] 이 경우 산출에 대한 환경의 반응을 점검하여 체제를 환경에 적응시킨 것을 환류

37) Talcott Parsons, *The Social System*, (New York : The Free Press, 1951) p.14

(feedback)라 한다. 이러한 체계모형을 원용하여 정치체제의 기능분석을 시도한 대표적인 학자가 이스톤(D. Easton)이다.

정치체계(political system)는 정치구성체의 유기체적 속성을 나타내는 개념으로 기능과 구조로 구성되어 있고, 정치체계의 주요 기능, 기능 간의 상호관계(interrelationships), 그리고 상호의존성(interdependence)을 특징으로 하고 있다. 체계(system)는 주요 개념, 기능 및 구조를 확인하기 위해 사용되고 분석적 개념을 나타내는 반면, 체제(regime)는 국가와 정부의 속성, 즉 유형과 형태를 포괄하는 개념으로 경험적, 기술적 범주를 나타낸다.[38)]

정치체제(political regime)는 흔히 국가나 정부로 또는 정치제도(political institution)와 동의적으로 사용되기도 하지만, 일반적으로는 정치제도의 상위개념으로서 포괄적인 정치권력에 의한 정치질서나 통치방법[39)] 또는 정치제도를 포함한 각종 하위체제로 이루어진 복합체로서 집단이나 계급 등의 상호작용에 의해 만들어진 정치질서로 보며, 하위체제들의 상호관계가 중심이 되는 동태적 개념이라 하겠다.[40)]

또 정치체제는 정치적 기능들이 제도, 절차 및 구체적인 관계로 조직화, 형태화되는 개별적인 방식과 수단 또는 개별적인 제도적 장치, 즉 일정한 국가에 있어서 정치적 제 관계가 구성되고 패턴화되며 조직화되는 방식을 의미하며, 주요 통치기관 등 통치구조와 통치엘리트로서의 정치지도자와 정부관료를 포함한다.[41)]

이스톤의 정치체제이론 이후 정책을 정치체제의 산출물로 보는 견해가 일반적이며, 따라서 정치체제의 속성에 따라 정책의 내용이 달라지고 정치체제의 구조적 차이와 운영방식의 차이 및 정책결정권자의 정책결정능력과 성향에 따라 정책이 달라진다.[42)]

정치체제의 구성요소를 정책의 결정과 집행에 관련된 여러 가지 정치활동

---

38) 김강녕 역, 「현대정치체제론」 (서울: 인간사랑, 1991), p.19 (원저: Roy C. Macridis, *Modern Political Regimes—Patterns and Institutions* (Boston: Little Brown and Company, 1986)
39) 이정식 외, 「정치학」 (서울: 법문사 ,1997), p.170
40) 김강녕, 「현대정치학」 (서울: 법문사 ,2007), p.50
41) 김강녕 역, (1991), p.19
42) David Easton, *Categories for the System Analysis Politics* in D. Easton(ed.), *Varieties of Political Theory* (Englewodd Cliffs : Prentice Hall, 1966), pp.147−153

또는 행동으로 보는 견해[43]에 따르면, 행정부나 입법부의 행정활동이나 입법활동이 정치체제의 구성요소가 되고 그 활동을 행한 주체로서의 개인이나 기관 또는 조직을 구성요소로 볼 수 있다.

정치체제는 환경으로부터 요구와 지지의 투입을 받아들이고 환경의 요구와 지지에 대응하여 그 체제 내에서 정치활동을 통해 권위적인 결정과정으로서의 변환과정을 거쳐 각종 정책의 집행형태로 환경으로 산출을 내보내는데, 이 경우 투입을 산출로 변환시키는 과정을 전환이라 한다. 산출의 성과는 환경의 여과를 거쳐 체제 속으로 환류된다.

이를 간략하게 모형화하면 <그림5>와 같다.

그림 5) 정치체제와 환경의 관계

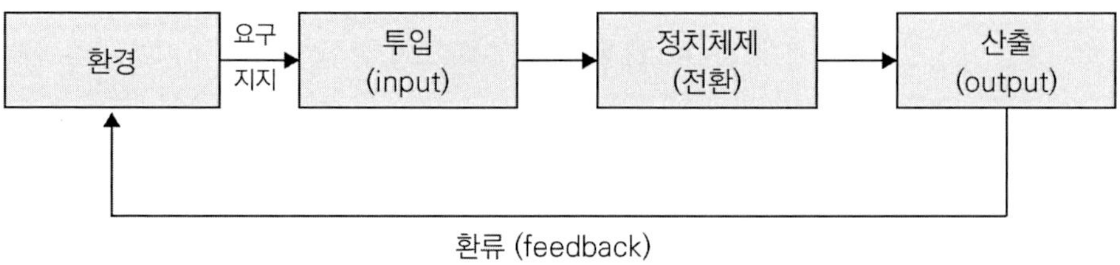

* 이스톤(D. Easton)의 체제분석모형을 원용한 것임.

또한 이스톤의 체제분석모형을 원용하여 구조기능주의적 관점에서 이를 발전시킨 일종의 수정이론을 제시한 알몬드(G. Almond)에 의하면, 모든 정치체제는 자기존속의 필요상 일련의 동일한 기능을 수행하며, 구조 또한 유사하다는 전제하에 이들 체제기능의 산출성과에 따라 체제의 유지와 붕괴여부가 좌우된다고 보고, 정치체제의 기능적인 동태과정을 분석하고 설명하고 있다.[44]

이러한 알몬드의 구조기능론적 정치체제 모형은 <그림6>과 같다.

---

43) D. Easton, *The Political System: An Inquiry into the State of Political Science* (New York: Alfred A. Knopt, 1953), p.129

44) 알몬드(Almond)와 포웰(Powell)은 정치체제의 구조, 기능에 의거하여 여러 나라의 정치체제를 비교하면서 그 기능을 체계수준, 정책수준, 과정수준의 기능으로 나누고 정치체제가 투입(요구와 지지)을 정책으로 전환하는 과정기능으로서 이에 이익표출, 이익결집, 정책결정, 정책집행을 포함시키고 있다. (Almond and Powell, (1978), pp.12－16)

그림 6) 정치체제 모형

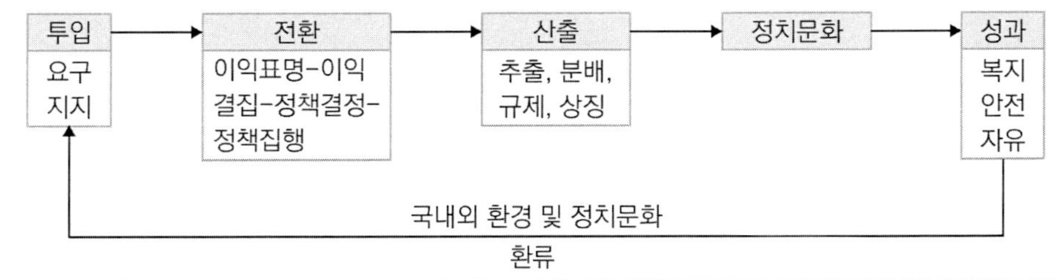

* 출처: G.A. Almond and G.B. Powell, Comparative Politics, 2nd ed. (Boston: Little Brown and Company, 1978), p.285

결국 환경이 정치체제를 변화시키고 다시 정책에 영향을 미침으로써 환경이 간접적으로 정책에 영향을 미치며, 또한 직접적으로 정책에 영향을 미치기도 한다.

정치체제의 여러 가지 특성은 정책의 추진방법과 내용에도 커다란 영향을 미치며, 정치체제의 여러 가지 특성에 대한 환경의 영향은 정치체제의 구조, 정치체제의 분위기와 이념, 정책담당자 등으로 나누어 볼 수 있다. 정치체제의 구조는 정책과정에서의 활동과 정책내용에 큰 영향을 미치고 이 체제상의 권력구조도 정치환경의 결정적인 영향을 받는다.

정치체제의 분위기 중 가장 중요한 정치이념은 정책에 대단히 큰 영향을 미치고, 이들은 사회, 경제적 환경변화에 따라 크게 변화하게 되며, 정치체제의 분위기를 좌우하는 정치·행정문화는 정치체제의 환경인 사회 문화적 요소에 의하여 결정적으로 좌우된다. 또 정책결정권자인 정책담당자의 능력이나 성향은 정책의 내용과 추진방법에 큰 영향을 미치고, 정치체제의 구조나 분위기에 의해 영향을 받지만, 정치환경에 의해 결정적인 영향을 받는다.[45)]

정치환경이 정책에 영향을 미치는 것은 주로 정치체제에 대한 투입을 통해서이며, 투입은 정책환경의 요구와 지지를 통해 이루어진다. 정치제체의 환경으로서 국민들의 정부에 대한 요구는 사회문제의 해결에 관한 것으로서 사회문제의 중요한 원인으로는 산업화, 도시화, 세계화, 정보화, 지방화 등을 들 수 있다. 여성화, 노령화, 다문화도 최근 부각되고 있는 사회문제의 원인이 되는 사회적

45) 정정길 외, (2008), p.107

현상이다. 사회문제해결에 대한 환경으로부터의 요구를 실행하기 위해서는 정치체제에 대한 환경으로부터의 지지를 얻어야 하는데, 그것은 정치체제에 대한 정신적 지지와 순응, 인적자원의 공급, 그리고 물적 자원 즉, 정부의 재정수입 등을 들 수 있겠다.

다음은 정치체제와 정책의 일반적 관계와 특성을 살펴보면, 정치체제는 사회문제가 환경으로부터 투입되면 이를 정책문제로 전환시키고 이 정책문제를 정책으로 전환시키며, 정책을 집행하고 정책평가를 거쳐 정책결과를 정책환경에 되돌려 보낸다.

그림 7) 정책과정의 체계

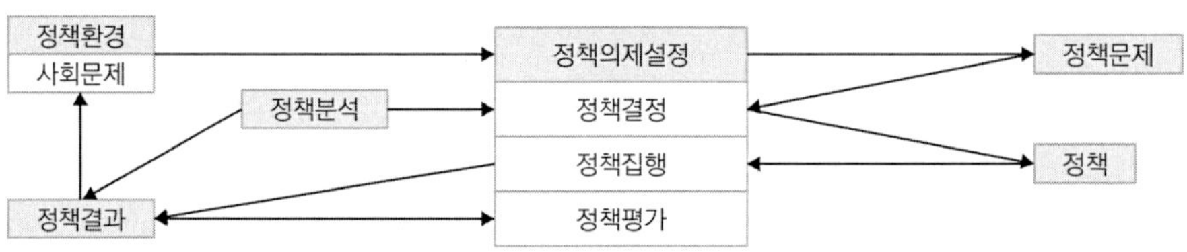

* 출처: 정정길 외, (2008), p.18 〈그림1-2〉 정책과정의 제 측면을 도식화한 것임.

정책의 내용에 영향을 미치는 정치체제의 특성 또한 정치체제 담당자의 속성, 정치체제 내부의 분위기와 규범 및 정치체제의 구조로 요약할 수 있다. '환경으로부터 지지와 요구'를 투입 받아 체제의 담당자들이 정책을 산출할 때 담당자의 속성, 담당자가 활동하는 정치체제 내부의 분위기와 규범, 정치체제의 구조 등이 모두 정책의 내용에 영향을 미치는 것이다.[46] 이 경우 정치체제 내의 특성 간에도 상호 영향을 주고받는다.

정치체제상의 정책담당자의 경우 능력과 성향이 정책의 내용에 영향을 미치는데, 이는 각각 문제해결을 위한 전문적 능력과 정치적 능력(개인적 속성 및 지위), 정책의 특정내용에 대한 선호도나 태도가 중요하며, 정치체제의 분위기와 규범의 경우에는 정치이념과 정치·행정 풍토가 중요하다.

정치이념은 정책내용에 대한 가치판단의 방향을 제시하는 역할을 하는 정치

46) 정정길 외, (2008), pp.112-113

적 가치에 대한 일관성 있는 사고체계 및 가치체계로서, 정책과정을 지배하는 정치이념으로는 자유주의, 경제성장주의, 복지주의, 법치주의 등을 들 수 있다.

정치·행정 풍토는 광의의 정치문화[47]로서 정치체제와 국민의 관계에 대한 신념과 인식, 정치체계의 운영방식에 관한 정치활동이나 행동에 대한 인식과 태도 및 신념과 가치관을 말한다. 우리나라의 정책과 관련이 깊은 정치·행정문화로는 권위주의, 분파주의, 흑백논리적 극단주의 등을 들 수 있다.

정치체제의 구조는 정치체제를 구성하는 요소들 간의 유형화된 상호관계[48]로서 정책과정에 영향을 미치는 측면에서 정책과정의 활동방법이나 활동양상에 영향을 미침으로써 정책내용이나 정책결과 및 효과에 중대한 영향을 미친다.

가장 중요한 정치체제의 구조는 권력구조로서 이는 정책과 관련하여 정부계층 간, 즉 중앙정부와 지방정부 간 권력구조와 정치기관 간 권력구조로 나누고, 후자는 다시 정책과정에서 가장 큰 영향력을 행사하는 입법부와 행정부 간의 관계와 행정부 내부의 기관들 간의 관계, 특히 대통령실과 행정부와의 관계로 나눠볼 수 있을 것이다.

그림 8) 정치체제의 특성과 정책

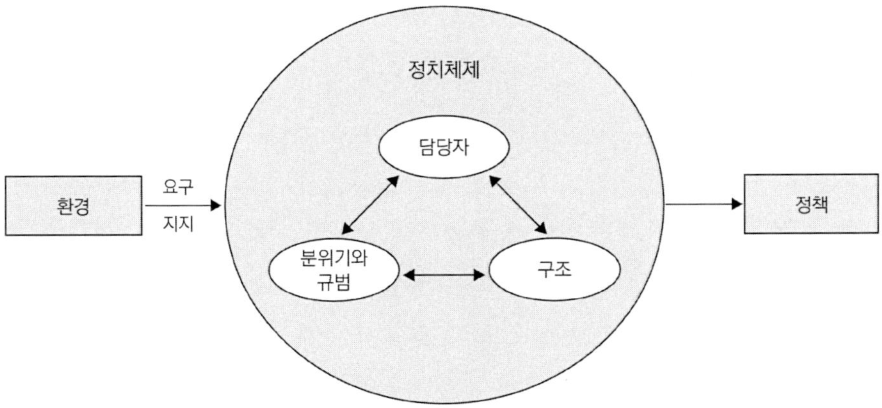

* 출처: 정정길 외, (2008), p.113 〈그림3-5〉

47) 알몬드(Almond)와 버바(Verba)는 이를 편협적, 종속적, 참여적 정치문화로 구분한다. (G.A. Almond and S. Verba, *The Civic Culture* (Princeton, N.J.: Princeton Univ. Press, 1963), p.17

48) 정치체제를 구성하는 요소는 하위체제들 또는 체제요인 자체를 의미하기도 하고, 하위체제 간의 상호관계를 정치체제의 구조로 보기도 한다.

현대에 와서는 산업화와 도시화, 정보화 등 복잡한 사회문제의 해결을 요하는 정치환경의 변화로 인한 행정국가화 현상으로 행정부가 경험성과 전문성을 바탕으로 입법부에 비해 정책과정에서의 정치적 기능과 권한이 크게 강화되었고, 정책 발의에서부터 실질적 결정까지 행정부가 사실상 정책적 권력을 장악하게 되었다. 다만, 의회구성상 여소야대의 경우에는 법률안 심사와 예산결산심의 및 업무보고와 국정감사 등을 통한 야당 측의 정책적 관여와 수정, 보완, 변경 등으로 어느 정도의 권력균형을 이룸으로써 행정부를 견제하고 법률적으로 통제하면서 정책과정에 많은 영향력을 발휘하기도 한다.

행정부 내부의 권력구조는 대통령의 권력집중도와 장관에 대한 권한위임정도에 따라 정책에 대한 영향력이 달라지며, 또한 대통령과 장관의 공사간의 관계 및 신임도와 접촉빈도 등에 따라서도 정책결정에 대한 영향력이 달라진다고 하겠다.[49]

정책과정이나 정책결정과정은 정치체제의 핵심적인 활동으로서 이 과정에서 산출되는 정책이나 정책결과 등은 정책참여자들에 의하여 영향을 받고 결정된다. 정책참여자는 정책과정에 공식적인 권한을 갖고 직접 참여하는 기관 또는 조직으로서 의회, 대통령과 비서실, 행정기관, 그리고 사법부를 들 수 있으며, 공식적으로 직접 권한을 갖고 있지는 않으나 정책과정에 영향력을 행사하는 비공식적 참여자로서는 정당, 이익집단, 공공단체, NGO, 일반국민, 전문가 및 학자, 그리고 언론기관 등을 들 수 있다.

대통령 중심제인 우리나라의 경우 정책과정상의 공식적인 정책참여자의 역할기능을 살펴보면, 의회는 입법권을 통하여 중요한 정책을 법률의 형태를 취해 강력한 정책결정권을 행사할 수 있고 예산심의 등 비입법적 방법을 통해 영향을 미친다. 하지만 행정국가화 현상으로 그 영향력이 많이 약화되었고, 정책집행이나 평가에 있어서는 간접적으로 국정조사나 정책질의·토론 등을 통해 행정통제에 의해 영향을 미친다.

행정부처는 공식적 권한으로 대통령과 의회가 결정한 정책을 집행하지만,

---

49) 국정운영과 관련하여 시스템운영방식(방사형, 원추형, 병렬형), 권력통제방식(집권형, 분권형, 절충형), 의사결정방식(권위형, 민주형, 자유방임형), 정책결정집행방식(기술자형, 지시적 위임형, 협상형, 재량적 실험형, 관료적 기업가형)등의 유형이 있다. (최진, 「대통령리더십 총론」(서울: 법문사, 2008), p.59)

복잡다기한 사회문제가 고도의 전문성과 기술성을 요하므로 정책결정 전반에 걸쳐 큰 영향을 미친다. 대통령과 관료조직은 정책의제설정과 정책결정에 전문성과 경험성, 재량권과 이익집단과의 연계성 등으로 실질적인 영향력을 가지며, 정책집행에는 고유의 권한으로 절대적인 영향력이 있고, 정책평가에는 총리실, 예산당국, 감사원 등의 자체평가로 많은 영향을 미친다.

대통령의 경우는 정책과정 전반에 걸쳐 가장 막강한 영향력을 발휘한다. 다만 고도의 기술적, 전문적 정책의 경우에는 위임에 의해 관료조직이 실질적인 영향력을 갖게 되며, 이 경우 대통령의 지원여부가 결정적인 성공요인이 된다. 대통령의 막강한 권력집중현상이 심화될 경우에는 일관성 있고 혁신적인 정책이 가능하나, 비민주성과 비타협성으로 인한 불합리한 정책결과를 낳기 쉬운 단점이 있다.

사법부는 정부정책에 대한 사법적 판단에 의해 정부정책과정 전반에 영향을 미치나, 그 제도적 특성상 사후적이고 수동적인 성격을 띤다. 해당 문제가 발생하고 나서 이해당사자의 청구나 소송이 있을 때만 개입할 수 있는 특징을 갖고 있기 때문이다.

정당은 정권획득을 목적으로 구성된 결사체로서 각종 요구들을 정책대안으로 전환시키는 이익결집기능을 통해 정당정책과 선거공약의 형태로 정책에 영향을 미친다. 집권정당의 경우 이를 근거로 정책내용을 결정하게 된다.

또한 평소 당에서 중요정책을 결정하여 국회에 제출하여 안건이나 법안으로 채택되거나 행정부에 제시하여 수용케 함으로써 정책을 결정하는데 영향력을 발휘한다. 야당의 경우에는 국정감사 등 국정감시기능으로 정치적 평가를 통해 정책의 수정, 변경을 가능하게 한다. 14~16대 총선 결과 나타난 여소야대의 국정상황하에서 야당이 정부의 정책과정에 상당한 영향력을 행사한 사례가 이런 경우에 해당된다.

이상과 같이 정치체제와 정책과의 일반적인 관계를 종합해보면, 주로 대통령과 행정기관, 의회와 정당이 정책의제 설정, 정책결정, 정책집행 그리고 정책평가 등 네 단계의 정책과정에 걸쳐 다양한 형태로 직접 참여하거나 큰 영향력을 미쳐왔음을 알 수 있다.

정치체제가 정책에 미치는 정책참여자와의 관계를 도식화하면, <그림9>

와 같이 표현될 수 있다.

그림 9) 정치체제와 정책의 관계

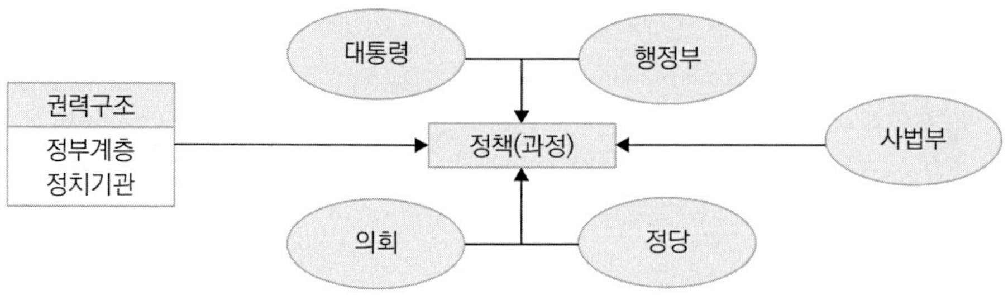

* 정치체제의 주요 정책참여자와 정책의 관계를 도식화한 것임.

이상과 같이 정치체제와 정책과의 일반적인 관계를 종합해보면, 주로 대통령과 행정기관, 의회와 정당이 정책의제 설정, 정책결정, 정책집행 그리고 정책평가 등 네 단계의 정책과정에 걸쳐 다양한 형태로 참여하거나 큰 영향력을 미쳐왔음을 알 수 있다.

한편, 정치체제의 주요 유형은 일반적으로 권위주의 정치체제, 전체주의 정치체제, 그리고 민주주의 정체체제로 분류되어 왔다. 이러한 유형들은 통치, 동의, 이익 및 권리가 조직화되는 상이한 방식에 바탕을 둔 주요한 기술적 일반론에 해당한다.[50)]

권위주의 체제는 1인 또는 소수의 지도자에게 권력이 집중되는 '강제력에 의한 지배'의 통치구조로서 개인의 권리와 참여를 무시하고, 동의와 이익의 조직화를 중시하지 않는 권위적 지배체제다. 반면, 전체주의 체제는 잘 조직화된 정치적 엘리트에 의한 지배구조로 모든 사회활동이 지배적인 정치기구에 의해 공식적이고 직접적으로 통제되고, 이익, 동의 및 권리의 조직화를 조작하고 결정하기 위해 전체적인 하나의 이데올로기를 제시하여 개인과 모든 집단이 이를 따르게 하는 지배체제를 의미한다.

이와는 반대로 민주주의 체제는 국가와 사회 및 개인을 뚜렷이 구분하여 개개인의 불가양도적 권리를 자유와 평등 이념에 입각하여 기본적으로 인정하고,

50) 김강녕 역, (1991), p.32

다양하고 다원적인 개인의 참여와 이익을 최대한 중시하고 보장하는 자율과 책임의 지배체제를 말한다.

권위주의 체제는 소수 엘리트가 지배권력을 독점하는 과두지배체제의 형태로 거의 견제되지 않고 책임지지 않는다는 점에서 독재체제와 동일시되며, 이 체제의 지도자는 일반적으로 독재자의 속성을 갖는다.

전체주의 체제도 이들 체제와 유사하나, 정치체제의 조직원리를 기준으로 분류한 개념으로 권력중심부가 일원적이고 이데올로기를 주요 지배수단으로 활용하며, 집단목표 달성을 위해 시민참여와 동원이 강요된다는 점에서 구별된다.[51]

우리나라 현대 정치사에서는 민주화 이전까지의 정치체제를 권위주의 정치체제로 보고, 지도자의 통치스타일을 기준으로 독재체제로 규정하고 있으며, 특히 군부 독재지배체제를 관료적 권위주의 체제로 분류하고 있다.[52]

2. 대통령의 리더십 요인

대통령은 국가정책과 정부조직을 총괄하는 국가최고통치권자이자 최고 정책결정권자인 행정수반으로서 정책결정 등 정책과정에 가장 핵심적인 역할을 한다. 따라서, 여기에서 논하고자 하는 리더십은 일반적인 지도자의 지도력과 달리 최종정책결정권자로서의 지도력을 의미한다. 리더십의 개념에 관하여는 많은 학자들이 다양하게 그 의미와 해석을 내놓고 있지만, 리더십의 본질적 측면은 인간과 인간의 관계와 개개인의 마음과 사고를 중시한다는 점에서 큰 차이가 없다. '공통의 목표와 구성원의 상호관계 그리고 영향력'이라는 3대 구성요소를 갖고 있다.

이들을 종합하여 보면, 리더십이란 '정해진 공동의 목표달성을 위해 개인과 집단의 구성원들에게 미치는 영향력 내지는 영향력을 행사하는 과정이나 기술 또는 능력'을 말한다고 할 수 있다. 따라서 이는 개인의 심리나 사고 및 성격과

---

51) 김호진, (1997), pp.101－102

52) 전통적인 권위주의의 변형화된 정치체제를 신권위주의로 보고, 이를 가부장적 권위주의, 관료적 권위주의, 군부권위주의, 문민권위주의 등으로 분류하고 있다. (최진, (2008), pp.242－245)

밀접한 관계가 있고, 특히 정치적 리더십의 경우 인간과 권력의 복잡한 역할관계를 갖고 있다고 할 것이다.

일반적으로 리더십 연구의 접근방법으로는 지도자의 개인적 특성을 중시하는 자질론 내지는 특성이론(traits theory), 지도자의 행동양태에 초점을 맞추어 관찰하는 행태이론(behavioral theory), 리더십이 발휘되는 지도자의 외적 요인인 주변 환경과 인간관계 등의 상황을 중시하는 상황론(situational theory), 그리고 지도자의 자질과 주변 상황과의 연관성과 상호작용관계를 중시하는 상호작용론(interactional theory), 그 외에도 정치체제의 구조기능과 결부시켜 하부구조와의 기능적 연계성을 연구하는 체제론(기능주의론), 변혁적 리더십이론과 현대적 리더십이론(거래적, 서번트, 셀프, 소통형 리더십 등)이 있다.[53]

이들 중 가장 발전적인 접근방법은 상호작용론으로, 지도자의 특성과 주어진 상황 등을 함께 고려한 종합적인 접근방법이라 하겠으며, 결국 리더십은 지도자와 구성원 및 상황의 상호작용에 의해 결정되는 결과물로 보는 것이다. 이러한 접근방법은 분석의 목적에 따라 달라지나, 중요한 것은 지도자의 리더십이 지도자의 의지와 능력에 따라 결정되며, 지도자의 전유물이 아닌 구성원과의 공유물이라는 사실이라 하겠다.[54]

이와 관련하여 대통령의 리더십 유형을 보면, 바버(J. Barber)의 심리학적, 개인적 접근방식을 적용한 리더십 유형 분류가 가장 널리 사용되어 왔다. 우리나라에서도 역대 대통령의 리더십을 분류하는 기본 틀에 주로 바버의 이론을 원용하고 있다.[55]

바버의 유형은 행태주의적 관점에서 지도자의 성격을 판단기준으로 설정하고 성장과정을 중시한 것이다. 직무에 대한 자세를 긍정형과 부정형(positive–negative)으로 분류하고 직무수행에 쏟는 에너지의 정도를 적극형과 소극형(active–passive)으로 분류하여 적극적 긍정형(승부사형), 적극적 부정형(야수형), 소극적 긍정형

53) 자질론의 대표적 학자로는 버나드(C. Barnard), 젠킨스(W. Jenkins), 테드(O. Tedd), 데이비드(K. David), 스토그딜(R. Stogdill) 등이 있고 행태론은 레윈(K. Lewin), 화이트(R. White), 리피트(R. Lippit) 등이 있으며, 상황론은 피들러(F. Fidler), 허쉬(P. Hersy), 하우스(R. House), 코텐(D. Korten) 등이 있고, 상호작용론은 홀랜더(E. Hollander), 체제론은 다운튼(J. Downton) 등이 있다.

54) 김호진, 「한국정치체제론」(서울: 박영사, 1997), p.121

55) 안병만(역대 통치자의 리더십 연구, 1998)과 구광모(대통령론 : 지도자의 개성과 유형, 1984) 등이 이에 해당된다.

(장인형), 그리고 소극적 부정형(사원형)의 4가지 유형으로 구분하고, 이를 국정운영과 연관지어 분석하였다.

베버(M. Weber)는 정치권력의 본질을 중요시하여 정치권력의 정당성에 따라 전통적 리더십, 합법적 리더십, 카리스마적 리더십의 세 가지 유형으로 분류하였다. 번스(J. Burns)는 변화에 대한 열정을 기준으로 변화주도형(transforming) 리더십과 민원봉사형(transactional) 리더십으로 분류하였으며, 레윈(K. Lewin), 화이트(R. White)와 리피트(R. Lippitt)는 지도자의 조직관계 방식을 기준으로 권위형 리더십, 자유방임형 리더십, 민주형 리더십으로 분류하였다. 또 마이어(Meyer)와 켈리(Kelly)는 지도자의 정책성향을 기준으로 인간중심형(follower-oriented)과 과업지향형(task-oriented) 리더십으로 분류하였다.

최근에는 현대사회의 시대적 특징을 감안하여 지도자의 조직관리 유형을 기준으로 권위주의적 리더십, 전체주의적 리더십, 민주주의적 리더십, 그리고 관료주의적 리더십으로 분류하는 경향이 많다. 이러한 유형분류는 대통령 리더십과 조직 및 국정운영 스타일과의 상관관계를 유용하게 효과적으로 설명해준다.

이상과 같은 대통령 리더십 유형을 종합하면, <표2>와 같다.

표 2) 대통령 리더십 유형

구분	분류기준	유형
바버(Barber)	직무자세와 직무수행 정도	적극긍정형, 적극부정형, 소극긍정형, 소극부정형 리더십
베버(Weber)	권력의 정당성	전통적, 합법적, 카리스마적 리더십
번스(Burns)	리더십의 변화에 대한 열정	변화주도형, 민원봉사형 리더십
마이어(Meyer), 켈리(Kelly)	정책성향	인간중심형, 과업지향형 리더십
레윈(Lewin), 화이트-리피트(White-Lippit)	조직관리 방식	권위형, 자유방임형, 민주형 리더십
현대정치학	정치행태 및 조직관리	권위주의적, 민주주의적, 관료주의적, 전체주의적 리더십

여기에서는 지도자 개인인 대통령의 성격과 특성에 초점을 두고, 리더십 유형을 살펴볼 것이다. 즉, 대통령의 성격과 자질 및 능력 등 개인적 특성에 중점을 두고, 대통령의 리더십을 심리학적인 접근방법으로 논하고자 한다.

따라서 대통령의 성격 및 리더십과 관련하여 먼저 살펴보아야 할 것은 출생배경과 성장과정에 관한 사항으로, 그에 대한 심리학적 고찰이 필요하다. 이를 위해 프로이드(S. Freud)의 정신분석학과 융(Carl G. Jung)의 분석심리학을 통한 성격유형과 리더십유형을 살펴보고자 한다.

프로이드의 정신분석학에 의하면, 어린 시절 성장과정이 지도자의 성격형성과 리더십 행태, 국정운영 스타일에 어떠한 영향을 미치는가에 대한 기본 틀을 제공하며, 무의식이 인간의 행동을 결정하므로 무의식 연구를 통해 정치지도자의 행태를 파악할 수 있고, 따라서 미래의 대안을 모색할 수 있다는 것이다.[56] 즉, 성장과정은 핵심변수인 부모의 영향, 가정형편, 교육정도, 충격적 사건, 그리고 지역특성 등 환경요인에 의하여 성격형성에 결정적인 영향을 준다는 것이다.[57]

지도자에게 중요한 리더십의 요건 중의 하나가 세계관인데, 이는 기본적으로 정치적인 신념, 사회적 인간관계와 인간본성에 대한 파악, 윤리적인 갈등에 의하여 반영되며, 이러한 세계관에 따라 지도자의 리더십 유형과 국정운영 스타일은 크게 달라지고, 성장과정의 핵심변수들에 의해 남성적 세계관과 여성적 세계관의 형태로 형성된다는 것이다.[58]

---

56) 프로이드의 영향을 받은 이론가들은 인간의 행태가 비합리적이고 비논리적인 충동이나 무의식적인 습관에 의해 좌우된다고 가정한다. (신정현, 「정치학」 (서울: 법문사, 2000), p.506)

57) S. Freud, *Introductory Lectures on Psychoanalysis* in Standard Edition, Vol.15&16, (London : Hogarth, 1963)

58) 바버는 유아기와 아동기에 성격이 형성되고, 10대 중반부터 20대 초반까지의 청년기에 세계관이 결정된다고 보았다. (James D. Barber, *Presidential Character: Predicting Performance in the White House* (Englewood Cliffs, N.J., Prentice－Hall,1977), pp.5－6)

표 3) 여성적 세계관과 남성적 세계관

세계관 / 분류	여성적 세계관	남성적 세계관
성장과정	• 어머니 영향 • 도시생활, 여유로운 환경	• 아버지 영향 • 농촌생활, 불우한 환경
특징	• 부드러운 감정 풍부 • 다변과 대중접촉 선호 • 변덕스런 즉흥성 • 개성과 이기주의, 평등주의	• 딱딱한 이성, 냉철 • 사색과 대담 선호 • 지속적인 계획성 • 조직과 집단주의, 위계질서
성격과 리더십	• 외향성, 플러스형 • 선동가형, 인간중심형	• 내향형, 마이너스형 • 행정가형, 과업지향형

* 출처: 최진, (2008), p.82

또 융의 분석심리학에 의하면, 개인적 무의식 외에도 사람들이 보편적으로 갖고 있는 제2의 무의식인 집단적 무의식이 성격형성에 많은 영향을 미치고 그 안에 콤플렉스[59]가 존재하며, 국가지도자의 성격유형은 선천적 성격에 의해 결정되지만, 고정불변적인 것이 아니라 개인적, 환경적 요인에 의해 변화될 수 있는 동적인 상태에 있다고 본다.

성격형성에 영향을 미치는 중요한 개인적 요인은 교육적 배경과 사회적 경력이고, 환경적 요인은 가정환경과 사회문화적 환경 등으로 후천적인 환경의 영향으로 만들어진 성격유형은 정치적 행동과 밀접한 상관관계를 맺는다는 것이다. 그는 인간 심리의 특징을 외향형과 내향형으로 구분하여 네 가지 정신기능에 따라 8개 성격유형으로 세분화하였다. 이는 정치지도자의 성격유형과 리더십의 상관관계를 연구하는 데 많은 도움을 준다.

59) 주로 정치지도자들이 겪는 정치적 콤플렉스는 그들의 출신배경이나 성장과정에서 형성되는 비정상적인 심리상태로 가난, 학력, 영웅, 사상, 쿠데타 콤플렉스 등 다양한 형태로 나타나고, 긍정적인 측면과 부정적인 측면으로 동시에 작용하며, 성격형성과 리더십에도 많은 영향을 미친다. (최진, (2008), pp.248−259)

표 4) 융의 성격유형 분류

일반적 태도 / 특수정신기능		특성	외향형	내향형
합리적 기능	사고형	이성적	외향적 사고형	내향적 사고형
	감정형	감성적	외향적 감정형	내향적 감정형
비합리적 기능	감각형	감각적	외향적 감각형	내향적 감각형
	직관형	즉흥적	외향적 직관형	내향적 직관형

* 출처: 최진, (2008), p.90 〈표3-3〉을 재인용한 것임.

일반적으로 인간은 두 가지 유형의 서로 다른 태도를 동시에 갖고 살아가지만, 어느 쪽이 우세하게 나타나는지에 따라서 성격유형이 결정되고, 그것이 리더십 행태에 직접적인 영향을 미친다고 본다. 내향형(introversion) 지도자는 이성적이고 논리적인 성향이 강하고, 객체보다는 주체를 중시하고, 넓은 대인관계보다는 깊은 신뢰관계를 선호한다. 매사 조용하고 신중한 성격으로 소극형 또는 현실순응형에 가깝다. 국정운영은 계획적, 합리적이고 용의주도하나, 소극적이고 신중하며, 우유부단하다.

반면, 외향형(extroversion) 지도자는 감성적이고 활동적이며, 적극적이고 긍정적이어서 위기대처능력이나 독창성이 강한 대신, 독립적이고 충동적인 경향이 강하다. 여기서 주목할 것은 각 유형 간에 상호 견제작용이 존재하고 일정부분 유사성이 중첩된다는 점이다.

이러한 성격유형에 따른 리더십 스타일 분석모형을 종합하면 <표5>와 같다.

표 5) 융의 심리학적 유형론에 근거한 리더십 스타일 분석모형

리더십 스타일 심리학적 유형	행동 특성	장점(긍정적 리더십 스타일에 미치는 요인)	단점(부정적 리더십 스타일에 미치는 요인)
외향적 사고형	• 원리원칙 중시 • 논리적, 설득력강함 • 호전적, 단순 명쾌 • 강인하고 냉정함	• 현실적으로 바람직한 정책 대안 선택 • 일관되고 확고한 정책 추진	• 권위적, 독선적인 리더십 • 문화, 예술, 교육분야 정책 취약 • 의심으로 인사정책 문제점 야기

외향적 감정형	• 친화력, 포용력 • 비합리적, 단순함 • 호탕, 나서기좋아함	• 많은 사람이 원하는 정책 추진 • 친화력으로 화합 추구	• 정책 일관성 결여 • 지적 능력 부족 • 다른 사람 의견에 의존
외향적 감각형	• 뛰어난 현실 판단과 현실적응능력 • 철저한 현실주의자 • 순발력, 임기응변	• 가장 유익한 정책 선택 • 외교, 경제 분야 성공 가능성 • 뛰어난 위기관리 능력	• 감각적 선택으로 인사 정책 문제점 야기 • 충동적, 독선적 정책 결정 가능성
외향적 직관형	• 변화지향, 미래 지향적 정책 추진 • 저돌적, 모험적 성향	• 창조적, 미래지향적 • 미래에 가장 바람직한 정책 선택	• 현실무시한 정책 추진 • 실현가능한 정책 대안 선택에 어려움
내향적 사고형	• 개혁추구 성향 • 논리적, 분석적 • 치밀하고 빈틈 없는 업무처리 • 끈기, 집념, 고집 • 외강내유형	• 이상적이고 개혁적인 정책 추진 • 조직적이고 치밀한 정책 수행 능력 • 끈기 있는 정책추진 능력	• 독재 가능성, 경직성 • 극단적 발전, 설득력 부족 • 뚜렷한 흑백판단 경향 • 대중적 지지 획득 곤란
내향적 감정형	• 인내심과 깊은 공감 능력, 절제 • 관용과 양보심 • 차분함, 감수성	• 여러 의견 수용하여 정책 반영 • 포용력으로 화합 추구 • 주위사람들 장점 잘 활용	• 정책 결정 우유부단 • 개성과 소신 결여 • 현실 안주 정책 추진
내향적 감각형	• 타산적, 고도감각 • 현실적응능력 • 소극적, 현실순응적 • 상황선택 능력 특출	• 현실적으로 유익한 정책 추진 • 효과 극대화시킬 정책 대안 선택	• 정책 일관성 상실 • 개혁적 정책추진 곤란 • 근시안적 정책 추진
내향적 직관형	• 뛰어난 직관능력 • 현실감각 결여 • 창조성, 통찰력 • 주관적, 비타협적, 규칙에 적응하기 어려움	• 적재적소 인물 선택하는 인사정책 구사 • 문화·예술분야 정책 성공 가능성	• 현실성 있는 정책 추진 어려움 • 조직의 지도자로 능력 부족 • 체계적 업무처리 곤란

* 출처: 성격유형에 따른 행동 특성(최진, (2008), p.93)과 성격유형에 따른 리더십 스타일(김종석, (2001), p.81)을 종합한 것임.

우리나라의 역대 대통령을 이러한 성격유형에 따른 리더십 스타일로 분류해 보면, 이승만 대통령은 외향적 사고형, 박정희 대통령은 내향적 사고형, 전두환 대통령은 외향적 감정형(감각형), 노태우 대통령은 내향적 감정형(감각형), 김영삼 대통령은 외향적 감각형(감정형), 김대중 대통령은 내향적 사고형(감각형), 그리고 노무현 대통령은 외향적 감각형(직관형)의 리더십을 가졌다고 할 수 있다. 다만, 이 경우에도 뚜렷한 한 가지의 성격유형보다는 중첩된 성격유형으로 복합적인 성향을 보이는 경향이 다분하다.[60)]

표 6) 역대 대통령의 성격유형에 따른 리더십 스타일

대통령 / 구분	이승만	박정희	전두환	노태우	김영삼	김대중	노무현
성격유형 (유사유형)	외향적 사고형 (외향적 감각형)	내향적 사고형 (외향적 사고형)	외향적 감정형 (외향적 감각형)	내향적 감정형 (내향적 감각형)	외향적 감각형 (외향적 감정형)	내향적 사고형 (내향적 감각형)	외향적 감각형 (외향적 직관형)
리더십 스타일	원칙적, 일관적, 권위적, 독선적	조직적, 집념적, 체계적, 극단적	현실적, 임기응변적, 충동적, 독선적	관용적, 포용적, 현실안주, 우유부단	친화력, 순발력, 비합리적, 단순적	논리적, 개혁적, 이상적, 타산적	창조적, 모험적, 미래 지향적, 비현실적

* 출처: 역대 대통령의 성격유형과 리더십 스타일을 종합한 것임.

한편, 대통령의 리더십과 국정운영 스타일의 상관관계를 규명하고자 지도자의 성장과정이 성격을 형성하고 성격은 리더십유형을 결정하며 리더십 유형이 국정운영 스타일에 지대한 영향을 미친다는 사실에 입각하여 프로이드의 정신분석학과 융의 분석심리학 이론에다 라스웰(H. Lasswell)의 권력이론(선동가형과 행정가형)[61)]과 최진의 파도이론(플러스형과 마이너스형),[62)] 그리고 마이어(Meyer)와 켈리(Kelly)의 지도자의 정책성향론(인간중심형과 과업지향형)[63)]을 종합하여 제시한 '리더십의 5단계 발전모델'을 살펴보고자 한다.

---

60) 김종석과 최진의 성격유형 분류를 종합하여 적용한 것으로, 성격의 양면성과 행동특성의 복합성으로 명확히 규정하기가 쉽지 않아 논자에 따라 그 유형을 달리하기도 한다.

61) 정치권력의 속성을 총체적으로 분석한 라스웰의 권력모델은 정치지도자의 성격유형과 행태를 주요변수로 설정하여 상호 심리학적 연관성을 분석한 것으로, 심리학적 접근방식과 정치권력적 접근방식을 접목한 형태다. (H. Lasswell, *Power and Personality*, 1962 참조)

62) 프로이드와 융과 라스웰의 이론을 토대로 대통령 리더십과 국정운영 전반에 걸쳐 나타나는 파도현상과 같은 일정한 흐름과 패턴을 유형화한 일종의 순환이론이다. (최진, (2008), pp.121－124)

63) 대통령 리더십 유형 중 목표달성유형으로 사람과 과업 중 어느 것을 더 중시하는가를 기준으로 분류한 것이다.

이는 리더십과 국정운영 스타일에 영향을 미치는 심리요인, 성격요인, 권력요인 등을 단계적으로 변수화하고, 상호 긴밀한 상관관계를 갖고 있음을 보여주기 위하여 제1단계로 프로이드의 성장과정 모델을, 제2단계로 융의 성격유형 모델을, 제3단계로 라스웰의 권력 모델을, 제4단계로 리더십의 플러스, 마이너스 모델을, 그리고 제5단계로 거버넌스 스타일의 적용 모델을 설정하여 최적 모델화하고, 이들 상호 간의 상관관계를 설명함으로써 대통령의 리더십과 국정운영 스타일의 밀접한 연관성을 밝혀주고 있다.

이들 관계를 단순화하여 보면, 활발하고 적극적이며 감정적인 외향형과 플러스형과 선동가형은 인간중심형 국정운영 스타일과 유사하고, 차분하고 소극적이며 이성적인 내향형과 마이너스형과 행정가형은 과업지향형의 국정운영 스타일과 유사하여 지도자의 성장과정과 성격유형, 그리고 리더십의 유형과 함께 국정운영 스타일로 유형화 된다고 할 것이다.

이를 도식화하면 ＜그림10＞과 같다.

그림 10) 리더십의 심리학적 발전단계 모형

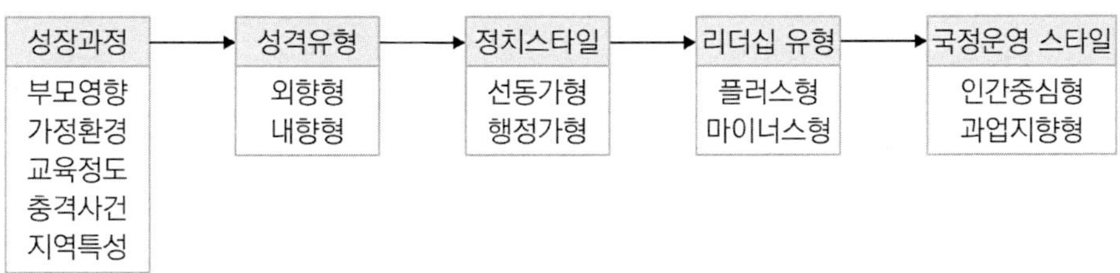

* 출처: 최진, (2008), p.164 〈그림4-2〉를 원용한 것임.

한편, 우리나라 역대 대통령의 정책추진 과정에서 두드러지게 나타난 국정운영 스타일을 유형화하고 해당 유형의 심리학적 특징을 정리한 '국정운영 스타일의 분야별 유형화'의 여러 분야 중 정책과 직접 관련이 있는 청와대 운영방식과 정책 스타일, 그리고 국내외정책을 종합해 보면, ＜표7＞과 같다.

▌표 7) 국정운영 스타일의 분야별 유형화

대통령 분야별	이승만	박정희	전두환	노태우	김영삼	김대중	노무현
청와대 운영방식	비서화	현대화	안정화	특보화	비선화	정책화	다원화
정책 스타일	외교력	추진력	결단력	인내력	돌파력	기획력	파괴력
국내정책	외교	경제	안보	민주화	정치	남북 문제	혁신
국외정책	미국	일본	전방위	북방	소련	북한	자주

* 출처: 최진, (2008), p.145 〈표3-9〉를 참조하여 정책과 관련된 대통령의 특성과 국정운영 스타일을 정리한 것임.

한편, 대통령을 보좌하고 정책을 집행하는 대통령 비서실의 참모진과 행정부처의 장관 및 고위관료 등도 그들의 성격과 리더십이 직간접적으로 또는 보완적으로나 부수적으로 정책에 미치는 영향 또한 대통령의 성격 및 리더십과 관련하여 중요한 역할을 하게 된다.

이상과 같이 대통령의 성격 및 리더십이 정책에 미치는 영향을 도식화하면 <그림11>과 같다.

▌그림 11) 대통령과 정책의 관계

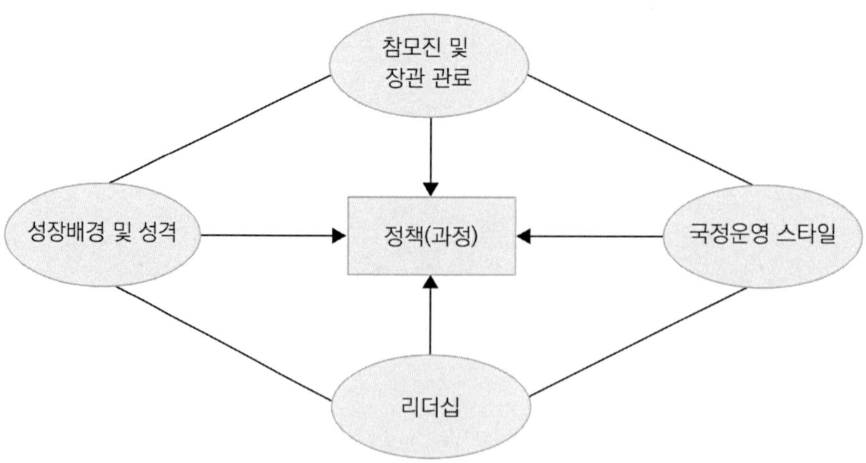

우리나라의 문화정책을 시기별로 역대 대통령의 성장과정과 성격유형, 리더십 유형 그리고 국정운영 스타일의 분야별 유형과 연계해보면, 각 대통령의 그것들이 정치적 요인인 대통령의 특성으로서 문화정책에 미치는 영향을 파악하는 데에 매우 유용하다고 하겠다.

3. 정치상황적 요인

정치상황적 요인은 국내외적으로 정치체제에 영향을 미치는 체제에 대한 환경적 요인으로서 넓게는 시대정신과 정치적 사조 및 분위기의 흐름, 정치문화, 좁게는 각 정권의 집권 중에 출현되고 형성되는 정치적 변혁 및 사건, 그리고 여론과 정치적 이익집단의 행태도 이에 해당된다고 할 것이다.

이는 일반적으로 정치체제에 미치는 영향이 광범위하고 직접적이어서 그 영향력이 크며, 대신 문제해결적이고 현실처방적인 성격을 지니고 있어 그에 대한 반사적인 정책적 대응과 결과를 필요로 한다.

정치적 상황 및 환경은 정책과정에 있어서 때로는 원인으로서, 때로는 결과로서, 직접 또는 간접적으로 영향을 미치며, 그 영향 또한 경우에 따라, 상황 및 환경의 특성에 따라, 한시적으로 또는 장기적으로 정책에 영향을 미친다.

즉, 민주화와 같은 시대정신 및 국민의 정치적 욕구나 신자유주의와 같은 정치사상적 흐름은 광범위하고 장기적으로 정책에 영향을 미치는가 하면, 대통령에 대한 탄핵사건과 같은 정치적인 사건의 경우에는 폭발적이긴 하지만 단기적이고 한시적으로 영향을 미친다.

가장 일반적인 정치적 요인으로서의 정치상황으로 '민주화(democratization)'를 들 수 있는데, 민주화는 일원구조의 불균형체제가 다원구조의 균형체제로 이행하는 현상, 즉 법적, 제도적 차원에서 민주지향적인 변화가 진척되고 있는 정치상황적 현상을 말한다. 이러한 민주화를 촉진시킨 가장 직접적인 계기는 반체제민주화 운동이었다고 하겠다. 민주화는 정치체제의 변화 등 정치분야 뿐만 아니라 경제, 사회, 문화 분야에도 확산되어 거의 모든 분야에서 많은 변화를 가져오는 등 매우 지대한 영향을 미쳤다.

민주화는 사회구조의 다원화 및 여건변화와 반체제세력화 등 사회 경제적 요인과 산업화와 도시화, 다원화와 국제화의 진척으로 인한 국민들의 정치의식과 정치문화의 변화 등 문화심리적 요인에 의해 이루어지기도 하였으나, 그것들보다는 직접적인 동인인 정치체제 내외부적 요인인 정치권력의 정통성 결핍과 정치지도력 및 정치력 빈곤, 재야 반체제세력의 정치적 결집력 강화와 체제, 반체제세력 간의 대결구조적 상황 등을 들 수 있다.

우리나라의 현대정치사를 특징짓는 권위주의 체제의 정치는 5.16 쿠데타 이후 군부가 정치지배권을 행사하고 민중을 억압해온 사실상 일원적 과두지배 체제의 특성을 가졌다. 여권의 개헌 요구와 운동권의 반체제운동이 국민적 민주화운동으로 확산되어 6월 항쟁이 6.29 선언[64]을 이끌어내 직선제 개헌과 함께 민주화의 결실을 얻어낸 것이다. 민주화운동은 6월 항쟁으로 군부독재체제를 붕괴시키고 개헌과 지도자 교체에는 성공했지만, 지배세력의 교체 즉 정치엘리트의 교체에는 실패했다고 평가된다.

민주화의 직접적인 계기는 6월 항쟁이라는 반체제 민주화운동이었다. 하지만 민주화를 실현시킨 결정요인으로 사회구조의 다원화와 중산층의 증가, 노동계급의 증가와 반체제 세력화 등 사회경제적 환경 요인과 산업화와 도시화, 교육수준의 향상 등에 의한 국민의 정치의식과 정치문화의 참여적, 평등지향적 변화요인, 정치권력 정통성 결핍과 정치력 빈곤, 재야반체제 세력의 결집력 강화 등 정치적 요인, 그리고 제3세계 및 동구권의 정치변동 현상과 미국의 민주화 압력 등의 국제정치적 환경 요인 등을 들 수 있다.[65]

또한 대외적으로는 제3세계 국가의 민주화 추세와 소련의 개혁, 개방정책, 동구권 사회주의 국가의 정치적 붕괴와 탈냉전 분위기, 미국의 민주화에 대한 추진압력 등을 들 수 있다.

정치적 상황요인으로서 문화정책에 큰 영향을 미친 또 하나의 정치적 환경이 '세계화(globalization)'이다. 세계화는 1994년 김영삼 대통령이 호주를 순방하는 길에 국정의 기본방향 즉 국정기조로 공표한 이래 당시 우리 정부의 모든 정책영역에 확산되어 핵심적 개념으로 적용되어온 용어로 자리 잡았다.

---

64) 이는 직선제 개헌을 비롯한 국민기본권 신장. 언론의 자유보장, 지방자치제 실시, 과감한 사회정화 조치 등 파격적이고 광범위한 내용을 담고 있다.

65) 김호진, (1997), pp.602－613

이미 세계는 신자유주의의 영향으로 우루과이라운드(UR)와 세계무역기구(WTO)체제 등으로 세계경제 질서와 재편 움직임에 의해 전화되어 가고 있었고, 이를 이끌어나갈 이념으로 세계화의 개념이 등장하게 된 것이다. 세계화는 지구촌이라는 공통된 삶의 공간과 조건에서 지구의 문제를 해결하려는 집합적 행동에 대한 공동의 가치개념으로서 공간적 범위의 축소와 세계를 전체로서 의식하는 행위를 모두 포함한다고 할 수 있다.[66)]

이와 유사한 개념으로 국제화(internationalization)가 어떤 개인이나 집단 혹은 한 나라가 그들이 속한 영역을 초월해서 사고하고 행동하는 것인 반면, 세계화는 전 지구를 하나의 단위로 생각하는 세계관에서 파생된 개념이라는 점에서 상호 간 차이가 있다. 일반적으로 세계화는 국제화보다 상위개념으로 통용되고 있다. 세계화가 우리 문화정책에 접목되어 '우리 문화의 세계화'로 추진됨으로써 우리 고유의 전통문화 보존 및 민족문화의 창달과 보편주의적 세계문화 수용이라는 정책의 틀 속에서 세계화는 우리의 문화정책에 많은 영향을 미쳤다.

특히 정책개념으로서의 세계화는 우리나라를 세계 선진국 수준으로 끌어올린다는 목표적 의미와 국가발전을 위해 세계적 현실에 적응하는 과정이라는 과정적 의미가 있다고 보는 것이다.[67)]

다음으로 국제통화기금(IMF) 관리체제 하의 정치적 상황요인을 들 수 있다. 1997년 경제환란으로 인한 금융위기로 IMF 체제를 맞이하여 경제부문은 물론, 정치, 사회, 문화 등 모든 부문에 구조조정과 조직혁신을 단행하게 됨으로써 정책에 많은 변화를 초래하게 되었다. 특히 구조조정으로 가장 큰 혼란을 경험한 부문이 교육, 문화를 포함한 사회복지 분야이다. 그동안 직접 국가의 개입과 지원에 의해 구축되어온 교육, 문화사업들이 긴축재정으로 인하여 연속성을 갖지 못하고, 교육, 문화에 대한 국민적 관심과 참여를 생존의 문제로 환원시키며, 문화시장에 대한 국가의 지원이 줄고 많은 부분이 시장기능에 맡겨지는 결과를 낳게 만든다.[68)]

이는 문화상품의 내수시장의 위축과 문화산업의 기반붕괴 및 구조조정에 의한

---

66) 정갑영, "세계화의 의미와 문화정책의 기본 방향", 「문화정책논총」 제6집, (1995), pp.3-4 (R. Robertson, *Globalization as a Problem: Social Theory and Global Culture,* 1992, p.80)

67) 정홍익, "정책준거로서 세계화와 문화정책의 과제", 「문화정책논총」 제6집, (1995), p.30

68) 한승희, "IMF 체제에서의 문화교육의 과제와 방향", 「문화정책논총」 제9집, (1998), p.20

해체를 초래하기도 한다. IMF 지원체제는 정치부문에 있어서도 고비용, 저효율구조의 정치권에 대하여 정당 및 선거제도와 그 운영에 있어서의 부정적 요소들을 제거하고 한국의 정치발전을 위한 또 다른 도약의 계기 또는 긍정적인 효과를 낳고 경제적 효율성 제고와 함께 정치적 합리성과 공정성 제고차원에서 상당한 기여를 한 것으로 볼 수 있다.[69)]

이 밖에도 문화정책에 영향을 미친 정치적 상황 및 환경요인으로서 동구권 사회주의 체제의 붕괴, 2002 한일 월드컵 개최, 남북정상회담 및 6.15 선언, 대통령 탄핵사건 등을 들 수 있다.

한편, 정치적 상황 및 환경 요인과 관련하여 정치문화(Political Culture)에 대하여 살펴보고자 한다. 정치문화란 정치 세계에 있는 여러 사물에 대한 정형의 유형을 말하며, 한 나라의 정치문화란 그 나라의 정치체제 성원 간에 있어서 여러 정치적 대상에 대하여 갖는 정향유형의 특정한 분포다. 이 경우 정치정향으로 인식적 정향, 감정적 정향, 그리고 평가적 정향을 들고 있다.[70)]

정치문화는 특정한 정치체계의 정치과정에 질서와 의미를 부여하고, 그 내부의 정치활동을 규제하는 기본적인 사고방식과 규제를 정하는 일련의 태도, 신념 및 감정이며, 오랜 전통 위에서 형성된 산물로서 국민의 가치관과 행태를 결정하는 주요 요인이 된다. 이는 개인에겐 정치적 행동의 지침이 되고 사회에 대해서는 가치의 체계적 구조를 부여한다. 알몬드(Almond)와 버바(Verba)는 정치문화의 유형으로 정치체제에 대한 국민의 의식이나 태도에 따라 편협적 정치문화(parochial political culture), 종속적 정치문화(subject political culture), 그리고 참여적 정치문화(participant political culture)를 제시하고 있다.[71)]

편협적 정치문화는 정치체제의 구성원 대부분이 정치정향의 높은 차원에 무관심하고, 부족사회나 자율적 지역공동체를 벗어나지 못하고 있는 상태로 심적 이동성(psychic mobility)이 극히 제한되어 정치적 동원이 일반적으로 좁은 지역에 국한된다. 국민의 정치참여는 저조하며 주로 피동적이고 수동적이며, 국가적 규모의 정치현상에 대해서 거의 의식이 없는 것으로 향리적 또는 지방적 정치문

69) 김세중 외, "IMF 체제하의 한국의 문화외교", 「문화정책논총」 제9집, (1998), pp.21－22
70) G.A. Almond and S. Verba, *The Civic Culture* (Princeton, N.J.: Princeton Univ. Press, 1963), p.15
71) G. Almond and S. Verba (1963), p.17

화라 표현하기도 한다.

종속적 정치문화는 정치체제나 산출기능에는 정향의 높은 빈도가 있으나, 투입기능과 적극적인 참여자로서의 자아에 대한 정향이 없으며, 국민은 전문화된 통치권위를 인식하고 감정적으로 그러한 권위에 정향을 갖고 정치주체의식이 약하다. 주로 국가기관에 따라 참여, 복종, 동원되고 자발적으로 정치현상에 영향을 미치기 위해 참여하지는 않고 정부에 대한 피치자로서의 수동적 인식을 갖고 있는 신민적 정치문화를 말한다.

참여적 정치문화는 사회구성원의 대부분이 정치정향의 모든 차원에 적극적인 태도를 갖고 국민의 의무수행과 정치적 영향력 발휘를 위해 자발적으로 정치에 참여하며, 정치체제와 그 투입, 산출과정에 대해 명확한 인식을 하고, 국민의 정치의식도 가장 높아 국민에 의한 정치가능성이 존재한다.

이러한 정치문화의 유형을 보면, 그 유형에 따라 정책과정도 달라진다는 것을 알 수 있다. 편협적 정치문화에서는 국민의 참여도가 없고 요구도 없으며, 종속적 정치문화에서는 국민들이 정책과정에 대해 무력감을 느끼고 참여가 없다. 그리고 참여적 정치문화에서는 정책결정 과정에 대한 국민들의 적극적인 참여와 정치에 대한 활발한 요구도 있게 된다. 이는 정책집행 과정에서도 나타나는데, 편협적, 종속적 정치문화에서는 결정된 정책의 체념적 수용과 수동적인 순응이 나타난 반면, 참여적 정치문화에서는 적극적인 참여와 집행과정에 대한 민주적 통제를 도모하려 한다.[72]

우리나라의 정치문화 양태를 보면, 아직도 혼합적인 정향을 보이며 3가지 유형이 공존하고 있다. 우리사회의 현대화에 따라 과거 편협적, 종속적 정향이 점차 약해지고 반면에 참여적 정치정향이 강화되고 있다고 할 것이다. 이는 도시와 농촌 간, 계층 간, 교육수준 및 연령층에 따라서도 차이가 난다고 하겠으나,[73] 이제는 정치문화의 현대화 과정과 경향에 따라 민주화 이후 특히 문민정부 이후 정부의 정통성에 대한 불신이 사라지고, 정치체제의 민주화와 시민의식의 성장에 따라 그 간극이 좁혀지고 시민참여적 정치문화가 지배적이라 할 것이다.

---

72) 정정길 외, (2008), p.124
73) 김운태 외, 「한국정치론」(서울: 박영사, 1999), p.214

이러한 정치문화는 국민의 정치체제에 대한 지지 또는 반대 입장이나 의견 등의 형태로 국민여론과도 직결되며, 또한 이익을 표출하는 이익단체 내지는 압력단체의 행태와도 정책과정에 있어 밀접한 관계를 갖는다.

그림 12) 정치적 상황과 정책의 관계

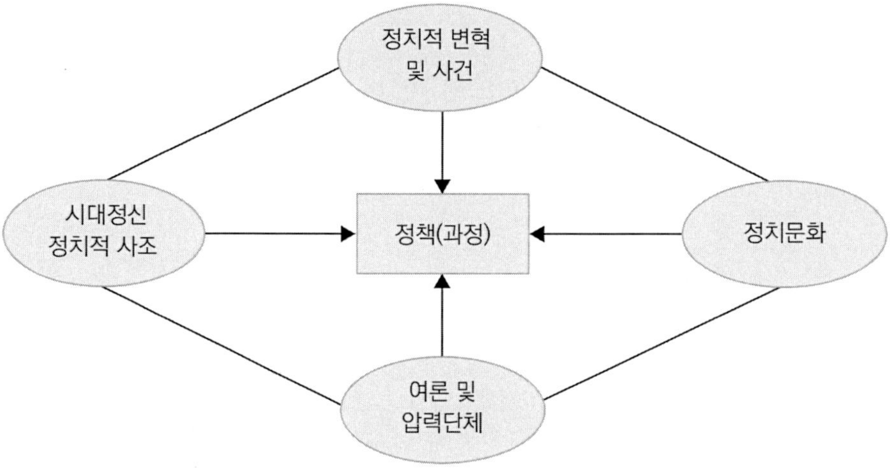

1997년 15대 대통령 선거를 계기로 정치적 상황은 급변하여 우리나라 정치사상 초유의 야당 승리에 의한 수평적 정권교체와 함께 중도개혁을 부르짖는 새로운 정치세력의 집권이 실현된 것이다. 김대중 정부인 국민의 정부는 DJP 연합에 의한 소수 정권으로 특히 시민사회 단체와 재야인사들의 정치참여가 활발하게 이루어졌다.

2002년 대통령 선거에서는 당초의 예상을 뒤엎고, IT 혁명으로 노무현 대통령이 등장하게 됨에 따라 비교적 진보적 성향이 내재된 정치세력의 정권 재창출과 함께 과거 운동권을 비롯한 소위 386세대와 진보성향의 인사들의 정계 및 관계 진출이 대거 이루어지면서 진보와 보수 세력 간의 이념적 대립과 갈등을 심화시키는 요인이 되었다. 사상 초유의 대통령 탄핵사건은 이를 상징적으로 대변해주는 정치적 사건이라 하겠다.

제3절 문화정책 연구

문화정책의 연구는 문화정책이나 문화행정에 관하여 객관적이고 논리적, 체계적으로 기술하고 설명하고 예측하는 것으로 이를 통하여 바람직한 정책과 미래 상태를 실현하기 위함에 그 목적이 있다. 이를 위해서는 문화와 문화정책에 대한 개념을 명확히 하고, 문화정책의 연구대상과 연구영역을 명확히 할 필요가 있다. 하지만 문화와 문화정책의 개념이 모호하고 연구대상이 되는 문화정책의 범위와 연구영역이 명확하지 않아 국가와 정부의 변천이나 학자들의 이념지향에 따라 각각 다르게 인식되고 규정되기 때문에 개념정립이 어렵고, 이에 문화정책 연구의 이론과 방법론은 한계를 가질 수밖에 없다.

따라서 문화정책의 연구는 당초부터 주로 현안의 정부정책에 대한 처방적 접근 위주로 이루어져 왔고, 연구대상에 대한 개념화가 미흡한 수준에서 주로 현상에 대한 기술과 이해 위주로 진행되어 온 것이다.[74] 그러므로 학제적 접근이나 문화정책 이론 및 방법론에 대한 개발이 활성화되지 못한 것은 당연한 결과라고 하겠다.

문화정책의 영역은 전통문화, 문화예술, 문화복지 부문에서 문화산업과 대중문화 및 문화예술 교육으로 날로 확대되어 가고 있고, 문화정책의 이념 또한 문화정체성 확립, 문화예술 진흥, 문화복지 증진 등에서 문화의 경제적, 산업적 가치 증진으로 새롭게 정립해야 했다.

문화정책 연구의 접근방법은 주로 정책학적, 경제학적, 경영학적 접근방법으로 대분할 수 있다. 이 중 본 연구와 관계되는 정책학적 접근방법은 문화정책의 체계와 과정을 중심으로 하여 문화정책 현상을 연구대상으로 정책내용, 정책계획 수립, 정책결정과정, 정책집행, 정책산출, 정책평가, 정책분석 등 정책과정과 정책철학 및 윤리 등을 정책연구영역으로 이론을 정립하는 것이라 할 수 있다.

문화정책에 대한 정책학적 연구의 관심은 문화예술에 대하여 정부의 역할기능과 그에 대한 실현방식을 분석하고 처방함에 있다. 이에 문화예술에서의 공적

74) 정광렬, “문화정책 연구의 정체성과 과제”, 「문화정책논총」 제21집, (2009), pp.13－14

이익을 근거로 한 국가의 개입문제, 국가의 역할기능 문제, 문화와 정책의 관계, 문화정책과 관련된 행정체제, 제도, 기능에 대한 연구 등이 주요 주제로 다뤄진다. 정치학의 연구관심은 정치권력, 제도, 체제의 구성과 운영, 정치적 기관의 형태 등에 초점이 모이고, 이들이 정책과 직접적인 관련이 있는 범위 내에서만 정책학의 연구대상이 된다고 볼 수 있다.

우리나라의 문화정책에 관한 연구는 하나의 독립학문으로 위상을 갖기엔 아직 연구의 역사가 짧지만, 1987년 한국문화예술진흥원 산하에 문화발전연구소를 설립, 운영하면서 본격적으로 시작되어 문화정책 연구과제를 개발해 왔다. 1994년 독립된 정책연구기관으로 한국문화정책개발원이 설립되면서 학계와 함께 문화정책에 대한 학문적 관심과 연구활동은 지속적으로 증가해왔다.

1990년대 중반부터 지방자치제가 실시되면서 지방자치단체의 문화정책에 대한 관심이 확대되고 지역문화와 관련된 정책사업과 함께 지역문화 연구가 증가되기 시작하였다. 그리고 문화정책 영역이 문화산업으로 확대됨에 따라 문화정책 연구수요가 증대되고, 2000년대에 와서는 문화산업 정책의 지속적 확대와 함께 문화예술 교육정책과 다문화 정책이 문화정책의 중요한 연구영역으로 대두되고 있다.

문화정책 현상을 정책체계와 정책과정을 중심으로 이해할 때, 주요연구 영역은 첫째, 자원의 확보와 지원, 규제, 분배, 재분배 등 문화정책 과정의 정치성에 관한 연구[75], 둘째, 문화정책이 추구해야할 가치와 이념에 관한 연구와 목적달성을 위한 하위목표 및 수단 그리고 그들 간의 연계관계 등에 관한 것으로서 문화정책의 목표와 수단에 관한 연구, 셋째, 문화정책의 결정 및 집행에 관한 연구, 넷째, 문화정책 평가에 관한 연구로 대분할 수가 있다.[76]

문화정책의 정치적 성격을 연구하는 경우 정책결정 및 집행과정, 지원결정과정, 그리고 의사결정과정의 참여자 가치와 행태에 관한 체계적인 논의가 필요하며, 본 연구와 관련해서는 문화정책의 결정 및 집행에 관한 연구의 주요과제 중의 하나인 문화정책의 결정요인에 관한 연구가 이에 해당된다고 하겠다.

75) 문화정책 과정은 자원 확보와 배분을 대상으로 다양한 이해관계가 얽혀있는 정치과정을 말한다. (C.R. Swain, M.J. Wyszomirski, K.V. Mulcahy)

76) 임학순, “문화정책의 연구영역과 연구경향분석”, 「문화정책논총」 제8집, (1996), pp.5−6

해외에서의 문화정책 연구의 학문적 정체성에 관한 논의도 1980년대에 들어와 문화정책 체계와 예술지원 유형 등에 관한 연구가 활성화되고, 국제비교연구도 재정 및 지원제도, 지출구조, 조직체계 등을 분석단위로 하여 주로 정부와 공공부문의 문화부문에 대한 지원활동과 체계를 중심으로 행해지고 있다.

사회과학 분야에서도 문화정책 현상을 연구하는 학문활동이 확대되고, 특히 문화연구, 문화경제학, 문화산업, 예술경영 분야의 연구들이 문화정책과 밀접하게 학제적 접근방법으로 연관되어 있다.[77] 문화연구(Cultural Studies)에서는 문화정책을 문화정치차원에서 비판적으로 접근하고 있는데, 베넷(T. Bennet)은 이를 문화와 권력관계를 진단하는 학제적 분야로 보았다. 문화경제학은 문화예술의 경제적 특성, 즉 사회경제적 가치와 효과를 규명함으로써 문화예술에 대한 공공지원의 이론적 기초를 제공하였다.

문화산업 육성을 위한 문화정책 접근은 1980년대부터 대두되어 문화산업의 가치에 대한 긍정적 인식을 바탕으로 하였으며, 예술경영학은 예술기획, 예술조직관리, 예술마케팅 등 공공과 민간부문의 예술경영 활동과 체계를 연구하는 분야로 예술창작 활동의 촉진과 예술에 대한 소비자들의 접근성 증진 추구 차원에서 문화정책과 밀접한 관계를 갖는다.

우리나라의 문화정책의 연구경향을 보면, 1980년대부터 정부가 적극적으로 문화정책을 추진하면서 정책현장의 문제를 파악하고 해결하기 위한 다양한 정책 수단을 개발하기 위해 경험적이고 이론적인 연구보다는 문제해결 지향적인 실용적 연구에 치중하였다. 1990년대부터는 문화정책의 영역의 확대로 예술진흥과 문화복지로부터 문화산업, 문화관광, 문화정보, 예술교육 등으로 연구수요의 증가와 함께 연구영역도 다양하게 세분화되고 있는 추세이다. 그러나 문화정책의 연구영역과 방법, 그리고 독립학문으로서의 정체성에 관한 논의와 연구 성과에 대한 체계적인 성찰은 충분히 이루어지지 않고 있다.

정책학이나 행정학에서 문화정책 현상을 연구하게 된 것은 1990년대 이후부터이다. 대부분의 연구들이 정책추진 과정에서 나타난 정책문제들에 대한 정책대안 개발에 초점을 두었다. 가설검증이나 이론형성보다는 조사 통계의 기술이

77) 정광렬, (2009), p.28

나 해외의 정책사례에 대한 기술적인 차원으로 체계적이고 분석적인 비교연구가 이루어지지 못했다. 또한 문화발전연구소와 한국문화정책개발원의 연구보고서와 논문들을 살펴보면, 대부분 가설검증이나 이론형성보다는 문제해결을 위한 정책대안 개발에 치중했음을 알 수 있다.[78)]

우리나라의 문화정책 연구를 위해 설립한 한국문화예술진흥원 문화발전연구소와 1994년 이를 확대 개편해 설립한 독립된 문화정책연구기관인 한국문화정책개발원의 연구보고서(총 108건) 및 문화예술논총과 문화정책논총[79)]에 게재된 논문(총 68건)을 대상(1987－'96)으로 연구경향과 내용의 분석결과를 보면, 전자의 경우 문화지표 및 통계, 문화공간의 설치, 운영, 문화산업 및 대중문화, 국제문화 교류 등이 각각 10건 이상이고, 후자의 경우 문화정책의 이념과 가치에 관한 논문(14건)과 문화행정일반에 관한 논문(12건)이 비교적 많았다.[80)] 1998년부터 2008년까지의 문화정책논총에 수록된 123건의 논문의 경우도 문화정책 분야는 문화정책 일반 19건, 문화정책 관련 법제 10건, 문화산업 정책 21건, 문화교육 정책 9건 등이다.[81)]

이들 중 문화정책의 이념과 가치에 관한 연구들은 주로 문화발전 종합계획을 수립하는 과정에서 논의되어 왔으며, 대부분이 문화정책이 추구해야할 이념과 가치에 대한 포괄적 탐색으로 기존 문화정책의 이념에 대한 역사적 분석이 주를 이루었다. 문화정책 및 문화행정 체계에 관한 연구들은 대부분 문화행정의 체계 즉 조직, 인사, 재정에 관하여 현 상태를 진단하고 정책대안을 모색하는 것으로, 문화정책 과정상의 정치성이나 문화정책 결정 과정 및 결정요인, 문화정책 집행체계와 집행요인, 문화정책 체계 요소들 간의 상호관계, 문화정책 산출 및 효과 등에 관한 연구는 거의 이루어지지 않았다.[82)]

지금까지의 한국문화 정책에 대한 연구나 문헌을 보면, 한국의 문화지형, 한

---

78) 임학순, (2003), p.68

79) 1988년 한국문화예술진흥원의 문화발전연구소가 발간한 「문화예술논총」(제1집~제5집)이 1994년 한국문화정책개발원이 발족된 이후에는 '문화정책논총'으로 그 명칭을 변경하여 발간하여 오고 있다.

80) 임학순, (1996), p.11

81) 임학순, "우리나라 문화정책 연구 경향분석", 「문화정책논총」 제21집, (2009), p.40

82) 정책결정요인론에 대한 최근의 연구로는 강윤호, "지방정부의 정책선호와 그 결정요인" 「한국행정학보」 제36권 4호, (2002)가 있다. 이는 실제 지방정부가 정책유형에 차이를 보이는 요인으로 사회경제적 요인, 정치적 요인, 정책결정자의 개인적 특성요인 등 다양한 요인이 있음을 보여준다.

국문화 정책의 발전과정, 시기별 문화정책의 이념, 시기별 정책평가, 한국문화 정책의 과거와 현재, 한국의 문화행정 체제 50년 등 대체로 시기별, 연대별, 정부별 문화정책에 대한 행정체계 및 사업성과 중심으로 종합정리하거나 단순히 기술한 형태의 내용이 대부분이고, 문화정책의 목표와 특성을 연구한 경우도 일부 있으나, 문화정책의 정치성이나 그 결정요인에 관한 연구는 찾아보기 힘들다. 이는 문화정책 연구가 경험적, 논리적 연구보다는 정책문제를 해결하기 위한 처방적, 실천적 연구에 더 중점을 두어왔고, 과학적이고 실증적인 연구·분석보다는 규범적이고 당위적인 가치판단에 의존해 온 결과라고 할 수 있다.

문화정책의 영역이 확대되고 다양화됨으로써 문화정책의 외연을 확장하게 되고 관련정책과의 연계 수요 또한 확대되고 있다. 이러한 정책적 변화는 문화정책 연구활동에도 많은 영향을 끼치고 있으나, 특히 인접학문과의 학제적 접근방법이 필요함에도 문화정책 연구에 대한 명확한 영역과 틀이 정립되어 있지 않고, 문화정책 연구에 대한 메타연구나 문화정책학으로서의 학문적 정체성에 대한 연구 또한 미흡한 설정이다.

그러나 공공정책 현상을 연구대상으로 설정하고 있는 정책학과 행정학에서도 아직 문화정책을 주제로 다룬 연구가 많지는 않지만 점차 확대 추세에 있다. 하지만 정치학에서 문화정책과 관련하여 정책과정이나 정책결정에 관해 연구한 사례는 거의 전무하다고 해도 과언이 아니다.

1987년 이후 정부의 문화정책 활동과 행정체제를 중심으로 문화정책 연구를 전문적으로 수행하고 있는 대표적인 학술지인 문화정책논총이 우리나라 문화정책의 연구에 크게 기여하고 있다.

한편, 행정학회보에 게재된 논문을 대상으로 조사한 결과를 보면, 그간 우리나라 행정학 및 정책학 분야에서 문화정책 및 문화행정 체계에 관한 연구가 대단히 미흡했음을 보여주고 있고, 그나마도 대부분이 문화행정 조직, 인사, 재정에 관한 것이었으며, 특히 문화정책의 정치성이나 정책결정 과정 및 결정요인, 정책집행 체계와 집행요인, 문화정책 체계 구성요소들 간의 상호관계, 문화정책 산출효과 등에 관한 연구는 거의 전무했음을 말해준다.[83)]

---

83) 1986~'96년까지 행정학회보에 게재된 총 593편의 논문 중 3편만이 문화정책 관련 논문이고 그나마 1990년대에 쓰여진 것들이다. 1997~'08년까지의 정책학 및 행정학 분야에서의 문화정책 연구경향을 보면, 한

또한, 1997－2008.2까지의 문화정책 관련 박사학위 논문이나 석사학위 논문을 정부의 역할과 활동을 중심으로 조사한 결과를 보더라도 문화정책의 영역 확대와 함께 주로 정책집행과 문화산업 및 문화예술 교육 정책과 관련된 논문이 증가일로에 있을 뿐, 문화정책의 정치성이나 결정요인에 관한 논문은 없다.[84) 정부나 공공부문의 연구활동도 정책의 정당성 확보수단으로 활용되는 정치적 성격을 띠는 경우가 많고, 현장문제 해결을 위한 실천적 목적으로 진행되는 경향이 많다. 이와 같이 문화정책에 대한 연구는 '문화연구'에 대한 연구의 일환이거나 각 시기별 문화정책의 단순한 현상적 변화 내지는 성과에 대한 평면적 기술에 불과하다고 하겠다.

문화정책이 그 영역과 함께 확대되고 세분화됨에 따라 문화정책의 연구활동도 증가되고 활발해지고 있음에도 문화정책 연구에 대한 영역과 틀은 아직도 명확히 정립되고 있지 못하며, 문화정책 연구에 대한 메타연구도 매우 미흡한 실정이다. 우리나라의 문화정책 연구의 틀에 관하여 처음으로 문제를 제기한 것은 정홍익 교수의 '문화행정연구－개념틀과 분석(1992)'으로, 이는 문화행정 연구를 위한 기초적인 개념과 체계를 제시하고, 실제 우리나라의 문화행정체계를 분석하였다.[85)]

또 김세준 교수는 문화정책 연구와 관련하여 문화에 대한 정책연구, 문화적인 정책연구, 문화정책 연구의 병행 필요성을 주장하였다.[86)] 문화정책 연구 경향에 관한 메타분석연구로는 임학순 교수의 '문화정책의 연구영역과 연구경향 분석' 및 '우리나라 문화정책연구 경향 분석'을 들 수 있다.[87)]

1990년대 중반 이후에는 문화산업 육성을 위한 정책적 관심이 확대되고 정

국정책학회보 9건, 한국행정학회보 5건 등 총 54건으로 과거보다는 증가추세에 있으나, 별 비중을 차지하지 못하고 있다. 이러한 현상은 행정학 석박사 학위논문 조사에서도 마찬가지다. 국회도서관 소장 행정학 석박사학위 논문(1986.8~1995.2)을 대상으로 분석한 결과, 박사학위 논문 총 614편 중 문화정책 연구논문은 단 한 편에 불과하고 동기간 행정학 분야 석사학위 논문 총 12,794편 중 문화정책 연구 논문은 전체의 0.5%인 63편이고 그중 50편은 1990년대에 작성된 것이다. 서울대 행정학 석박사 학위논문(1961.3－1996.8)의 경우도 총 72편의 박사학위 논문 중 문화정책 분야는 전무하고 석사학위 논문(1961.3－1997.3) 총 39,970편 중 24편에 불과한 것으로 나타났다.(임학순, (1996), pp.10－12)

84) 문화예술, 문화산업, 지역문화 등 문화정책 분야의 박사학위 논문은 총 25건이고 석사학위 논문은 총 105건이다. (임학순, (2009), pp.43－44)

85) 정홍익, "문화행정연구－개념틀과 분석", 「한국행정학보」 제25권(4)호, (1992), pp.229－245

86) 김세준, "문화정책교육의 해외현황: 미국의 사례를 중심으로", 「정책과 지식」 제266호, (2006), pp.2－14

87) 임학순, (1996), pp.1－27 및 임학순, (2009), pp.25－45

책지원체제가 구축되면서 문화산업 정책에 관한 연구가 급격히 활발해졌다. 문화산업 정책에 대한 공공부문의 연구들이 문화산업 정책 담당기관과 정책이슈에 따라 동시다발적으로 다양하게 이루어져왔다. 이는 정책대상으로서의 문화산업의 특성에 관한 논의와 문화산업 육성전략의 개발과 효과적인 정책집행 방법에 관한 연구, 그리고 문화콘텐츠 산업에 대한 다양한 인접분야의 연구활동이 활발하게 이루어진 것이다.

또한 1980년대에 정책적 관심이 대두되기 시작한 문화예술 교육의 정책가치가 크게 부각되면서 문화예술 교육에 대한 연구개발 활동도 활발해졌다. 특히 문화예술 교육의 프로그램과 인력 그리고 문화예술 교육의 평가 및 성과관리에 대한 연구개발이 타 분야보다 크게 증가되었다.

문화정책 연구활동이 주로 정책의 정당성 확보 수단으로 활용되고, 현장문제를 해결하기 위한 실천적 목적을 가지고 수행되는 경향이 많다. 하지만 이는 민간부문의 문화정책에 대한 연구활동을 활성화시키는 계기가 되고, 연구활동의 중심이 민간부문의 학술적인 연구체계로 확대되며, 문화정책의 이론적 기반과 문화정책 연구의 학문적 정체성을 정립해 나가는데 기여할 것이다.

우리나라의 역대 문화정책에 대한 연구, 특히 시대별 문화정책의 목표와 특성에 관한 연구를 살펴보면, 한국의 문화정책에 관한 연구–문화발전과 문화정책론(이종인, 1985), 한국의 문화정책(정재환, 1985), 문화정책의 역사적 분석(정홍익, 1991), 문화행정연구–개념틀과 분석(정홍익, 1992), 우리나라의 문화행정(문화부, 1992), 한국의 문화정책(문화예술진흥원, 1992), 우리나라 문화정책의 이념에 관한 연구(정갑영, 1993), 한국의 문화행정체계 50년–구조 및 기능의 변천과정과 그 과제(오양렬, 1995), 문화정책의 회고와 발전방안(정홍익, 1995), 우리나라 문화정책의 목표와 특성(구광모, 1999), 문화정체성 제고정책의 변천과정(한국문화정책개발원, 2002), 한국 문화정책의 발전–문화정책의 역사적 전개과정(임학순, 2003) 등이 있다.

이들은 대부분 문화정책의 이념, 목표 및 특성, 역사적 변천과정, 정책의 내용 및 성과 등을 중심으로 한 시대별, 정권별 연대기적 기술이나 단순한 사업내용의 변화 내지는 비교에 관한 것들로 일부 문화정책의 특성을 타 시대 또는 타 정권과 비교, 고찰한 점을 제외하고는 정치적 요인들과 연계된 연구내용과는 무관하다 할 것이다.

문화정책에 대한 정책학적 연구의 관심은 문화예술에 대한 정부의 역할과 기능문제, 정책실천과 관리문제의 분석, 처방에 있다고 볼 때, 국가의 개입문제, 국가의 기능과 역할문제, 문화정책과 관련된 행정체제나 제도에 대한 연구 등이 주요 주제가 된다. 문화정책이 실행되는 과정에서 적용 가능한 정책의제 설정이나 정책결정 등 정책학적 이론은 주제로 다루어진다.[88)]

정책학적 연구의 특성이 더 많이 반영되는 부분은 정책기획, 조직과 관료제도, 정책평가에 관한 부분이라 할 것이다. 그간의 문화정책 및 문화행정 체계에 관한 연구들은 대부분 행정학 차원에서의 문화행정의 조직, 인사, 재정에 관한 것으로 문화정책과정의 정치성이나 문화정책의 결정과정 및 결정요인, 문화정책의 집행체계와 집행요인, 문화정책 체계를 구성하는 요소들 간의 상호관계, 문화정책 산출 및 효과 등에 관한 연구는 거의 이루어지지 않았다.[89)]

문화정책의 수단으로서 문화행정 체계인 조직, 인사, 재정, 법제, 제도, 계획, 기타 인프라에 대한 정책과정에서의 역할 기능이나 정부부처 간 역학관계 및 정치체제상의 통치구조나 정부행태 또는 의회의 영향 등에 대한 체계적인 연구가 없을 뿐만 아니라 문화정책 및 정책과정 자체에 대한 정치적 결정요인에 대한 연구가 거의 없다.

문화정책 집행수단인 조직, 인사, 재정 등에 관한 연구 대부분이 현상을 진단하고 정책대안을 모색하는 행태이며, 그중 예산과 관련한 정책결정 과정과 결정요인에 관한 연구가 학위논문으로 몇 편 있는 정도이다.[90)]

이러한 현실을 고려하여 본 연구는 문화정책 과정과 정책내용에 미치는 제 요인들 중 정치적 결정요인을 중심으로 우리나라의 문화정책에 미치는 영향과 그로 말미암아 형성되는 문화정책의 특성 및 성과를 고찰하고자 하는 것이다.

본 연구는 첫째, 과거 문화정책의 연구들이 주로 행정체계를 중심으로 문화정책 실태를 기술적으로 진단한 것에 대하여 문화정책의 특성을 분석하고자 한 점, 둘째, 과거 연구들이 주로 행정학 및 정책학적 관점에서 문화정책을 논한 데

88) 홍원기, "문화정책연구에 대한 학문분야로서의 정체성 탐구", 「문화정책논총」 제2집, (2009), p.93

89) 임학순, (1996), p.15

90) 김미정, "문화정책결정과정에서의 국회의 역할", (1994) 및 장은주, "지방자치단체 문화세출의 구조와 결정요인에 관한 연구", (1994) 등이 있다.

반해, 문화정책 과정상의 정치성과 문화정책 결정과정 및 결정요인에 대한 정치학적 관점에서 문화정책을 고찰하고자 한 점, 셋째, 과거 대부분의 연구들이 정책현안 문제를 해결하기 위한 처방적, 문제해결적 차원인 데 비해 이론적, 경험적 논리차원에 중점을 둔 점과 당위론적이고 규범적인 가치판단보다는 실증적 분석방법을 시도하고자 한 점, 넷째, 역대 정부의 문화정책에 대한 단순 비교분석보다 정치체제적 요인 등 정치학적 분석을 시도한 점 등에서 과거의 문화정책 연구들과 차별화된다고 할 것이다.

따라서, 본 연구는 기존의 문화정책연구와 달리 우리나라의 정치와 문화정책과의 관계를 규정해 봄으로써 문화정책학의 학문적 위상 확보 및 외연 확대와 함께 문화정책의 연구영역 확대와 인접학문 분야와의 학제 간 연계성의 확장에 기여하고자 하는 데 그 의미가 크다고 하겠다.

또한, 본 연구는 문화정책학이 발전하기 위해 문화정책 현상에 대한 경험적, 실천적 연구가 체계적으로 이루어져야 하고, 또한 우리나라 문화행정에 대한 적실성을 높이고 규범적이고 당위론적인 문화정책 연구보다는 과학적이고 실증적인 연구와 통합적이고 세분화된 전문영역별 연구가 균형 있게 이뤄져야 한다는 관점에서, 그리고 정치학적으로나 정책학적으로 그간 문화정책에 대한 정치성 내지는 정치적 결정요인에 대한 연구활동이 활발하게 이루어질 수 있는 새로운 시각과 계기를 마련한다는 차원에서 시도된다는 데에 의의가 있다고 할 것이다.

제4절 분석의 틀

본 연구의 목적은 우리나라의 문화정책이 역대 정부를 거치면서 그 당시의 정치적 요인에 따라 어떻게 변화되어 왔는지, 즉 어떤 정치적 요인들에 의해 문화정책이 어떤 영향을 받고 어떻게 변모해 왔는지를 거시적인 관점에서 고찰하고자 함에 있다. 따라서 정치적 요인들이 정책과정을 통하여 문화정책의 내용에 미치는 영향과 그로 인해 형성된 문화정책의 성과와 특성을 도출하는 데에 중점을 두고, 역대정부 당시의 정치적 요인과 문화행정 체계, 그리고 문화정책의 성과와 특성 간의 관계를 규명해 나가고자 하는 것이다.

우선 정치적 요인으로 당시의 정치체제(정부형태, 통치이념, 국정지표 및 국정과제), 최고 정치지도자이자 최종 정책 결정권자인 대통령(출신배경, 성격과 리더십, 대선공약 사항, 지시사항 등), 그리고 정치적 상황과 환경을 설정한다.

다음은 문화정책의 목표를 달성하기 위한 지원체계로서의 문화행정 체계로 조직, 인사, 재정과 법제, 제도, 인프라 그리고 정책과제와 사업 및 주요업무 계획을 종합적으로 분석한다. 문화정책 체계에 대하여는 정책의 이념과 가치, 정책의제와 목표, 정책의 형성, 집행, 평가, 환류의 차원에서 정치적 요인과 문화행정 체계에 의해 영향을 받는 문화정책 체계상의 과정과 결과에 중점을 두고 그 특성을 분석한다.

보통 정책학이나 행정학 차원에서의 정책연구에 있어 정책결정에 미치는 요인분석 연구 시에는 내적이고 구체적인 미시적 결정과정을 중심으로 그 구조적 요인을 대상으로 하지만, 본 연구에서는 문화정책의 내용에 영향을 미치는 외적이고 거시적인 정치적 요인을 대상으로 분석하고자 한 것이다.

정치적 요인과 문화정책의 특성 분석모형을 보면, 정치적 결정요인은 정치적 특성을 형성하는 구성요소로서 각 요인들이 중앙행정기관의 문화행정 체계인 지원체계(조직, 인사, 재정, 법, 제도, 인프라)와 추진과제(정책과제, 계획, 사업)에 각각 영향을 미친다. 동시에 문화정책 체계인 정책이념과 가치, 목표 및 정책의제, 정책형성 및 집행, 평가, 환류에도 직접 또는 간접적으로 영향을 미친다.

문화행정 체계는 정치체제의 하위 체제로서의 정부조직의 운영체계에 해당되나, 정책의 능동적 주체라기보다는 이를 보좌하고 집행하는 수동적 주체이자

수단으로서 정치체제와 문화정책 체계에 상호 영향을 주고받는 매개체적 역할 기능을 수행하며, 추진과제는 중장기계획 등을 통해 정책의 일부로 직접 시행되기도 한다.

이러한 일련의 과정을 거쳐 행하여진 문화정책은 그 결과로서 성과를 낳고, 그 성과가 정책의 이념 및 목표와 함께 문화정책을 특성화하는 것이다. 문화정책의 성과는 환류과정을 통해 정치적 요인에 영향을 주고받으며, 문화행정 체계와 문화정책 체계에도 상호 영향을 미친다. 따라서 이렇게 상호적으로 또는 일방적으로 영향을 주고받는 현상을 관계화하는 것이다.

먼저 시기별 정치적 특성을 살펴보기 위해 정치적 결정요인으로 설정한 정치체제의 경우 협의의 통치구조에 중점을 두고, 정부형태와 조직, 통치이념, 그리고 국정지표와 국정과제를 중심으로 살펴보고자 한다. 여기에서 정치체제를 그 구성요소이자 하위체제인 정책과 관련된 여러 가지 정치활동 또는 행동의 주체로서 개인, 기관 또는 조직으로 볼 경우 공식적인 정책참여자로서 의회, 대통령, 행정부, 정당 등을 들 수 있다. 본 연구에서는 정책과정상 일정부분 영향을 미치지만, 정책의 방향 및 특성과 내용을 결정하는 요인으로서의 역할기능은 정형화할 만큼 크지 않은 점을 감안하여 의회와 정당은 제외하고자 한다.

이는 정책과정상 의회와 정당은 상임위원회 업무보고, 법률안 심사, 예산결산 심의, 당정협의, 장책질의 등을 통해 정책운영에 상당한 영향을 미치긴 하나,[91] 특히 정책집행 및 평가과정에 있어 주로 상임위원회 활동을 통해 여당은 정부정책에 대한 지지와 지원 및 방어를, 야당은 그에 대한 반대와 비판 및 공세를 취함으로써 그들 각각의 고유한 역할과 특성상 정책의 방향과 특성을 규정지을 만큼 질적, 양적 측면에서 큰 영향을 미치지는 않는다고 볼 수 있기 때문이다.

우리나라의 정부형태를 보면, 제1공화국 이래 헌법에 따라 '민주공화국'이라는 헌법(제1조)상의 정체와 '자유 민주주의'라는 기본적인 정치이념 아래 내각책임제였던 제2공화국을 제외하고는 지금까지 '대통령 중심제'를 견지해오고 있으며, 정부조직은 새로운 정권이 들어설 때마다 새롭게 개편된 정부직제의 내용에 의하여 결정됨으로써 그 조직체계와 법제가 각각 달라져 왔다.

91) 그 외에도 여당과의 사전 당정협의와 각 정당소속 의원보좌진 설명회 등을 통해 정부 내부적으로 결정된 정책이나 법률안에 대한 정책과정을 거친다.

통치이념은 집권자와 집권세력의 국가통치와 국정운영을 위한 기본적인 정치이념을 말하며, 국정운영의 기본지침인 국정지표와 국정과제는 새로운 국정목표와 국정원리로 설정되어 정부정책의 기초가 된다. 이는 당연히 중앙행정기관인 각 행정부처의 정책적 준거로서 정책기조 및 정책방향에 영향을 미치고 각 분야의 정책사업에 그대로 반영된다고 할 것이다.

대통령의 경우는 국가원수이자 행정수반으로서 정책과정 전반에 걸쳐 가장 크고 결정적인 권한과 영향력을 갖고 있는 점을 감안하여 협의의 정치체제와는 별도로 고찰하되, 대통령을 정책적으로 보좌하는 대통령 참모진과 국무위원인 장관 및 핵심관료를 대통령의 특성요인에 포함하여 설정하고자 한다.[92]

각 정부의 최고 통치권자이자 최종정책 결정권자인 대통령의 특성으로는 사실상 국정운영에 가장 큰 영향을 미치는 정치적, 인적 요인으로서 대통령의 출생, 성장배경과 성격 및 리더십 유형을 들 수 있고, 대통령의 정책결정을 보좌하고 구체화하며 집행한다는 차원에서 참모진과 장관의 성격과 리더십 또한 중요한 결정요인이 된다. 이와 함께 문화부문에 대한 대선공약 사항과 대통령 지시사항도 종합적으로 살펴볼 것이다.

본 연구에서는 대통령의 성장과정과 성격 및 리더십 유형에 관하여는 분석심리학자인 융(Carl D. Jung)의 '심리학적 유형론에 의한 성격유형'과 이를 근거로 리더십 스타일을 모형화한 '리더십 스타일 분석모형'을 포함한 '리더십의 5단계 발전모델',[93] 그리고 '한국의 대통령 리더십'[94]을 원용하고자 한다.

대통령의 대선공약 사항은 정부출범 전 국민에 대한 약속이자 대통령으로서의 국정운영에 대한 중장기 실천계획으로서 공약이행이라는 차원에서 문화정책에 많은 영향을 미친다. 대선공약 사항은 대통령 지시사항과 함께 대통령의 의지가 담긴 구체적인 계획과 사업으로 반영되어 나타난다는 점에서 중요한 결정요인이 된다.

이 경우 대통령들을 연구한 정치심리학자 바버(James D. Barber)가 주장한 '대통령이 재임 중 어떤 업적을 남기는가는 선거공약 분석보다는 그 인격과 경력을

92) 대통령 참모진과 장차관 등의 관료들은 대체로 대통령의 통치이념 및 리더십과 정권의 국정이념 및 국정운영방향에 따라 대통령을 보좌하며, 정책을 결정하고 집행한다는 일반론적인 입장과 역할을 감안한 것이다.

93) 최진, (2008), pp.149-164

94) 김호진, 「한국의 대통령과 리더십」 (서울: 청림출판, 2008) 및 함성득, 「대통령학」 (서울: 나남출판, 1999)

종합적으로 파악해야 한다'는 논리는 선거공약이 갖는 진정성과 실천에 대한 신뢰성, 그리고 현실과의 괴리로 인한 성과의 상이성 등을 감안하고, 아울러 대통령의 성장배경과 성격을 함께 고려해야 한다는 점을 강조한 것으로 참고할 필요가 있다. 다만, 대선공약 사항이 실천과 상관없이 당선을 위한 일시적이고 전시적인 공약(空約)으로 제시된 경우도 많아 신뢰성의 문제를 고려할 필요가 있다는 사실을 염두에 두고 분별하여야 할 것이다.

정치적 상황 및 환경은 각 정부가 탄생하게 된 정치적 배경과 정권 출범 그 당시로부터 대통령의 임기가 끝나는 그 시기까지의 국내외 정치적 사조 및 환경과 정치적 사건이나 변혁을 말한다. 여기에는 정치적 환경으로서 문화정책 과정과 내용에 영향을 미치는 여론과 압력단체 및 이익집단의 행태도 포함된다고 하겠다.

그간 우리나라의 정치사에서 지켜봐 왔듯이, 새로운 정권의 탄생과 출범은 대체로 시대적 배경과 정치적 사건이나 변혁, 그리고 정치적 사조와 환경의 변화를 바탕으로 이루어져왔다. 이는 새로운 정치적 성향과 정책적 변화를 가져오고, 정치체제와 행정체계와도 상호 밀접한 관계를 가지며, 문화의 효용성 차원에서 정책형성에 많은 영향을 미친다.

이상과 같이 정치적 요인과 문화정책의 특성과 상호관계를 모형화하면, <그림13>과 같다.

그림 13) 정치적 요인과 문화정책의 특성 분석모형

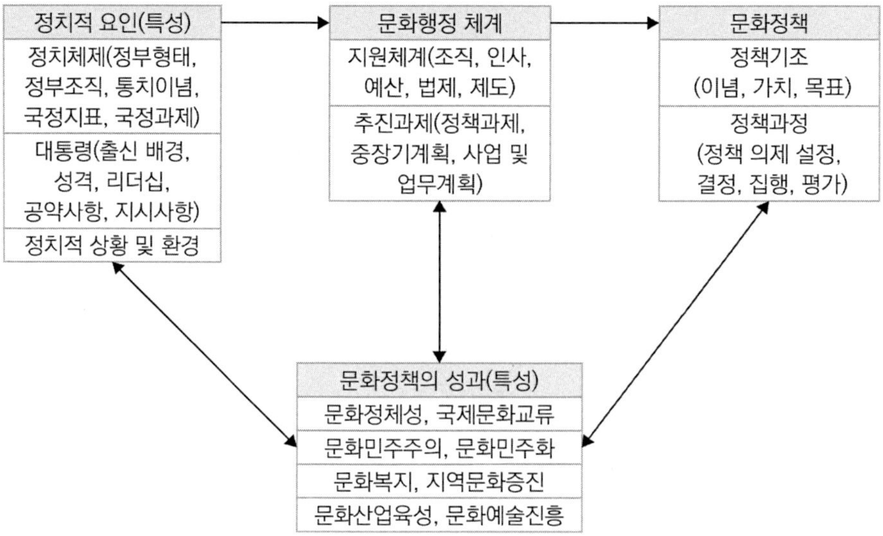

제3장

한국의 정치환경과 특성

앞에서 논하였듯이, 본 연구에서는 역대 정부별로 정치적 요인과 행정체계 그리고 문화정책의 내용과 성과를 분석하고자 함에 따라 먼저 제1공화국 때부터 제6공화국[95] 노태우 정부(1988–1993년)때까지의 정치환경을 개괄적으로 살펴본다. 이어서 민주화 이후 민주적 절차에 의해 국민에 의한 직접선거로 군사독재 체제를 종식시키고 문민체제로 출범한 김영삼 정부(1993–1998년), 김대중 정부(1998–2003년), 그리고 노무현 정부(2003–2008년)를 중심으로 민주화 이후의 정치환경과 특성을 살펴보고자 한다.

95) 일반적으로 역대 정권을 공화국으로 명명하는 것은 정치체제에 따른 시대적 구분법으로 프랑스 헌법사의 시대 구분에서 비롯된 것이다. 프랑스의 경우 공화제가 중단되었다가 부활할 때마다 순번에 따라 공화국으로 명명하여 왔으나, 우리나라의 경우 건국 이후 지속적으로 공화정을 견지해 왔기 때문에 정부형태를 바꾸는 개헌과 정치적 변혁을 기준으로 구분하여 왔다고 할 수 있다. 제6공화국 이후에는 공화국 대신 '정부'라는 명칭으로 특성화하였다.

제1절 민주화 이전의 정치환경과 특성

우리나라의 현대정치사를 중심으로 역대정부의 정치적 특성을 살펴보면, 우리나라의 정치체제가 어떤 상황에서 어떤 방법으로, 어떤 과정과 단계를 거쳐 어떤 형태로 형성되고 변화하여 왔는지를 파악할 수 있을 것이다. 이것이 곧 한국정치의 변천과 변동과정이며 정치발전 과정이기도 하다. 다음에서는 한국정치의 변동과정을 통해 정치적 상황과 환경을 간략히 살펴보겠다.

1945년 일본의 패전으로 일제 식민지배 체제가 종식되고 미군정 체제로 과도기적 상황을 거쳐 친미 반공 국가를 형성하고, 5.10 총선을 통해 구성된 제헌국회가 이승만을 초대 대통령으로 선출함으로써 남한만의 단독정부가 출범하게 되어 영구적인 민족분단의 제1공화국이 시작된 것이다. 1950년 6.25 전란과 정권연장을 위한 발췌 개헌 및 사사오입 개헌의 단행, 억압정치의 강화와 3.15 부정선거, 그리고 4.19 혁명에 의한 이승만 대통령의 하야 등 정치적 상황의 혼란으로 제1공화국이 막을 내렸다.

4.19 혁명에 의한 제1공화국 붕괴로 과도기를 거쳐 내각책임제 개헌에 의한 윤보선 대통령의 장면정부인 제2공화국이 출범하였으나, 집권세력의 내분에 의한 지배구조의 양분과 통치권의 이원화현상 및 사회 각계각층의 정치적 욕구분출로 사회갈등이 심화되고, 리더십 부재 현상과 정치사회적 혼란으로 1961년 군부 쿠데타에 의해 제2공화국이 8개월 만에 붕괴되어 권위주의적인 군부지배의 정치가 시작되었다.

5.16 쿠데타에 의해 무력으로 정권을 탈취한 박정희 주도의 군부세력은 국가재건최고회의를 통해 군정을 실시하고, 1962년 개헌을 통해 정치지배 구조를 대통령제, 단원제, 중앙집권제로 개편하였으며, 1963년 대통령선거와 국회의원선거를 통해 제3공화국을 발족시키고 민정형태의 군부지배 체제를 제도화하였다.

정권의 정당성과 정통성 확보를 위해 조국근대화와 경제건설을 국가목표로 정하고, 산업화 정책을 적극 추진하였으며, 이를 배경으로 장기집권을 위해 1969년 3선개헌을 추진함으로써 반체제운동이 민주화 이행 촉구 성격으로 발전되어 나갔다.

1971년 3기집권이 성공한데 대하여 야당과 운동권의 정치적 저항이 격렬해지고, 이에 박정희 대통령은 국가안보와 자주국방을 내세워 사실상 영구집권을 위한 초법적인 유신헌법을 확정시키고, 삼권분립 체제를 무력화시키는 일인지배 체제를 구축함으로써 유신체제의 제4공화국이 출범하게 된 것이다.

긴급조치 발동 등 억압정치에 대한 반체제 운동과 김대중 납치사건, 월남의 패망과 육영수 여사의 피격에 이어 유신2기에 따른 개헌문제 쟁점화, 그리고 부마사태, 집권세력의 내부 이견대립과 갈등 등으로 1979년 10.26 사태가 촉발되어 박정희 대통령이 시해됨으로써 유신체제가 막을 내렸다. 유신시대에 제도권, 체제세력과 비제도권 반체제세력 간의 첨예한 대립구도가 정치적 역학관계의 특징을 이루면서 이후 민주화 세력과 반민주화 세력의 정치적 지형을 형성하는 계기가 되었다.

12.12 사태에 의해 전두환 주도의 신군부세력이 실권세력으로 부상하여 1980년 국가보위비상대책위원회 발족과 함께 각 분야 개혁조치와 사회정화 및 언론사 통폐합 조치 등을 단행하였다. 5.18 광주 민주화 항쟁에 대한 무자비한 무력진압으로 정권기반을 다지고 7년 단임의 대통령 간선제 개헌을 통해 제5공화국이 출범했다.

1985년 2.12 총선에서 정통야당인 신한민주당이 제1야당으로 등장하면서 전두환 정권의 정통성 문제와 개헌문제를 정치적 쟁점으로 부각시켰다. 재야세력과 학생들의 민주화 요구와 개헌요구에 대응한 4.13 개헌유보 조치로 시위가 격화되자 결국 6.29 선언에 의해 5년단임의 대통령 직선제 개헌이 이루어졌으며, 이에 따라 1988년 노태우 대통령이 취임함으로써 권위주의적 군부독재 체제가 막을 내리고, 국민직선에 의한 형식적 민주주의 체제의 제6공화국이 시작되었던 것이다.

다음에서는 이를 정치적 환경과 특성에 따라 일인지배 구조의 권위주의적 독재체제와 장기집권, 권위적 신군부 독재체제와 과도기적 민주주의 체제로 대분하여 시기별로 살펴보고자 한다.

1. 일인지배 구조의 권위주의적 독재체제와 장기집권

이승만 정부의 제1공화국은 1948년 8월 대한민국 정부가 수립되고 나서 미군정을 이어 받아 반공적인 자유 민주주의 체제를 바탕으로 국정운영의 기본체계를 정비하고 해방 후의 혼란 극복과 한국전쟁의 피해복구에 중점을 두었으며, 반공주의와 민주주의 체제를 위한 이데올로기적 이념체계와 정치체계를 조직적으로 국가기관이나 교육기관을 통해 전파하면서 정착시키는 시기였다.

이승만 대통령은 미국유학 및 거주생활을 통해 미국식의 기독교 문화와 공화제 민주주의 이념의 영향과 미군정의 강한 정치적 의도에 따라 미국식 자유 민주주의 체제를 도입하고, 국회는 단원제를, 정부형태는 약간의 내각책임제 요소를 가미한 강력한 대통령 중심제를 채택하였다.

장기간의 일제 식민통치와 해방과 정부수립, 좌우익의 갈등, 한국전쟁 등으로 인한 정치적, 사회적 혼란 속에서 제1공화국이 당면했던 시급한 과제는 새로운 자유 민주주의의 확립과 경제안정이었고, 나아가 반공주의 이념에 따라 공산주의의 문화유입을 차단하고 일제잔재를 청산하며, 정치적 국민통합과 안정을 이루는 일이었다.

제1공화국의 이승만 정부는 법적, 제도적 정치기구와 절차적 측면에서는 자유 민주주의의 형식논리에 충실하였으나, 실제 운영과 행태에서는 권위적이고 후진적이었으며, 일인지배의 독재체제로 정치적 파행을 거듭하였다. 따라서 제1공화국의 체제유형을 정치적 경쟁원리, 권력구조상의 3권 분립과 민주주의 이념을 고려하여 준경쟁적 권위주의 체제로 규정하기도 한다.[96)]

이승만 대통령의 지배전략은 국민의 대동단결과 평등을 강조한 일민주의였으나 지배 이데올로기로서 반공과 반일을 내세웠다. 또 왕족의 후손이라는 태생적 자아의식과 우월 콤플렉스, 항일 독립운동과 정치적 경력, 뛰어난 웅변술과 영어실력, 그리고 국제적 감각 등을 바탕으로 한 카리스마로 인하여 '가부장적 권위형'[97)]의 리더십을 갖게 되었다.

또한 이승만 대통령의 성격유형과 국정운영 스타일을 보면, 출생과 성장배경에 의한 여성적 세계관, 가부장적 권위주의와 강한 엘리트의식을 지닌 외향적 사고형으로 판단력과 위기관리 능력이 뛰어나나, 친화력이 부족하고 독선적인

---

96) 김호진, 「한국정치체제론」 (서울: 박영사, 1997), p.282

97) 우리나라 역대 대통령의 리더십 특성을 가부장적 권위형(이승만), 민주적 표류형(장면), 교도적 기업가형(박정희), 저돌적 해결사형(전두환), 소극적 상황적응형(노태우), 공격적 승부사형(김영삼)으로 분류하였다. (김호진 외, 「한국의 도전과 선택」 (서울: 나남, 1997))

경향이 강하며, 국정과 관련해서는 플러스형에 인간중심형으로 미국을 중심으로 한 자유 민주주의의 답습과 외교중심주의의 정책적 특성을 갖고 있었다.

당시의 한국정치는 경찰과 관료조직에 의한 국가의 민간사회에 대한 우위성, 국가의 자율적 정책능력 부족, 반공과 자본주의적 체제, 가부장적 권위주의 체제로서의 특징을 지니고 있었다.[98)]

따라서 이 시기엔 정부가 문화부문에 대하여 실질적인 정책을 수립하여 재정투자를 할 수 있는 형편이 못되었고, 문화정책이라고 불릴만한 뚜렷한 정책이나 법적, 제도적 장치가 없었다. 국내외적으로 문화정책이 수립, 시행되기는 어려운 여건이었지만, 정치적 안정과 국민통합 그리고 국민생활의 변혁을 위해서는 문화의 역할과 정책이 필요한 시기였다고 하겠다.

대통령 1인의 장기집권을 위한 억압정치하에 집권당인 자유당의 독선과 방만한 정국운영, 행정부의 정치도구화와 관료사회의 부패 등 정국혼란에 이어 3.15 선거부정으로 종말을 맞게 되었다.

제1공화국이 4.19 혁명으로 붕괴되고, 약 4개월간의 과도기(허정, 곽상훈)를 거쳐 독재정치의 가능성을 제도적으로 봉쇄하기 위해 대통령 중심제를 내각책임제로 바꾸는 개헌을 통해 제2공화국의 장면정부가 탄생하였다. 장면정부는 자유민주주의 이념의 구현이라는 4.19 정신에 입각하여 자유당 정권의 유산을 청산하고, 사회안정과 질서회복에 진력하였으나, 사회 각계각층의 욕구분출과 집권세력의 내분에 의한 지배구조의 양분된 이원화 현상으로 정국혼란과 사회갈등이 심화되었다.

결국 리더십의 부재현상과 정치, 사회적 혼란으로 군부 쿠데타에 의해 출범 8개월 만에 제2공화국은 붕괴되고 말았다. 하지만 제2공화국은 내각책임제와 지방자치제를 실시하고, 정치적 자유와 참여확대를 도모하였다는 점에서 민주주의 원칙에 충실했다는 평가를 받을 수 있을 것이다.

제3공화국은 5.16 군사 쿠데타에 의해 집권한 박정희 정부의 권위적 군사정부로 1963년 민정 이양 시까지 직접 통치의 제도적 기반을 국가재건 최고회의와 중앙정보부에 두고, 정치적 정당성 확보를 위한 정치적, 사회적 통제정책을

98) 김영명, 「한국현대정치사」 (서울: 을유문화사, 2000), pp.94－97

추진하며, 유사 민간정권으로 출범하면서부터 조국근대화와 민족주의 이념이 강화되고 반공주의가 더욱 심화되는 시기였다.

제3공화국에서 다시 채택된 대통령 중심제의 정부형태에서는 대통령의 위상이 더욱 강화되어 대통령의 권한 또한 더욱 강력해졌다. 반공과 경제성장을 통치의 명분으로 내세우고, 사회 각 분야에 군 출신 인사들이 대거 진출함으로써 정부의 정책결정과 집행과정에도 사회에 만연한 군사문화[99]가 도입되어 중앙집권화와 탈정치화로 나타났고, 정책의 결정은 대통령을 중심으로 한 군출신의 개인적 측근들이 장악하였다. 정권의 권위주의화와 권력집중 및 정치적 탄압에 의한 비효율적인 정치체제 아래 야당과 반독재민주 세력의 민주화투쟁의 무력화로 군부지배 체제의 제도적 기반 강화를 도모하고, 조국근대화를 위한 경제개발을 추진하기 위해 전문기술 관료와 행정적 효율성을 중시하였다.

제3공화국의 체제유형은 대통령 직선제에 의한 대통령 중심제로서 삼권분립의 균형원리가 어느 정도 지켜진 다두정치의 원리를 수용했다는 점에서 경쟁적 군부 지배체제로 규정하기도 한다.[100]

제3공화국의 정책목표는 기본방향과 흐름이 제1공화국과 크게 다를 바 없었지만, 전통을 바탕으로 민족문화와 법률적, 행정적 규제장치의 제도화와 정치적 통제는 더욱 강화되었다. 또한 박정희 대통령의 지배전략은 관료적 권위주의[101]였으며, 유인과 포용, 배제와 억압의 병행을 특징으로 민중배제적 지배전략을 위하여 관료, 군부, 재벌을 주축으로 지배연합을 구축하였다. 군부와 군출신은 사실상 국가안보와 정권안보를 위한 권력의 모체였다. 5.16 군사 쿠데타에 의한 집권으로 불안정한 정권의 정통성 정립을 위해 체제에 관한 홍보와 정치적 통제가 필요했던 군사정권은 중앙정보부와 군부를 기반으로 국가정책과 정치제도의 관리에 관심을 갖고, 문화예술 분야에 대한 정치적 동원과 정치적 활용기반

---

99) 군사문화의 특징으로 전통적이고 폭력을 선호하며, 상명하복의 획일주의, 정복과 승리의 미덕화, 질서와 안 정 중시, 정치권력의 사유화 내지 독점화, 흑백 논리, 능률지상주의적 성과 중시, 혁신이념에 대한 본능적 적개심 등을 들 수 있다.

100) 김호진, (1997), p.291

101) 관료적 권위주의는 산업화나 근대화 단계에서 형성되는 군부와 기술관료 및 민간자본가의 민중배제적 쿠데타 연합에 의한 지배체제를 말하며, 관료적 권위주의 이론은 오도넬(G. O'Donnell)이 1960－70년대 남미국가에서 군사 쿠데타를 통해 출현한 민중배제적 군부지배체제를 경험적 준거로 발전시킨 것이다. (G. O'Donnell, "*Reflections on the Patterns of Change in B－A state*", 「Latin American Research Review」, Vol.13, no.1 (1978) p.27)

을 구축하게 된 것이다.

하지만, 1960년대는 문화분야에 대한 입법과 행정체계 및 정치적 통제가 1950년대에 비해 크게 강화되었으나, 정부재정 사정과 경제발전 전략으로 인해 문화분야에 대한 실질적인 재정투자는 별로 증대되지 못하였다. 당시의 개발전략은 정부가 경제를 주도하는 국가자본주의로서 국가분권의 제도적 인프라를 정비하고, '제1차 경제개발 5개년계획'을 발표하였다.

국가경영 목표는 조국근대화와 산업화였다. 국가자주 경제 재건에 총력을 경주한다는 빌미하에 개발독재의 경제 제일주의 정책을 전개하고, 전통문화와 정신문화를 중시한 민족문화의 정체성과 정통성에 역점을 두고 문화정책을 추진해나갔지만, 정치논리가 시장을 지배하고 문화를 정치적 도구와 수단으로 이용하였다.

제4공화국의 유신정권은 경제발전과 고도성장에 힘입어 영구집권을 획책하고, 1969년 3선 개헌과 아울러 1972년 10월 유신체제를 구축하여 유신헌법에 의해 대통령 직선제를 통일주체국민회의에 의한 간선제로 바꾸고 국가권력을 대통령에게 집중시키며, 삼권위에 군림하게 되는 제왕적 대통령제로 만들어 소위 '한국적 민주주의'로 포장된 종신적 독재체제를 구축했다.[102)]

적극적인 경제성장 정책으로 인한 산업화의 추진은 유신체제의 정당성과 개발독재의 합목적성으로 고속 자본주의 체제하에 국가정책의 효율성이 중시되고 정권의 정당성으로 연결되었다. 이 당시 선포된 초법적인 긴급조치가 반체제, 반독재, 반정부 세력을 탄압하고, 특히 긴급조치 9호에 의해 언론, 출판, 집회의 자유를 전면 부정하는 조치를 취했다.

제4공화국 시대인 1970년대는 그 전과 달리 동기를 떠나 문화부문에 대한 실질적인 투자가 이루어지고, '민족문화의 중흥'이라는 구체적인 목표가 정립되었다. 이 과정에서 문화예술에 대한 정부의 개입 정도와 범위는 훨씬 확대되고, 정치적 통제와 활용방법이 매우 구체화되는 특색을 지녔다. 이는 10월 유신체제의 구축과 밀접한 관계가 있다. 그 결과 문화와 교육이 정치논리에 의해 정치적인 수단과 도구로 전락되었다.

---

102) 이를 유신체제의 통치권력의 구조적 특성을 고려하여 관료적 권위주의형 군부지배 체제로 규정하기도 한다. (김호진, (1997), p.297)

박정희 대통령은 유신체제 이후 권력동인인 콤플렉스(가난, 친일, 좌익, 쿠데타, 독신, 유신)의 심화로 더욱 독선적인 사고방식과 경직된 정치관에서 벗어나지 못했다. 유신체제는 사실상 경제발전과 안보의 능률의 극대화를 위한 한국적 민주주의를 앞세운 박정희 대통령의 일인 독재적 정치상황으로 인해 정치과정뿐 아니라 정책과정도 위축될 수밖에 없었다.

유신정권의 등장으로 모든 정책결정과 추진이 청와대 중심으로 이루어져 청와대비서실의 영향력이 행정부처를 압도했고, 이러한 권력집중 현상은 정책의 효율성을 극대화하기도 했지만, 의회와 정부 등 국가기구의 제도적 자율성을 크게 훼손하는 결과를 가져오기도 하였다.

박정희 대통령은 성장과정상의 심리적 요인들이 많은 영향을 미쳐 권위적이고 강인하고 독선적이지만, 이성적, 체계적, 논리적, 조직적 성격이면서도 인내심과 지적 활동이 뛰어난 내향적 사고형으로 정책결정에도 치밀하고 용의주도하며 계획적인 특징이 두드러진다.[103] 추진력 넘치는 행정가형에 과업지향형 지도자로서 '교도적 기업가형'의 리더십을 지녔다고 하겠다. 주로 중앙정보부를 권력기반으로 하여 경제발전과 산업화, 현대화에 역점을 두고 국정을 운영하였다.

2. 권위적 신군부독재와 과도기적 민주체제

1979년 10.26 사태에 의해 박정희 대통령이 시해됨으로써 유신독재 체제가 막을 내리고 12.12 쿠데타에 의해 신군부가 등장했다. 계엄령 철폐와 전두환의 퇴진을 요구하는 5.18 광주 민주화 항쟁을 거쳐 무소불위의 통치권을 행사하는 국보위가 설치되고, 정치풍토 쇄신을 위한 특별조치법이 발효됨으로써 언론사 통폐합 등의 초법적 조치가 단행되었다.

1980년 신군부에 의해 최규하 대통령이 축출되고, 통일주체 국민회의에 의한 간선제로 전두환 대통령이 제11대 대통령으로 취임하게 된다. 당시 취임사에선 4대 국정지표 중의 하나인 '교육혁신과 문화창달로 국민정신 개조'를 역설했다.

103) 최진, (2008), p.292

신군부로서 시급한 것은 박정희 정권과의 차별성 부각이었다. 이를 위해 헌법 개정(8차 개헌)을 서둘러 7년 단임의 대통령 간선제를 채택하고, 정당법과 선거법을 새롭게 마련하여 새로운 정권의 출범에 필요한 법적 장치를 마련하였다. 1981년 민주정의당 총재인 전두환이 제12대 대통령으로 선출되었고, 신군부에 의한 장신구로서의 정당과 의회가 구성되었다. 이로써 군부가 재집권하는 권위주의적 군부독재 체제의 제5공화국이 출범하게 된 것이다.

전두환 정부는 박정희 정부의 유복자로서 정당성의 위기를 안고 태어나 국정의 최우선을 정권안보에 두고, '민주복지국가 건설'을 국가목표로 하여 민주주의 토착화, 정의사회구현, 교육혁신과 문화창달을 시정지표로 삼았다.

국가기구에 의한 폭력과 반공과 안보이념을 지배도구로 하여 민주화세력과 민중세력에 대한 억압정책을 쓰며, 지배전략 또한 관료적 권위주의를 모방하고, 군부가 사회정화 정책을 통해 무단정치를 한 것이다. 또한 이념교육을 통해 지배 이데올로기의 패권성을 강화하기 위해 국민윤리 교육을 강화하였으며, 정기간행물을 무더기로 폐간시키고 언론사를 통폐합하는 등 언론 통제를 제도화했다.

나아가 정권유지를 위해 대중의식의 탈정치화로 정치적 무관심을 조장하고, 국민의 정치적 불만을 해소하기 위한 대규모 문화행사[104)]와 프로야구의 출범, 야간통행금지의 해제 등으로 인한 유흥문화의 조장, 86아시안게임, 88올림픽 등의 국제스포츠 경기대회 개최 등으로 3S정책[105)]과 중우정치를 펼쳐나갔다. 그만큼 정치적 목적 외에는 문화예술에 대한 별다른 철학과 인식이 거의 없었다고 할 수 있다.

따라서, 전두환 정부의 지배전략은 유신체제의 지배전략을 이어받아 관료적 권위주의를 더욱 강화시키고, 의회의 시녀화, 언론의 지배도구화, 재벌과의 정경유착, 그리고 국민의식의 탈정치화로 특징지을 수 있을 것이다.[106)]

104) 1981년 서울 여의도광장에서 '국풍81'이라는 대규모 문화행사를 개최하여 연인원 1,000만 명의 관람객을 동원시킨 춤과 노래의 한마당축제로서 신군부가 국민들의 불만을 희석시키기 위해 의도적으로 연출한 것이다.

105) 이는 대개 군부 권위주의 체제나 공산주의 체제 등 독재정권이 국민들의 정치적 의식과 관심을 마비시켜서 정치적 무관심을 유도하고, 중우정치화하기 위해 Sports, Sex, Screen을 통해 몰가치적 유흥문화를 조장하는 문화정책을 말한다.

106) 김호진, (2008), pp.272–278

전두환 대통령은 뚜렷한 지도이념이나 통치철학이 없고, 본능적인 충동과 즉흥적인 감각에 의한 저돌적인 행동으로 통치권을 행사하고 문제를 해결하는 권위적 참주형 지배 스타일로 '저돌적 해결사형' 리더십을 가졌다고 할 것이다.

또한 성격유형은 친화력과 포용력을 가진 감성적이고 활동적인 스타일이나, 논리적 사고력과 합리성이 부족하고 부정적이며 단순함과 편견이 내재된 외향적 감정형이며, 안보우선주의와 전방위외교에 역점을 두고, 주로 보안사를 권력기반으로 하여 충동적이고 공격적으로 국정을 운영하는 결단력과 지시적 위임형의 정책 스타일을 지녔다고 할 것이다. 의리와 인연 등 개인적 인간관계에 의한 인간중심적 인사를 중시하고, 정책결정과정에서는 청와대보다 가급적 집권당과 행정부를 중시하는 경향을 보였다.107)

반체제, 반독재, 반정부의 기치 아래 20여 년간 지속적으로 펼쳐온 민주화운동이 1983년 발기한 민주화추진협의회를 비롯한 야당과 재야와 학생들의 민주화세력을 중심으로 저항연대가 형성되어 민주화라는 공동목표를 향해 개헌운동을 전개한 결과, 1987년 6월 항쟁에 의한 6.29 선언이 발표됨으로써 대통령 직선제, 국민기본권 신장과 언론의 자유보장, 지방자치제도 실시, 과감한 사회정화 조치 등을 포함한 제6공화국 헌법이 탄생되면서 한국의 정치문화에 가장 큰 병폐인 권위적 군사독재 체제가 사라지게 되었다. 6월항쟁은 탈군부체제와 함께 6.29 선언을 이끌어내 5공체제를 붕괴시키고 민주화를 실현한 것이다.

제6공화국의 노태우 정부가 갖는 가장 큰 정치적 특성은 무엇보다도 '민주화'로서 약 30년 동안의 권위주의적 군부정권의 독재체제를 종식시키고, 형식적 민주주의에 의한 민주정치 체제를 출범시킨 점이라 할 것이다. 민주화운동이 6.29 선언을 통해 제6공화국 헌법으로 결실을 맺고, 직선제에 의한 대통령제의 정부형태를 채택하게 됨으로써 정치분야뿐 아니라 경제, 사회, 문화의 각 분야에 커다란 변화를 가져오게 되었다.

1988년 13대 총선에 의한 여소야대 상황으로 인하여 1990년 3당합당과 5공청산을 위한 청문회 정국으로 정부여당이 수세에 몰렸고 국정마비 현상을 초래하였다. 운동권은 통일운동과 노동운동을 활발하게 전개해 혁신이념에 대한 불

107) 최진, (2008), pp.346－347

안 심리가 확산되고, 그를 계기로 민주, 반민주에 기초한 체제, 반체제의 대결논리가 보수와 혁신의 이념 대결로 전환되었다.

하지만, 노태우 정부는 박정희 정부에서부터 시작된 군부의 권위주의 지배체제가 잔존하고 군사문화가 살아있는 지배권력의 대중조작적 중우정치에서 완전히 벗어난 것은 아니었다. 권위주의로부터 민주주의로, 군사정권으로부터 민간정권으로 이행하는 과도기적인 성격을 지닌 정부로 한국역사상 최초로 선거에 의한 정권 변환이라는 의미를 갖고 있었다. 하지만 권력의 핵심이 전 정권과 크게 달라지지 않아 민주주의 체제가 제한적일 수밖에 없었다.

노태우 정부의 당면과제는 6.29 정신의 실천적 구현이었고, 따라서 권위주의의 폐습을 일소하고 민주개혁을 단행하는 일과 산업 민주주의와 경제정의의 실현, 분단극복의 통일정책을 선도적으로 추진해야 했다.

13대 총선거(1988.4)에서 여소야대 현상이 나타나 야당 측의 공조체제에 의한 개혁요구와 5공 청산을 위한 국회청문회가 열렸다. 1989년 운동권의 급진성 격화와 노동운동의 혁신이념에 대한 불안심리 확산으로 극우 세력의 표면화에 따라 보수, 혁신의 이념대결로 정국이 전환되고, 결국 공안정국의 형성으로 운동권과 노동운동이 퇴조되어 갔다.

5공 청산문제가 일단락되자 1노3김 주축의 4당 분할체제가 3당합당(1990.2)에 의해 여대야소의 양당체제화되었다. 14대 총선(1992.3) 후에는 여대야소의 양당체제가 3당구조의 여야 균형체제로 바뀜에 따라 노태우 정부 말기의 정국은 견제와 균형원리를 이루게 되었다.

노태우 정부는 3당 합당에 의한 지배연합을 구축함으로써 문민성을 가미하고 지지기반을 어느 정도 확충했다. 하지만 제5공화국의 집권세력의 정권 장악으로 인맥과 엘리트 충원은 제5공화국의 승계에 다름 아니고, 국민 투표에 의한 직선대통령이기는 하나 권력기반이 원초적으로 군부 쿠데타에 토대를 갖고 있어 통치권의 정당성 결핍은 불가피했다. 과도기적 의사 민주주의라고 규정짓는 것도 이런 연유에서다.

직선제에 의해 출범한 제6공화국의 노태우 정부는 국정지표를 '위대한 보통사람들의 시대'에 두고 온건개혁을 표방하면서 '민족자존, 민주화합, 균형발전, 통일번영'의 4대 시정방침을 정책기조로 설정하였다. 민주화의 과도기로서 시대

정신을 살려 정치적 입지에 있어서는 형식적으로나마 절차적 민주주의를 지키며 절차적 정당성을 갖추었고, '보통사람의 시대'를 외쳤지만, 여전히 이념적으로는 보수와 가진 자의 편으로 군인과 5공의 적자라는 출신성분으로 인해 정치적 지배전략에는 한계가 있었다.

제5공화국과의 차별성을 부각시켜 자신의 리더십 기반을 다지기 위해 5공 청문회를 받아들이고, 여소야대의 정치지형을 바꾸기 위해 3당 합당을 결행하여 의회를 장악하고, 진보세력의 도전에 대응하는 보수대연합을 결성했다.

노태우 정부에서 가장 두드러진 정치적 변화는 민주화에 의한 정치사회의 활성화로서 국회와 정당활동의 활성화에 의해 정치과정이 보다 경쟁적으로 활발해진 것이다.[108] 또한 1988년 개최된 서울올림픽을 통해 정치, 경제, 사회, 외교, 안보에서뿐 아니라 특히 문화분야에서 과거와는 다른 획기적인 변화와 발전의 계기를 마련하였으며, '문화올림픽'으로 지칭될 만큼 문화예술행사의 활성화, 문화분야의 각종 규제의 완화, 사회주의 국가들을 포함한 미수교국들과의 문화예술의 개방과 교류확대에 큰 성과를 가져왔다.

또한 88서울올림픽의 개최는 정치적으로 동서화합이라는 세계평화와 화합 및 정치발전에 크게 이바지하고, 문화적으로도 국제문화 교류와 확산 및 문화의 세계화에 큰 영향을 끼쳤다. 하지만 올림픽 이후 3저호황으로 이루어놓은 경제가 경제개혁의 부진으로 하강곡선을 그리고, 노태우 정부의 당면한 개혁과제의 하나인 정부혁신으로서의 행정민주화와 작은 정부론도 성과 없이 역기능만 더 키웠다.

노태우 정부의 가장 괄목할 만한 정책은 '북방정책'[109]이라 하겠다. 대통령 취임사에서 북방정책을 대외정책의 기조로 설정했음을 천명하고, 동서해빙 분위기의 시대적 정치상황에 편승하여 대세순응형답게 소련의 개혁개방 정책과 그로 인한 동구권의 민주화 바람을 활용하여 1989년 헝가리와의 수교를 시작으로 동구권 국가들과의 수교와 함께 문화교류를 확대하였다.

북방정책은 민주화에 의한 민주주의 체제의 새로운 정권에 부합된 새로운

---

108) 김영명, (2000), p.276

109) 북방정책의 추진은 대통령 비서실에 최초로 외교안보수석실을 신설해 핵심수석실로서의 역할을 수행하게 했고, 소수의 특정특보 등 실세라인이 주로 외교안보 분야에서 역량을 발휘하는 특성을 나타냈다.

정책적 돌파구가 필요한 시기였고, 88서울올림픽으로 조성된 사회주의권과의 정치적 동서화합과 문화적 교류협력 분위기를 활용하여 소련을 비롯한 동구권의 붕괴에 발맞춰 추진된 시의적절한 조치로 평가된다.

1989년 동서냉전의 상징인 베를린 장벽이 무너지고 통독의 시대가 열리면서 동구권의 사회주의 국가체제가 무너지고, 1991년 구소련마저 와해됨으로써 취임사에서 선언했던 노태우 정부의 핵심적 정책 브랜드인 '북방정책'을 적극적으로 추진하면서 공산권을 포함한 미수교국 45개국과 외교를 열었다. 또한 자존과 통일번영을 위한 대통령 특별선언인 '7.7 선언' 발표(1988)로 새로운 대북관계의 계기를 마련하고, '한민족 공동체 통일방안' 발표(1989년)로 대북정책도 활기를 띠게 되었다.

하지만, 국민의 지지기반이 취약한 노태우 정부는 정치적 정당성의 확보방편으로 민주화개혁과 함께 경제사회 개혁과 북방정책 및 통일정책을 내세웠기 때문에 근본적인 개혁의지의 약화로 기존의 사회경제적 불평등을 개선하지 못하고 구호에 그치고 말았다. 동구권 사회주의 국가들과의 수교와 교류확대라는 북방정책의 성과와는 달리 종래의 공식적 통일방안의 틀을 탈피하지 못함으로써 큰 성과를 거두지는 못했다.

노태우 정부의 정치적 상황을 보면, 과거 권위주의 세력과의 절연과 전 정권과의 차별화를 위한 소위 5공 청산, 민주적 여건 향상을 위한 민주적 절차도입과 13대 총선에서의 여소야대 정국, 3당 합당에 의한 거대 여당인 민주자유당 탄생으로 인한 보수정치구조 정착, 지역주의 갈등과 정쟁심화 등으로 정리될 수 있겠다.

노태우 대통령은 경북 달성의 불심 깊은 불교집안에서 태어나 가난과 상대적 박탈감 속에서 편모슬하 장남으로서 독실한 불교신자로 성장해 차분하고 조용하여 인내력이 강하면서도 온건하고 부드러운 이미지와 성품을 지닌 반면, 매사 소극적이고 유약하며 우유부단한 정중동 스타일의 양면성을 지닌 이중적 성격이었다. 이는 노태우 대통령의 때와 장소에 따라 강온 양면 전략을 구사하는 정책적 이중성 전략과도 일맥상통하다.[110]

110) 군주론에 나오는 '여우와 사자의 전략'인 마키아벨리즘적 통치술을 활용하는 경우가 많았다. (최진, (2008), pp.363－364)

노태우 대통령은 직업군인 출신으로 12·12사태를 계기로 정치군인의 길로 들어서서 군부에서나 정계에서나 항상 2인자로서의 입지를 지키며 힘을 키워 왔고, 결국에는 전두환 대통령의 우정과 후광과 지원을 바탕으로 집권하게 되었다.

민주화운동의 결실로 이루어진 6·29 선언에 의한 형식적 민주주의 체제로 출범한 제6공화국의 정치적 수동성 때문에 문민 이미지를 살리기 위해 '보통사람'을 모형화했고, 국민직선에 의해 대통령이 됨으로써 어느 정도 절차적인 정당성을 갖추었기 때문에 전두환 정부와의 차별성을 부각시키고, 자신의 리더십 기반을 다지기 위한 포용과 통합의 지배전략을 구사하였다.

노태우 대통령은 성장과정과 군대 및 정치경력상의 2인자 콤플렉스를 가진 이중적인 내향적 감정형 성격으로, 수동적이나 긍정적이고 온건하며, 신중하나 우유부단하고 소극적인 상황적응형 리더십을 지녔다. 이러한 성격상의 특징과 리더십으로 국정운영 스타일은 정책결정 권한과 책임을 일정부분 위임하는 소극적 위임형이어서 대통령 비서실의 참모와 개인적으로 신임하는 소수 특정인들에게 국정운영 전반에 결쳐 방어적으로 의지하는 인간중심적 특성을 갖는다.[111] 즉 내향형으로서 마이너스형 지도자의 정책 스타일을 나타내고 있다.

그는 온화하고 차분한 이미지의 외유내강형 성격으로 상향적 참모형 리더십과 소극적 상황적응형 리더십 스타일을 갖고 있어 특정 참모진의 의견에 의지하고 위임하는 편이며, '내향적 감정형'의 성격 유형으로 타인의 의견을 청취하고 화합을 추구하나, 우유부단하고 소신이 부족한 편이어서 정책결정과 정책추진 시에도 현실순응적이고 소극적인 행태를 보이는 경향이 크다.

이는 노태우 정부의 대표적인 정책 브랜드라고 할 수 있는 '북방정책'에서 잘 나타난다. 당시 황태자라 불리었던 박철언의 정책보좌에 의한 북방정책의 수립 결정과 추진은 사회주의권 국가들에 대한 수교와 특히 문화, 체육분야의 국제교류 정책에 획기적인 교두보를 마련해주고, 국제적으로 국가위상을 크게 제고하는 결실을 맺기도 했지만, 특정 참모진에 의존하는 국가정책으로서의 안정성과 신뢰성에 문제를 안고 있었던 것도 사실이다.

111) 바버(Barber)의 유형을 토대로 노태우 대통령의 지배적인 정책성향을 분석한 안병만 교수에 의하면, 정책입안 단계에서 여론수렴과 시정 등에 강하나, 정책결정과 집행단계에서는 취약성을 드러낸다고 지적한다.

이러한 대통령의 성격과 리더십 및 국정운영 스타일로 말미암아 문화정책의 행정체계와 결정과정 또한 주로 문화부장관에게 위임하여 추진하게 되었다. 문화부가 발족되면서 문화전담기구화와 함께 초대 장관으로 정치인이 아닌 문화계 전문인사인 이어령 장관을 발탁하여 새로운 정치체제에 부합하는 국민의 문화욕구 충족을 위한 생활문화정책을 창의적으로 추진하게 한 것이다.

노태우 대통령의 핵심참모는 주로 적극적이고 공격적인 전문가 출신 행정가형으로 국정운영에 적잖은 영향을 미쳤으며, 대통령실의 운영 또한 특별보좌관 제도의 부활로 '특보화' 방식을 활용하여 주요 정책개발 및 정책결정 권한을 위임하였는데, 그 대표적인 사례가 박철언 특별정책보좌관을 통한 북방정책의 추진이라 하겠다. 그만큼 대통령의 비서실과 참모진에 대한 의존도가 매우 높은 편이었다.

심리학적 유형론에 근거한 리더십 스타일의 분석모형에 따르면, 놀라운 인내심과 깊은 공감능력, 그리고 관용과 양보심을 가진 호인으로서의 특징을 갖고 있어 여러 의견을 정책에 수용하고 포용력으로 화합을 추구하며 주위사람들의 장점을 잘 활용하나, 정책결정이 우유부단하고 개성과 소신이 부족하고 현실순응적인 정책위주로 국정을 운영하는 단점을 보이는 경향이 있었다고 분석된다.

따라서 노태우 대통령은 온화한 이미지와 차분한 분위기의 외유내강형 성격 때문에 직업군인 출신임에도 문민 이미지의 상향적 접근을 선호하는 정책 스타일로 2인자로서의 '참모형 리더십', 지도자로서의 사명감과 열정이 부족하고 신념과 책임의 윤리를 외면한 소극적이고 부정적인 '상황적응형 리더십'을 가졌다고 하겠다.

또한 노태우 대통령의 정책 스타일은 소심하고 방어적이며 신중하게 참고 기다리는 소극적 안주형으로 위험성이나 시행착오는 적으나, 우유부단함으로 책임회피나 무능력으로 비춰지고, 특히 위기상황에서는 문제를 악화시킬 우려가 많다고 할 것이다.

앞에서 살펴본 성격유형과 리더십의 5단계 발전이론에 의하면, 노태우 대통령은 '남성적 세계관과 내향적 감정형, 마이너스형, 행정가형, 그리고 과업지향형'으로 분류된다. 따라서 국정운영에 있어서 현상유지적이고 방어적인 '소극적 상황적응형'[112] 내지는 '대세순응형'이라고 하겠다.

노태우 대통령의 지배적인 정책성향은 공적 인간관계를 중시하고 정책입안 단계에서의 여론수렴과 시정은 강한 편이나, 정작 정책결정이나 집행단계에서는 취약점을 보이고, 정책결정 권한과 책임을 참모에게 위임하는 참모형으로 '소극적 위임형' 또는 '소극적 부정형'[113]으로 분류된다.

노태우 정부의 대표적인 치적으로 평가되는 북방정책만 보더라도 정책의 성격상 불가피한 점도 있었겠지만, 밀실에서 소수의 특정 참모들에 의해 입안되고 추진되었으며, 특히 대부분 외향적 플러스형인 박철언 정책보좌관 등 전문가 출신의 행정가형 참모진에게 의존하는 행태를 보여 국정운영 방식이 특보화된 특성을 띠었다고 할 것이다. 스스로 자임하는 '물의 철학'이 그의 성격과 행동 및 리더십과 처세술을 잘 대변해주고 있다고 하겠다.

112) 김호진, (2008), p.322

113) J. Barber의 리더십 유형은 프로이드의 정신분석을 토대로 심리학적, 개인적 접근방식을 적용한 것으로 직무에 대한 자세(적극·소극형)와 직무수행정도(긍정·부정형)에 따라 네가지 유형으로 분류한 것이다. (J. Barber, *The Presidential Character; Predicting Performance of white House,* (1992))

1. 문민화 정부의 출범과 정치개혁

민주화에 의한 형식적 민주주의 체제가 시작되었다고는 하나, 노태우 정부의 과도기적인 정치체제의 성격으로 인해 진정한 민주주의 체제가 시작되었다고 할 수는 없었다. 1993년 김영삼 정부인 문민정부가 출범함으로써 5.16 군부쿠데타 이후 30여 년간 지속된 군부 지배체제의 유산이 청산되고 문민시대를 맞이하게 된 것이다.

이는 절차적 민주주의뿐 아니라 정치권력의 민간이동과 집권엘리트의 민간화, 민주적 인사로의 교체를 의미하며, 과거 역대 정부들과는 달리 정권의 정통성을 정상적으로 확보하게 된 것이다. 이를 계기로 소위 3김시대가 붕괴되었다가 1995년 지방선거를 계기로 후3김시대가 재개되게 되었다.

김영삼 정부의 출범은 30여 년간 지속되어온 군부시대가 끝나고 문민시대가 시작되는 민선 민간정부의 등장을 의미했지만, 3당 합당에 의한 보수대연합의 결과가 가져온 민주화세력과 군부세력의 이합적 동거집단이라는 점과 집권세력 내부에서의 평면적 권력이동이라는 점에서 이질성과 정통성의 한계적 문제를 안고 있었다.

김영삼 정부는 대선공약에서 주창했던 대로 문민 민주주의의 선언에 따른 '신한국 창조'를 통치이념으로, '안정과 개혁'을 전략적 목표로 삼아 '깨끗한 정부, 튼튼한 경제, 건강한 사회, 통일된 조국'을 국정지표로 설정하였다. 정치적 과제는 권위주의 군부정권의 잔재 청산과 정치적 민주화 및 자유화로서 장기적인 군부체제[114]의 유산을 청산하고, 명실상부한 민주화와 문민화를 이루는 변화와 개혁을 단행했다. 또 민주화를 위한 3대 당면과제로 부정부패 척결, 경제회생, 국가기강 확립을 내세웠다.[115]

군부 사조직인 하나회의 해체, 군부체제 중추기관인 기무사의 개혁으로 군

114) 대체로 군부체제는 극우주의 속성으로 극우보수 성향과 민중배제적 특성을 가지며, 재벌 등 자본가 계급과의 지배연합을 형성하고, 이념적으로는 외형상 개혁지향적 이념을 표방한다. (김호진, (1997), p.369)

115) 한국정치학회 편, 「한국현대정치사」 (서울: 법문사, 1995), p.394

부의 탈정치화를 단행하고, 부정부패 해결을 위한 공직자재산공개와 금융 및 부동산실명제의 실시, 그리고 군사독재가 왜곡시켜온 잘못된 역사를 바로잡는 '역사바로세우기' 운동이 시행되었다. 특히 '역사바로세우기' 운동은 일제 잔재를 청산하고 독립운동의 정통성과 민족정기를 복원하고 '5.18 특별처리법'에 의한 민주화운동의 재조명과 아울러 5공, 6공의 단죄가 주 대상이었다. 다만, 3당합당에 의한 보수세력의 연대로 인한 과거 군부세력과 수구세력의 집권세력화로 권위주의와의 완전한 정치적, 도덕적 단절과 청산은 불완전한 것으로 정치적 한계가 불가피했다.

김영삼 정부의 출범으로 군부지배 체제의 유산을 청산하고, 명실상부한 민간정치권력의 문민시대가 시작된 것이다. 이는 과거 역대 정권과 달리 확실한 정권의 정통성을 확보하였다는 점과 양김구도의 정치적 변형을 초래하였다는 점에서 그 의미가 크다. 하지만 고질적인 지역성의 한계를 극복하지 못하고 지역갈등은 오히려 심화시키는 결과를 낳았다.

정치관계법 개정 등을 통한 정치개혁과 함께 '작고 효율적인 정부'를 지향한다는 목표 아래 정부구도를 대폭 개편하는 행정개혁을 단행하여 초기에 문화부와 체육청소년부를 통합하여 문화체육부를 신설하고, 재정경제원(경제기획원과 재무부의 통합), 산업자원부(상공부와 동력자원부의 통합), 건설교통부(건설부와 교통부의 통합)의 신설과 체신부, 보건사회부를 각각 정보통신부와 보건복지부로, 환경처를 환경부로 확대, 개편하였다.

또한, 행정쇄신위원회를 통해 행정개혁을 단행함으로써 행정적 관행과 제도의 개선, 각종 행정규제의 완화, 지방분권화 등을 추진하였다. 하지만 민간정부로서 민주적 절차확립에 많은 기여를 하였으나, 보수적 지배구조와 일인지배 구조를 벗어나지 못하였으며, 정치과정과 정책이 법과 제도의 뒷받침보다는 대통령 개인의 성향과 목적과 의지에 따라 좌우되고, 개혁정책 또한 위임 민주주의적 권위주의 성향을 보임으로써 신자유주의적 문민독재라는 비판을 받았다.

김영삼 정부에서 가장 두드러진 정치적 상황 변화는 1995년 지방자치제의 전면적 실시로 1961년 지방자치제 중단 이후 34년 만에 부활하게 된 것이다. 1991년 지방선거가 실시된 지방의회 의원 외에 지방자치단체장 선거가 전면적으로 실시된 것이다. 이는 우리나라의 민주화를 지방차원으로까지 그 지평을 넓혀주는 계기가 되고, 지역발전을 위한 지역주민의 인식과 함께 정치적, 문화적 관심과 참여를 높여주는 토대를 마련했다고 할 것이다.

김영삼 정부의 개혁정책은 과감하게 추진되어 과거를 청산하는 데는 성과가 컸으나, 즉흥적이고 일관성이 결여된 데다가, 개혁의 지도력과 체계적이고 일관된 개혁철학과 의지의 부족, 개혁을 위한 제도화와 법제화의 미비, 그리고 대통령 개인주도의 독선, 독단에 의한 시행착오를 반복하여 국민적 신뢰를 떨어뜨림으로써[116)] 신권위주의라는 비판이 제기되기도 하였다. 이러한 점에서 김영삼 정부를 민주주의 제도화를 위한 준비기로서 이행기형 민주주의 체제로 규정짓기도 한다.[117)]

대외적으로는 김영삼 정부 5년은 신자유주의에 따른 세계 경제 질서의 재편 시기로서 UR에 이은 WTO 국제무역 체제에 의한 시장개방의 가속화로 수입자유화와 함께 지적 재산권과 서비스 분야의 개방 등이 확대되었다. 그러한 국제적 상황에 대응하여 1994년 '세계화 정책의 구상'을 밝히고, 문민정부의 정책 브랜드로 이를 부각시킴으로써 국가정책의 기조를 이루었다. 문화정책에도 세계화와 탈이념화의 영향으로 '우리 문화예술의 세계화'와 '문화산업의 육성'이 중요한 정책가치로 부각되었다.

다만, 김영삼 대통령의 세계화정책은 선진 자본주의 국가들로부터의 시장개방 압력에 대처하고, 경제활성화를 도모하기 위해 적극적인 개방을 추진하여 사회 각 부문에서 보다 열린 체제로의 구조개혁을 단행해야 한다는 취지에서 추진한 것인데, 국가경쟁력 강화를 목적으로 한 신자유주의적 논리가 개혁논리와 상반되고, 개혁의 부진을 만회하기 위한 정책적 돌파구로서 체계적인 논리와 정책적 의지가 결여된 정략적이고 즉흥적인 구상이었다는 점이 정책의 시행착오와 취약성을 드러냈다고 하겠다.[118)]

김영삼 정부의 말기 정치적 상황은 1997년 IMF 관리체제하의 경제 환란으로 금융위기를 초래하여 경제부문 뿐만 아니라 정치, 사회, 문화 모든 부문에 구조조정과 조직혁신의 대수술을 단행하게 됨으로써 많은 변화를 가져왔다.

116) 김영명, (2000), pp.316－317
117) 김호진, (1997), p.332
118) 김영명, (2000), p.315

김영삼 대통령은 경남 거제의 부유한 가정에서 외아들로 태어나 타 대통령과 달리 제대로 정상적인 교육을 받으며, 강한 우월감과 자기중심주의적 자아의식 속에서 성장했고, 중학교 때부터 대통령을 꿈꿔온 투지의 전문직업 정치인이었다. 고집이 세고 승부사기질이 강한 특유의 왕자병 콤플렉스와 신분우월적 콤플렉스를 갖고 자란 그는 일찍이 정치투사로서의 면모를 갖추고, 민주화 투쟁을 통해 오랫동안 지도자적 위상을 강화하며, 비정상적인 3당합당을 결행하면서까지 대권의 꿈을 이루어나갔다.

하지만, 김영삼 대통령은 정치적 기반인 민주화세력과 함께 3당 합당으로 인한 신군부세력과 수구세력과의 불합리한 정치적 연대로 진정한 정책연대 형성 실패와 정체성 혼란으로 개혁과 변화의 주창이 구호에 그치게 되었고, 민주의식과 소명의식은 강하나 국정운영의 철학과 안목이 빈약해 국정기조와 국가경영이 방향을 잃고서 국가정책실패는 물론, 경제환란의 위기로 국가부도의 상황에 이르렀다.

따라서, 김영삼 대통령은 독선, 독주, 독단으로 특징 지워진 인치형 국정스타일[119]로 개혁정책과 인사정책 등 국정운영에서 정책오류를 범하게 되었다. 이는 가신 중심의 사당정치를 오래해온 보스로서의 지위로 인한 체질화된 법치 이전의 인치 스타일 때문인 것으로 보인다.

또한 승부사적 기질이 강한 성격 때문에 정치감각에 능하나, 합리적 사고와 정책적 전문성을 필요로 하는 국가경영엔 약하고 논리적인 사유와 실질적인 검증보다는 직관에 의존하는 경향이 강해 실패할 가능성이 크다는 것이다. 이는 김영삼 대통령이 성격유형과 리더십 스타일에서 '외향적 감각형'[120] 으로 뛰어난 현실판단 능력과 적응력을 가진 철저한 현실주의자로서 임기응변적 대처능력이 좋으나, 감각에 의존하는 즉흥적 판단으로 일관성이 부족하고 충동적이고 독선적인 성향이 많다는 분석과도 일맥상통한 것이다.

리더십의 5단계 발전이론에 의하면, 김영삼 대통령은 '여성적 세계관, 외향적 감각형, 선동가형, 플러스형, 인간중심형'으로 분류할 수 있다. 정치적 감각이 발달하고 판단력, 통찰력, 돌파력, 순발력과 재치가 강점이나, 모험성, 저돌성,

119) 김호진, (2008), p.366
120) 김종석은 외향적 감정형으로 분류한다.

도발성, 공상성이 강하고 과감하고 즉흥적이어서 정책적 시행착오의 우려가 크고, 영웅주의나 히스테리에 빠질 수도 있다. 김영삼 정권의 정책 브랜드인 세계화정책의 구상 및 정책과정과 구호에 그친 정책 결과가 그러한 리더십 유형과 정책적 성향을 대변해 주고 있다. 그런 점에서 그의 리더십은 '공격적 승부사형'121), 소영웅적인 '과시형', '독선적 인치형'으로 규정되고 의사소통에선 '감성적 호소형' 화법122)을 가졌다고 하겠다.

김영삼 대통령의 정책 스타일은 공격적이고 과감한 돌파력과 단순하고 감각적인 결단력을 바탕으로 한 낙관적 현실주의형으로 위력적이고 효과적이나, 즉흥성에 의한 위험이나 부작용도 뒤따르게 된다. 특히 정치성향이 강한 대통령의 리더십 때문에 매사에 정치를 우선하는 정치중심주의 정책을 선호하고, 임기 중 가장 역점을 둔 부분도 정치분야였으며, 지배적인 이데올로기도 정치개혁으로 국정운영 전반에 구현되었다.

또한 정치적 이벤트 위주의 깜짝쇼와 보안제일주의, 그리고 맹목적 낙관주의 성향이 강하며, 사적 인간관계를 중시하고 정책운영방식에 있어서는 '비선화'를 선호한다. 비선화의 중심에는 아들인 김현철과 정무수석인 이원종이 있었고, 비공식 보고라인인 비선라인이 많은 정책기능을 수행하게 되었다. 청와대 내에서 문화, 체육, 종교 및 방송언론 정책이 사회복지 수석의 소관임에도 불구하고, 내향적 마이너스형인 정무수석이 정무적 이유로 그에 관여한 정책 운영행태가 이를 잘 말해 준다.

2. 수평적 정권교체와 정치환경의 변화

김대중 정부의 출범은 우리나라 정치사뿐 아니라 경제, 사회, 문화의 모든 분야에서 커다란 의미를 갖는다. 그것은 무엇보다도 우리나라 현대정치 사상 최초로 야당의 승리에 의한 진정한 수평적 정권교체가 이루어진 점, 정부수립 후 당

121) 김호진, (2008), p.345

122) 국가지도자의 화법이 그의 성장과정이나 리더십과 밀접한 상관관계가 있다고 보고, 역대 대통령의 화법을 분석하여 수사적 호소형(이승만), 행정적 교시형(박정희), 권위적 지시형(전두환), 위임적 호소형(노태우), 감성적 호소형(김영삼), 논리적 설득형(김대중), 열정적 선동형(노무현), 등으로 규정하였다. (최진, "국정지도자의 화법과 의사소통", 「목요국정포럼」, (2009))

시까지 지배적이었던 보수세력의 기반을 무너뜨리고 개혁세력이 집권하게 됐으며, 특히 시민사회 단체와 재야인사들의 정치참여가 활발하게 이루어진 점, 그리고 우리나라 정치문화의 고질적인 병폐로 자리잡은 지역주의 구도에 의한 정치지형이 파괴되었다는 점 등을 들 수 있다.

소위 'DJP 연합'을 통해 진보와 보수, 호남과 충청의 지역연합으로 지역감정의 벽을 넘고 호남고립화 구도를 극복하는 실용주의 전략으로 집권하게 되어 한국의 지역정치에 전환점을 이루게 된 것이다.

제15대 대통령 선거에서의 승리는 여러 요인들이 있으나, 무엇보다도 집권여당의 경선에서 패배한 이인제 후보의 탈당 및 무소속 출마 효과와 DJP 연합효과가 컸다고 할 것이다. 물론 김영삼 대통령의 독선적 정국운영과 아들을 포함한 비선적 밀실정치, 그리고 김영삼 정부의 경제 실정에도 힘입은 바 크다고 하겠다.

김대중 정부의 집권은 지역감정에 의한 정치적 원한의 해소를 통한 지역주의 극복과 보수, 진보 세력 간의 갈등해소를 통한 국민화합의 계기를 마련하고, 반체제, 비제도권, 정치적 취약계층 및 소외계층에 대한 제도권 진출 및 사회 참여의 발판을 제공해주는 계기가 된 것이다.

새 정부를 국민 중심의 자유 민주주의가 실현되는 '국민의 정부'로 규정하고, '민주주의와 시장경제 발전'의 병행 실천을 목표로 '국민적 화합정치, 민주적 경제발전, 자율적 시민사회, 포괄적 안보체제, 창의적 문화국가'를 5대 국정지표로 설정하였다. 오랫동안 민주화 투쟁을 거쳐 정치적 성장을 이루어온 김대중 대통령은 자유 민주주의와 시장경제를 통치이념으로 삼고, 민주와 자유, 인권과 화합을 중시하였다. 위기관리 능력을 가진 '준비된 대통령'으로서 지칭된 김대중 대통령은 IMF 체제하에서의 금융위기를 극복하고, 개혁과 구조조정에 박차를 가했다.

호남정권이라는 지역적 한계와 공동정권이라는 구조적 한계, 그리고 여소야대의 소수정부라는 정치적 한계 상황에서도 금융위기의 극복과 함께 정치경제적 개혁을 성공적으로 이끌고자 하였다. 하지만 장기간의 계보정치에 의한 개인적 연고주의와 권위주의적 권력구조, 당파적 이해관계에 의한 정쟁, 정치적 지역성, 그리고 정치경제적 구조성 등으로 국민들이 갈망하는 정치선진화 내지는 진보된 정치발전을 이루는 데에는 한계가 많았다.

김대중 정부는 수평적 정권교체라는 정치적 변혁에 맞추어 과거 수구세력과 보수지향적 기존 세력의 제도권 정치를 타파하기 위해 개혁정치를 표방하고, 그간 민주화운동의 대열에서 활동하면서 소외되어온 반체제인사들과 비제도권 및 시민단체 인사들과의 연대와 정부, 비정부 기관의 요직기용 등으로 정치사회적 권력이동을 추진하였다.

이에 따라 시민단체는 김대중 정부의 대중 민주주의 지향에 따라 주요 지지기반으로 급성장하게 되었고, 새로운 파트너십으로 기존의 권력기관을 대체하며, 사실상 정부를 지탱하는 버팀목 역할을 하는 권력기반으로 자리하게 되었다. 김성재 문화관광부 장관의 기용 등 시민운동가들을 정부요직에 중용하고, 시민사회비서실을 신설하여 시민단체 출신인사들을 다수 기용하였으며, 비서실 행정관에 시민단체 관계자들을 임명한 것들이 이를 단적으로 말해주고 있다.

1998년 건국 50주년을 맞아 '제2건국'을 천명하면서 출범한 '제2건국 범국민추진위원회'는 시, 군, 구 지회를 갖춘 전국적 네트워크 조직으로 각종 시민단체와 연계역할을 수행하였고, 각 분야에 제2건국을 위한 정책과제를 개발, 추진하였다.

김대중 정부의 대표적인 국정 브랜드이자 김대중 정부의 가장 두드러진 정책은 소위 '햇볕정책'으로 김대중 대통령이 가장 역점을 두고 추진한 것이다. 가장 많은 성과를 낳은 정책분야는 무엇보다도 남북관계이며, 평화적인 민족통일정책이라 하겠다. 햇볕정책은 남북화해와 협력을 바탕으로 상응하는 대가나 변화와 관계없이 지속적인 지원을 제공함으로써 긴장완화와 신뢰 구축을 도모하며, 각 분야 간 활발한 남북교류를 통해 불안한 냉전시대의 대립을 종식시키고 유연한 통일을 실현하고자 추진한 대북포용정책이다. 그 기본원칙은 민족공동체 사상이며, 이는 근본적으로 기존의 남북관계 패러다임을 크게 바꿔놓았다. 이로써 2000년 남북정상 간의 만남이 이루어지고 6.15 공동성명이 발표됨으로써 경제적 지원과 함께 특히 문화, 관광, 체육 분야의 교류가 본격적으로 활발하게 이루어졌다.

문화가 국가경쟁력의 원동력이라는 문화의 시대를 맞는 첫 정부로서의 사명적 의미와 책무를 갖고 문화부문에 많은 관심과 노력을 쏟았으며, 특히 문화월드컵으로서 2002월드컵을 통해 88올림픽과 같은 세계문화 축제로서의 화합과 교류의 장을 마련하고, 문화를 통한 우리나라의 위상제고와 함께 문화발전에 크게 기여하였다. 또한 IT 혁명으로 인터넷 강국의 기반을 구축하였다.

김대중 대통령은 전남 하의도에서 태어나 정치적 지역특수성으로 지역적 요인과 사회환경적 요인의 영향을 가장 크게 받았다. 정치적 성향이 강한 아버지의 영향을 받아 정치적 저항의식과 역사의식, 그리고 예술적 기질을 갖고 일찍이 정치에 입문하여 직업정치인의 삶을 시작하였으며, 지역주의와 색깔론의 메커니즘 속에서 수많은 정치적 고난과 역경을 이겨내며 민주화 투쟁의 정치적 항로를 헤쳐 왔다. 그는 호남 출신의 유력 정치지도자라는 입지 때문에 유달리 많은 위기와 콤플렉스(출생, 지역, 색깔 등)에 시달려야 했고, 그것들이 오히려 대권을 위한 정치적 동력으로 작용하였다.

김대중 대통령의 성격은 대체로 차분하고 조용하며 이성적이고 체계적이고 지적인 반면, 진보적이고 저항적 기질이 강한 편이다. 이상과 원칙을 중시하면서도 협상과 타협의 실용주의적 현실론자로서의 정치적 노선과 행태를 견지하고, 실사구시의 논리와 권위로 상대를 설득시키는 카리스마가 있어 준비된 대통령으로서 대지소심형의 완벽주의적 리더십을 발휘하였다. 이는 의사소통에 있어서의 '논리적 설득형' 화법과 맥을 같이 한다. 평소 독서를 즐기고 박식하며 경제는 물론, 문화예술에도 조예가 깊어 문화대통령으로 지칭되기도 하였다.

성격유형과 리더십 스타일은 '내향적 사고형'[123]으로 분석적이고 세심하며 체계적인 업무처리의 특징을 보인다. 따라서 이상적이고 개혁적인 정책 추진과 끈기있고 치밀한 조직적 정책수행 능력을 갖고 있는 반면, 독선적인 면이 있고 친화력이 부족하며, 일방적인 주의주장과 뚜렷한 흑백논리의 오류를 범할 수도 있다는 것이다.

또한 리더십의 5단계 발전이론에 의하면, 그는 남성적 세계관과 내향형에 마이너스형, 행정가형, 그리고 미래지향적인 과업지향형으로 현실보다는 주체적 사고와 신념과 철학을 중시하고, 서생기질과 사업가적 수완을 바탕으로 고도의 정치력과 후천적 카리스마를 지닌 개혁성향의 대통령으로서 '계몽적 설교형'의

123) 이는 대개 독재자나 이상주의자 또는 개혁주의자들에게서 많이 발견되며, 김대중 대통령을 고도의 정치감각을 가진 철인형 정치인으로 보아 내향적 감각형으로 분류하기도 한다(최진, (2008), p.94).

‘거래형 리더십’, ‘관용의 리더십’[124]을 지녔다고 할 것이다.

김대중 대통령은 비정치적 영역을 중시하여 정책우선주의를 견지하고, 청와대에 정책기획수석실을 두어 비서실을 정책기획[125]중심의 행정시스템으로 전환하고, 관료출신의 행정관과 시민단체 출신을 중용하여 균형배치 하는 등 ‘정책화’로 국정운영을 이끌어 갔다. 정책기획위원회도 대통령의 정책자문을 위한 싱크탱크였다.

김대중 정부의 대표적 정책 브랜드인 햇볕정책은 김대중 대통령의 투철한 역사의식과 민족주의적 주체의식을 내포한 것이며, 이는 보수진영의 노벨평화상 논란을 초래하기도 했지만, 한반도 평화와 정치적 안정은 물론, 남북 간 경제 및 문화예술 교류의 활성화 기반을 구축한 것으로 평가된다. 이러한 과정에서 외향적 플러스형인 박지원 장관의 예지적 순발력과 근면성실함을 바탕으로 한 이성적이면서도 냉철한 정책적 보좌와 역할이 정책실현에 큰 역할을 했음은 주지의 사실이다.

3. 정권재창출과 탈권위주의 정치문화

우리나라 정치사에서 전통야당으로 자리잡아 온 민주당의 정권재창출을 이룩한 노무현 정부의 탄생은 단적으로 386세대와 정보기술(IT)혁명의 쾌거였다. 특히 익명성과 자발성을 특징으로 한 ‘노사모’[126]의 힘에 의한 신선한 충격을 가져다준 소수의 위대한 승리였다. 노무현 대통령의 집권으로 중심과 주변 간에 권력이동이 일어나고 ‘386세대’라는 젊은 세대가 파워엘리트로 부상하게 되면서 한국의 정치사회의 중심축이 진보 쪽으로 더욱 기울게 되고, 그에 따라 보수세력의 입지는 더욱 좁아지게 되었다. 특히 2004년 4·15 총선에서 진보성향의 새로운 세대가 대거 당선되면서 신구세대의 정치적, 사회적 지분의 균형이 무너

---

124) 김호진, (2006), p.356

125) 이는 목적·변화지향성, 합리성, 집단성 등의 특징을 가진다. (노화준, 「정책학원론」 (박영사, 2000), p.120)

126) ‘노무현을 사랑하는 사람들의 모임’으로 인터넷을 주무기로 주로 사이버공간에서 활동하고, 필요할 경우에만 집단성을 보이며, 자발적으로 운영되는 일종의 정치적 여론몰이 집단을 말한다. 탄핵반대 촛불시위의 주도적 역할로 헌법재판소의 탄핵안 기각을 이끌어내는 데 영향을 미치기도 하였다.

지고 권력지형의 변동을 가져왔다.

국민의 적극적인 참여에 의한 민주주의 발전과 국민 주권을 의미하는 '참여정부'의 기치 아래 '국민과 함께하는 민주주의, 더불어 사는 균형발전 사회, 평화와 번영의 동북아 시대'를 3대 국정지표로 삼고 '원칙과 신뢰, 공정과 투명, 대화와 타협, 분권과 자율'을 국정원리로 설정하여 개혁정책을 추진하였다.

'자율, 참여, 분권'의 3대가치를 국정운영의 기본원리로 삼아 이를 각 분야의 정책에 반영하고, 국정운영기구 및 기관을 합의제 형태의 위원회로 개편하고 국정과제위원회를 바탕으로 국정을 논의하고, 특히 지방분권화를 위한 지역균형발전 정책을 강화하였으며, 문화정책에도 민간의 자율적 참여시스템 구축과 지역문화 활성화 및 문화민주주의를 확산시켜 나갔다.

하지만, 386세대를 중심으로 한 젊은 신진인사들이 대거 국정운영에 참여하고 의회에 진출하게 됨으로써 각계에서 진보와 보수 간의 이념대립[127]과 갈등이 노골화되었고, 이는 특히 문화예술계에서 더욱 심한 현상을 보였으며, 또한 그로 인한 코드인사의 논란이 끊이지 않았다. 또한 대결적 포퓰리즘의 전략으로 진보와 보수 간, 신구세대 간, 중앙과 지방 간, 강북과 강남 간, 친미와 반미 간, 메이저 신문과 인터넷 간 분열주의적 양극화 논리를 내세워 지속적으로 대립의 구도를 만들어갔다. 이는 결국 임기 내내 국론분열과 사회갈등을 심화시켰고, 정권심판론까지 대두하게 만든 원인이 되었다.

우리사회의 이념갈등은 김대중 정부의 출범과 더불어 재현되고 증폭되어 왔다고 볼 수 있다. 이는 3김의 퇴장과 노무현 정부의 등장 이후 노골화되어 고질적인 지역주의적 현상은 약화된 대신, 이념적 대립의 격화로 많은 정치적 분쟁을 양산했다. 따라서 우리의 정치상황에서 이념적 차이가 갖는 중요성은 노무현 정부 출범 이후 크게 높아진 것이라 하겠다.

정권의 출범 초기부터 기존의 관행과 형식을 타파하면서 새로운 정치문화와 행정문화를 조성하고, 소통과 대화로 개방된 토론문화를 확산시키며, 특히 정부의 홍보대책과 관련하여 관행화 되어왔던 기자실 운영과 기자출입 제도 및 가판

127) 우리나라에서의 보수와 진보에 대한 개념과 구분은 일률적으로 규정하기 어려운 점이 많으며, 정치세력 간 또는 언론에서 지칭하는 이념적 개념과 이분론적 구분에 대하여는 논란의 여지가 많아 별도의 충분하고 신중한 학문적 논의가 필요한 것으로 판단된다. 이라크파병이나 한미 FTA에 대한 입장이 그 좋은 예가 될 것이다.

제도를 혁파함으로써 언론통제 나아가 언론탄압이라는 논란과 함께 언론계의 항의를 촉발시켰다.

노무현 대통령은 언론에 대해 '특전과 유착, 반칙과 뒷거래에 가장 완강하게 저항하는 집단'이라 비판하면서 언론의 반역사성과 독점적 구조에 대한 비판강화, 왜곡, 편파보도에 대한 법적 대응, 청와대 브리핑과 국정 브리핑 등 정부 인터넷 홍보 매체의 적극적인 활용 등으로 거대 언론 및 언론자본에 대한 파괴적 혁신을 지속적으로 추진하였다. 이러한 공세에 맞서서, 메이저 언론의 정부 및 정책에 대한 자의적 비판보도는 지속되고, 적대적 관계는 언론관계법[128]에 대한 헌법소원으로까지 이어졌다.[129]

노무현 정부의 언론정책은 대표적인 정쟁대상으로 보수언론의 기존 아성과 기득권을 부정하고 파괴하기 위한 언론과의 전쟁이었다. 메이저 언론인 조선, 동아, 중앙일보와의 정쟁으로 국정운영에 혼란을 초래했다. 대통령의 개인적 성향과 언론의 정치이념적 행태 및 상업주의, 인기영합적 포퓰리즘과 승부사적 우월 콤플렉스가 만들어낸 결과로 보인다.

한편, 대통령 탄핵[130]이라는 초유의 혼미한 정치적 상황 속에서 치른 제17대 국회의원선거에서 탄핵정국을 바탕으로 386세대를 중심으로 한 소위 '노무현 사단'이 대거 국회에 진출하면서 여대야소의 정치적 지각변동을 가져왔다.

노무현 대통령은 경남 김해 태생으로 고졸 학력으로 사법고시에 합격하여 인권변호사로 활동하다 정계에 입문하여 민주화운동을 하였고, 민주화운동의 열정 속에서 거듭되는 굴곡의 정치생활을 겪으며 승부사적 기질과 뚝심의 의지로 집권을 이루어냈다. 가족수난사에 의한 빈곤심리와 약자보호 심리로 열등감, 소외감, 반항심을 갖게 되고, 이를 바탕으로 사회비판 의식이 형성되어 탈권위

128) 이는 1987년 「언론기본법」 폐지에 따른 대체입법으로 제정된 「정기간행물의 등록 등에 관한 법률」을 개칭한 「신문 등의 자유와 기능보장에 관한 법률」(2005년 개정)과 「언론 중재 및 피해구제 등에 관한 법률」(2005년 제정)을 말한다.

129) 정부와 언론과의 관계는 과거 정부에서 협조공생관계 내지는 비판견제관계를 견지하여 왔으나, 김대중 정부에서 긴장관계로 전환되었고, 노무현 정부에 와서는 긴장관계를 넘어선 적대적 관계를 형성하게 되었다. 언론관계법에서 가장 문제가 된 것도 신문방송의 겸영과 시장지배적 구조와 사업자 추정에 대한 규정으로 메이저 언론의 독과점적 현상에 대한 법률적 금지 및 제한조치에 관한 이견 충돌이었다.

130) 대통령의 집권여당 지지유도 발언에 대한 선거법 위반 논란으로 촉발된 탄핵안이 한나라당과 민주당의 주도에 의해 국회에서 가결됨으로써 탄핵은 제17대 총선거에서 최대 정치적 이슈로 부상하게 되었고, 보수와 진보의 찬반양론에 의한 새로운 양극적 경쟁구도 속에서 후보 지지에 큰 영향을 미쳤다.

주의 나아가 반권위주의적 행태와 함께 노무현 정부의 정치개혁 과정과 서민정책에 고루 반영되었다.

노무현 대통령은 진보적 역사의식과 혁신적 사고로 담론주의에 의한 새로운 토론문화를 만들고 국정토론회와 워크숍을 선호했다. 포스트 모더니즘적 성향으로 과거의 낡은 체제와 현재의 고정관념을 파괴하고, 기득권의 실재와 고정적인 틀을 거부하고 해체하며, 기존 패러다임에 저항해 미래지향적인 개혁정책을 단행함으로써 기존 국정현상의 해체와 정부 행정체계를 변혁시키는 등 정부혁신[131]과 함께 정책 시스템을 혁신하였다. 또한 탈규범성에 의한 탈관료주의, 정책의 투명성에 의한 정책결정 과정의 공개와 개방, 창조력에 의한 변화와 개혁을 지속적으로 추진하였다.

정책 시스템 개편과 관련하여 '위원회' 구조를 선호하여 국정과제위원회를 중심으로 대통령 자문위원회를 설치하고, 변화와 혁신을 위한 수평적이고 개방적인 담론을 통해 반권위적이고 반카리스마적으로 전반적인 국정을 운영해 나갔다. 이러한 국정운영방식은 다원화에 중점을 두어 정부의 문화정책과 조직과 운영 시스템에도 많은 영향을 끼쳤고, 노무현 정부의 초대 문화부장관인 내향적 마이너스형의 이창동 장관의 정책보좌 역할도 그만큼 크고 중요하였다.

노무현 대통령의 성격유형과 리더십은 리더십 5단계 발전이론에 의하면, 여성적 세계관과 외향적 직관형에 플러스형, 선동가형, 인간중심형으로 분류된다. 따라서 외부상황에 민감하게 반응하고 상황판단이 빨라 변화를 추구하고 미래지향적이고 개혁적이고 창조적이나, 현실무시의 비현실성과 저돌적이고 독선적인 논리로 실현가능한 정책추진과 마무리에 애로가 많은 편으로 해석된다.

한편으로 노무현 대통령은 외향형의 복합적 유형으로 원칙주의자이자 현실주의자이며, 논리적이고 설득력이 강하며 따지기를 좋아하고 진보적, 개혁적 성향으로 위기상황에서의 순발력과 현실판단 능력이 뛰어나나, 다소 충동적이고 독선적이며 갈등조장과 인사정책상의 혼선을 초래하기 쉽고, 정책의 일관성이 결여될 가능성이 우려된다고 분석된다.[132]

131) 송하중, 「새 정부혁신의 전략과 과제」(서울: 법문사, 2001)와 윤성식, 「정부혁신의 비전과 전략」(서울: 열린 책들, 2003) 등을 참고할 필요가 있다.

132) 노무현 대통령의 복합적 성향을 이유로 외향적 사고감각형으로 분류하기도 한다.

노무현 대통령의 정치 이상은 평등사회의 구현과 고질적인 지역주의 타파였다고 할 수 있다. 원칙주의자로서 권위와 격식을 버리고 개혁과 변화를 추구하는 '탈권위적 실험실습형'[133]의 '탈권위적 리더십'[134]과 토론을 중시하는 '토론형 리더십' 그리고 의사소통에 있어 '열정적 선동형'의 화법을 가졌다고 하겠다.

노무현 대통령의 정책 스타일은 과거의 낡은 가치와 제도 및 관행을 해체하고, 미래를 새롭게 창조하는 '가치창조적 파괴형'으로 시스템을 바꾸는 혁신을 중시하였다. 노무현 정부의 개혁성과 탈권위주의는 과거 정부와 다른 가장 큰 정치적 특성이라 할 것이다.

이상과 같이 앞에서 살펴본 정부별 정치적 특성을 비교하여 보면, 다음 <표 8>과 같다.

표 8) 정부별 정치적 특성 비교

구 분	노태우 정부	김영삼 정부	김대중 정부	노무현 정부
정치체제	형식적 의사민주주의, 과도기적 민주체제, 보통사람시대, 3당합당, 문화부	문민정부, 문민 민주주의, 군부 체제 청산, 보수연합, 지방자치제, 문화체육부	국민의정부, 대중민주주의, DJP연합, 여소야대, 시장경제, 문화관광부	참여정부, 참여민주주의, 진보적 개혁성향, 행정혁신, 자율, 참여, 분권, 문화관광부
대통령의 성장배경 및 과정	소농, 장남, 군인, 2인자철학, 남성적 세계관	부자, 독자, 정치인, 자기중심주의, 여성적 세계관	소농, 2남, 정치인, 저항의식, 남성적 세계관	빈농, 막내, 법조인, 반항의식, 여성적 세계관
대통령의 성격특징	내향적감정형, 물	외향적감각형, 돌	내향적사고형, 기	외향적직관형, 풍

133) 김호진, (2008), p.423
134) 최진, (2008), p.457

대통령의 리더십유형	마이너스, 행정가형, 과업지향형, 소극적 상황적응형, 방어적 온건형, 재량적 실험형, 현실안주형	플러스, 선동가형, 인간중심형, 공격적승부사형, 지시적위임형, 정치지향형, 감성적호소형	마이너스, 행정가형, 과업지향형, 계몽적 설교형, 정책지향형, 논리적 설득형	플러스, 선동가형, 인간중심형, 탈권위적 실험실습형, 개혁지향형, 열정적 선동형
대통령의 국정운영 스타일 및 주요정책	특보화, 민주화, 인내력, 북방정책, 동구권개방, 보수 절충인사, 박철언 특보	비선화, 정치중심 주의, 돌파력, 검찰, 개혁, 세계화정책, 신한국, 파격인사, 이원종 수석	정책화, 정책중심 주의, 기획력, 시민단체, 햇볕정책, 실용, 포용인사, 박지원 장관	다원화, 담론중심 주의, 운동권, 파괴력, 혁신, 개혁정책, 자주, 코드인사, 이창동 장관
정치적 상황 및 환경	6.29 선언, 민주화, 88올림픽 개최, 군부독재 종식, 사회주의권 붕괴	보수연합, 문민화, 세계화, 5공청산, 역사바로세우기, 지방자치제 실시	DJP연합, IMF체제, 수평적정권교체, 월드컵개최, 남북정상회담	정권 재창출, 탄핵정국, 386세대, 언론정쟁, 인터넷정치

* 출처: 이는 정치체제 및 대통령의 특성과 정치적 상황을 각 정부별로 종합하여 비교한 것으로, 역대 대통령의 성격과 리더십을 중심으로 한 정치적 특성을 추가 정리한 것임.

제4장

한국의 문화정책 전개

앞에서는 민주화 이후의 정치환경을 정치적 요인을 중심으로 살펴보았다. 여기에서는 먼저 우리나라의 문화정책이 어떻게 생성되고 개발되며 발전해 왔는지 그 변천과정을 개괄적으로 살펴보고자 한다. 또한 민주화 이후의 문화정책을 각 정부별로 문화행정 조직, 인사, 재정, 문화법제, 제도 등 문화행정 체계와 중장기계획 및 정책사업과 주요업무 계획 등을 중심으로 그 성과와 특성 위주로 고찰해 나가고자 한다.

우리나라는 정부수립 이후 현재까지 문화정책과 행정업무는 역대로 문교부(1948)와 공보부(1961)의 이원체제를 거쳐 문화공보부(1968), 문화부(1990) 그리고 문화체육부(1993)와 문화관광부(1998), 현재는 문화체육관광부(2008)에서 관장하고 있다. 우리나라의 문화정책은 그 환경의 변화에 따라 정책이념과 목표, 정책영역과 사업, 정책의 추진체계나 지원수단, 행정체계 등 정책전반에 걸쳐 많은 변화를 겪어왔다.

일반적으로 문화정책의 변천과정을 보면, 그 특징을 중심으로 로스토우(W.W. Rostow)의 발전단계론적 방식에 의한 명칭을 활용하여 이를 문화정책의 생성기(1948－'72), 체계화·제도화시기(1973－'80), 성장기(1981－'89), 그리고 발전기 또는 성숙기(1990－현재)로 구분하는가 하면,[135] 문화정책의 생성기(태동기, 혼란기)(1948－'60), 개발기(방황기)(1961－'72). 기반조성기(문예중흥 계획 태동기)(1973－'80), 도약기(문예중흥 정책 쇄신기)(1981－'89), 그리고 성숙기(발전기)(1990－현재) 또는 성숙기(1990－'98), 발전기(1998－현재)로 구분하기도 한다.[136]

또한 제1시기(1948－'72), 제2시기(1973－'80), 제3시기(1981－'89), 제4시기(1990－현재)로 나누기도 하고,[137] 10년 단위의 연대별로 구분하거나 역대 정부별로 구분하여 한국의 문화정책의 변천과정과 발전과정, 그리고 문화정책의 특성 등을 고찰하여 왔다.

본 연구에서는 역대 정부의 정치적 요인과 문화정책의 관계를 주요 연구대상으로 함에 따라 과거의 발전단계론적 구분방식에 따른 시기구분보다는 역대 정부의 정치환경과 문화정책의 변천과정상의 특성을 중심으로, 먼저 민주화 이전의 문화정책을 개괄적으로 살펴보고, 민주화 이후 민주정부의 문화정책을 각 정부별로 그 특성과 성과를 중심으로 고찰하고자 한다.

앞에서도 밝혔듯이, 이러한 정부별 시기적 구분방식은 원칙적으로 각 시기마다 정부에 따라 정치적 특성과 문화정책의 기조 및 이념과 특성이 각각 다르게 형성되고 변화하여 왔다는 점을 전제로 한 것으로, 이는 본 연구의 특성상 당연하고도 가장 적합한 방식이라고 할 것이다.

135) 임학순, 「창의적 문화사회와 문화정책」 (서울: 문화콘텐츠산업총서, 2003), pp.93－94
136) 오양렬, (1995), pp.33－34
137) 한국문화예술진흥원, 「한국의 문화정책」 (서울: 한국문화예술진흥원, 1992), pp.16－23

제1절 민주화 이전의 문화정책의 변천

한국의 문화정책은 정부수립 이후 1980년대까지도 문화정책이 국가주도로 국민의식계도 차원에서, 그리고 정권의 정당성 및 정통성을 위한 국가통치 수단으로 사용되어왔고, 국민들의 문화적 욕구나 수요와 상관없이 수동적이고 타율적으로 규범성 위주로 문화정책이 시행되어왔다. 정책이념 또한 주로 보편적, 추상적, 당위적 명목에 불과하여 일과성 내지는 무관성으로 이루어져 정책의 목표와 수단과 내용이 논리적으로 합일되지 못하고 정치논리나 경제논리에 입각하여 문화를 목적이 아닌 도구로 인식하여 왔다.

문화정책이 생성된 이래 그간 형성되어온 이 같은 정책적 흐름과 인식 속에서도 행정조직과 법제 및 문화예산의 확충 등 문화행정 체계의 정비와 중장기발전 계획의 수립 시행으로 국가정책의 한 분야로서 문화정책 개발을 위한 기반을 조성하고 문화정책을 활성화하는 등 문화정책 발전을 위한 행정적, 법적, 제도적 체제를 구축하기 위해 노력해 왔다.

따라서, 민주화 이전의 문화정책에 대하여는 문화정책의 생성과 규제위주의 행정(1948－'71), 정책기반조성과 추진체계의 정비(1972－'80), 문화정책 활성화와 발전체제의 구축(1981－'92)으로 구분하여 그 변천과정을 고찰하되, 전술한 바와 같이 이 범주에 민주화 이후의 과도기적 민주주의체제인 노태우 정부의 문화정책을 포함하여 살펴보고자 한다.

1. 문화정책의 생성과 규제위주의 행정(1948-'71)

이 시기는 기본적인 문화행정 업무와 행정체계를 갖추어 전통문화 유산과 전통예술 위주로 소극적으로 관리운영 되고 규제위주의 문화정책이 수립되기 시작한 태동기로서 대체로 이승만 정부의 집권기간인 제1공화국과 장면 정부의 제2공화국, 그리고 박정희 정부의 제3공화국이 이에 해당된다.

이승만 정부 때에는 문화에 대한 인식의 부족으로 문화정책이라 할 만한 사업내용이나 법적, 제도적 장치도 존재하지 않았고, 특히 반공주의와 자유 민주주의 이념하에서 모든 국가정책이 수행되었기 때문에 문화정책과 행정은 그러한 정치적 이념을 구현하기 위한 수단에 불과했다.

1948년 정부수립 당시 문화행정 업무는 미군정을 통해 내려온 문교부(1실 5국 22과)와 공보처(국무총리 소속, 1실 4국 24과)로 나뉘어져 공보처 소관인 영화검열과 출판관련 업무 외에는 대부분이 문교부 문화국의 예술과와 교도과에서 담당하고 있었는데, 이후 일제하의 기관이나 제도를 대대적으로 개선하면서 1950년 국립국악원과 국립극장이 설치된 것이다. 또한 1952년에서는 문화보호법을 제정하여 예술 대표기관인 예술원이 개원됨으로써 예술연구와 발전에 관한 주요사업 심의와 예술작품의 제작과 연구조성에 관한 정부자문 및 정부 건의 기능을 수행하였다.

1952년 헌법 개정에 따른 정부조직법 개정(1955년)에 의해 공보처가 공보실(대통령 직속, 3국 8과)로 축소 개편됨에 따라 공보처의 문화행정 업무가 모두 문교부로 이관되어 문화행정 업무 일원화가 이루어졌다. 또 문화재 관리 업무는 문교부 교도과에서 관장하면서 구체적인 정책설정을 못한 채 일제하 지정문화재 재지정, 동산문화재의 해외전시 등 소극적인 재산관리 사업만 시행되었다.

검열위주의 영화 업무는 국산영화 입장세 면세조치(1954)가 유일한 진흥책이었고, 1958년에 이르러서야 '국산영화 제작 장려 및 영화오락 문화를 위한 보상특혜 조치'와 1959년 소위 '외화수입 쿼터제'를 실시하게 된 것이다. 이 시기에 정부의 문화정책 업무는 정부소속 문화기관의 관리, 운영과 검열, 통제위주의 업무와 함께 문총(文總), 문협(文協) 등 관변단체 활동의 지원과 계몽작품 저술을 위한 창작비의 일부 지원업무 등에 불과했다.

이승만 정부가 당면한 가장 시급한 문제가 경제안정과 남북통일이었고, 국가통치이념 또한 자유 민주주의, 민족주의와 반공주의였기 때문에 문화예술이 이러한 통치이념을 구현하는 주요 요소로 고려되었다. 정책 또한 그런 바탕에서 수립된 관계로 문화예술에 대한 정부의 지원사업이 취약할 뿐 아니라 정책영역도 전통문화 유산과 전통예술에 한정되었고, 당연히 문화정책이 정부의 주요정책으로 자리 잡기는 힘든 실정이었다. 그래서 이 시기를 문화정책의 생성기 또는 혼란기, 심지어는 무위방임시기[138]라 지칭하기도 한다.

138) 문화공보부, 「문화공보 30년」 (서울: 문화공보부, 1979), p.221

하지만, 이 시기에 행하여진 문화 관련 발표와 선언 그리고 집행된 결과 등을 종합하여 보면, 다음과 같은 정책목표를 추구하였음을 알 수 있다. 그것은 유형 문화재의 보호와 보존, 민족문화의 재건, 문화기관 혁신을 통한 문화예술 기반 구조의 확립, 반공이념에 따른 좌파적 문화영향의 차단, 전통문화와 자유 민주주의 문화의 조화로운 접목시도, 공식 학교교육을 통한 문화발전 도모 등을 들 수 있다.[139)]

이 시기는 우리 현대예술사에 있어서도 예술에 대한 정치의 규정력이 가장 컸던 것으로 보고 있다.[140)] 이 당시 거의 모든 것이 정치로부터 강한 영향을 받았고 정치라는 강력한 변수에 의해 결정되었으며, 예술분야도 체제의 문제와 관련된 부문뿐만 아니라 예술가의 조직과 활동, 예술작품의 형상화와 효용, 예술 관련 제도 등이 모두 정치의 강한 영향을 받은 것이다.

정부수립 이후 그 간의 자발적인 예술인 조직들이 새로운 정치상황에 적응하는 새로운 조직으로 만들어졌고, 전시엔 전시체제의 예술조직이 복잡한 이합집산의 과정을 통해 남북한 예술계가 형성되었다. 또한 친일 예술활동에 대한 반성과 예술관련 제도의 재정비 등 예술에 있어서의 식민지 잔재 청산문제가 당시의 정치적 변화에 의한 문화예술의 변화를 주도한 정치적 맥락을 함께 한 것이라 할 것이다.

제2공화국은 4.19 혁명을 통해 이승만 독재체재를 종식시키고, 1960년 중반부터 1961년 중반까지 정치적 혼란 속에 정책다운 정책이 없이 단명으로 끝났기 때문에 특이점은 없다. 다만 집권 민주당의 정강에 '민족문화를 육성하며 문화교류를 촉진하여 세계문화의 병진에 공헌한다'고 선언하고, 중앙당에 문화부를 두었던 점으로 보아 문화에 대한 정책적 관심은 어느 정도 있었음을 알 수 있다.

1960년대인 박정희 정부의 제3공화국 기간에는 5.16 쿠데타에 의한 정권의 정통성에 관한 홍보와 정치적 통제가 필요했던 군사정권이 단행한 정부조직법 개정에 의해 공보부(1961, 4국 11과)가 발족됨에 따라 그간 문교부에서 관장해오던 동적 예술문화 부문(영화, 연극, 무용, 음악, 연예, 정기간행물 업무)이 공보부로 이관되어 문화행정이 다시 이원화되었다.

---

139) 구광모, 「문화정책과 예술진흥」 (서울: 중앙대학교 출판부, 1999), pp.150－152
140) 한국예술종합학교 한국예술연구소, 「한국현대예술사대계 I 」(서울: 시공아트, 1999), p.18

또 문교부는 문화재관리국(1961, 신설)에 문화재 보존업무를 이관하고, 1962년「문화재보호법」을 제정, 공표하여 문화재 관리의 행정적, 법률적 기반을 공고히 했으며 1964년 '문화재보수 5개년계획' 실시와 민속문화재 육성사업을 펼쳐나갔다. 1962년에는 공보부의 지도·감독하에 문교부와 공통후원으로 한국예술문화단체총연합회(예총)를 발족하고, 1966년에는 종합문화센터 건립사업의 일환으로 경복궁에 종합박물관(1972년 완공, 국립중앙박물관으로 개칭)을 기공하였다.

이같이 이원화된 문화행정 업무가 문화예술계의 강력한 요구와 행정개혁위원회의 건의로 1968년 문화공보부(1실 4국 13과)가 발족되어 재통합을 이루게 되고, 1990년 문화부가 신설될 때까지 우리나라의 명실상부한 중심적 문화정책기관으로서의 역할을 해왔다. 문화행정 업무가 문화공보부로 일원화되고, 국가문화행정 관련기관의 신설과 문화행정 전문화를 시도하면서 문화정책을 개발하기 시작한 것이다.

박정희 정부는 1966년 이후 추진되어 오던 전통문화 전승사업을 본격화하고 각종 문화행사와 계몽사업, 그리고 국제문화 교류 사업을 추진하였다. 그밖에 국악사양성소(1967), 현충사관리사무소(1968), 국립현대미술관(1969, 경복궁 내), 세종대왕 기념관(1970), 국립중앙극장(1973) 등이 신설되었다.

과거의 문화행정이 전문화되면서 이에 대응한 직제개편이 수차례 시행되어 담당부서 신설, 세분화, 담당관 및 전문직제도의 도입, 일반직의 별정직화 등이 다양하게 이루어졌으나, 일부는 시행착오에 의한 반복적 통폐합과 분할, 자의적 정원조정 등 부정적인 결과를 초래했다. 또한 1960년대 초기 공보부의 정원(1,200명)이 3공 말기인 1972년에는 1,930명으로 증가되어 전체 정원에 대한 정규직(별정직, 일반직) 비율은 73.9%에서 75.6%로 큰 변화가 없으나 정규직 중 별정직 인원이 4명(0.5%)에서 363명(24.9%)으로 대폭 늘어남으로써 전통국악 분야나 영화분야 등에 필요한 문화행정의 전문화 추세를 반영한 것이라 하겠다.[141)]

정부의 일반회계에서 문화공보 예산의 비율을 보면, 1961년 0.8%, 1962년 0.98%, 1969년 0.61%이고 문화공보 예산 중 문화예술 예산 비율은 1962년

141) 1972년 한때 정규직에서 별정직이 차지하는 비율이 상대적으로 높은 기관은 국립국악원(76.5%), 국립중앙극장(37.5%), 국립영화제작소(27.5%)등이다. (오양렬, (1995), p.39)

3.9%, 1967년 11%, 1972년엔 9.5%로 증가하고 문화재관리 예산은 1962년 15.5%에서 1972년 31%로 대폭 증가했다.

또 이 기간 중에 편성된 문화공보 예산의 경우 공보부 또는 문화공보부의 공보 부문(홍보, 방송관리)과 문화부문(문화예술, 문화재)의 일반회계 예산비율이 81.5%와 18.5%로, 특별회계를 포함시키더라도 각각 60%, 40%(문화예술 8.9%, 문화재 31.1%)로 문화부문 예산이 극히 적었다.[142] 더구나 문화예술 부문의 예산은 1960년대의 문화행정과 예산형태가 아직은 신생국으로서의 후진형이고, 정책적으로도 문화가 정치적 홍보의 수단으로서의 위상을 벗어나지 못하고 제대로 인정받지 못하는 사회적 인식과 공보행정 우위의 정책기조의 결과라 하겠다.

문화관광 법령의 제정은 주로 문화산업 분야의 규제를 위한 것으로 「공연법」, 「출판사 및 인쇄소의 등록에 관한 법률」(1961), 「영화법」(1966), 「음반에 관한 법률」(1967)을, 문화재보호의 규제를 목적으로는 「문화재보호법」(1962), 「불교재산관리법」(1962), 「향교재산법」(1962)과 정부시책 홍보를 위해 「지방문화사업조성법」(1965)을 제정, 공표하였다.

행정적으로는 대한민국체육상(1963)과 대한민국 문화예술상(1969)을 창설하고, 국립극장의 산하단체인 국립창극단, 국립무용단, 국민오페라단(1962)을 창단했으며, 국립현대미술관 창립과 아울러 출판금고(1969)를 설치하였다. 1966년엔 '한국예술문화윤리위원회' 설립으로 문화예술에 대한 사전심사를 시작했으며, 가사악보도 심의를 받아 음반을 제작하게 하고, 1970년부터는 영화대본에 대한 사전심사 제도를 실시했다. 1968년부터는 한글전용화 정책과 고전국역사업을 시작하고, 국민정신 재창조를 목적으로 국민교육헌장을 제정하였으며, 건전가요와 국민표준오락 등을 보급하는 등 문화에 대한 행정개입과 규제를 확대해 나갔다.

1968년엔 정권 핵심 부처로 문화공보부를 창설해 공보부와 문교부의 소관이었던 문화예술 부문과 공보부문을 일원화하여 더욱 강력한 정치적 통제와 행정규제를 확보하고, 예총과 지방문화원들에 대한 재정지원을 통해 문화예술 분야에 대한 정치적 동원과 정치적 활용기반을 더욱 공고히 구축하였다.

142) 오양렬, (1995), p.40

박정희 정부는 조국근대화와 경제발전을 지향하던 시기로 아직도 문화에 대한 인식이 미흡하고 문화정책도 민족사관 정립과 문화재중심의 전통문화 유산의 보존, 관리에 중점을 두었으며, 이 또한 철저히 정치지도자의 정치적 의지와 의도에 따라 정권홍보와 경제발전의 수단으로 활용되었다.

행정체계상의 변화로는 공보행정의 절대적 우위 속에 문교부와 공보부로 이원화되어 있던 문화행정 업무가 문화공보부의 발족(1968)에 의해 문화행정의 재통합이 이루어지고, 문화재관리국의 신설(1961)과 대표적인 문화예술 연합체인 한국예술문화단체총연합회(예총)가 발족(1962) 되었다.

박정희 정부의 정책목표는 이승만 정부의 경우와 크게 다르지 않으나, '민족문화와 민족예술의 진흥'을 대선공약으로 매번 내세울 만큼 민족문화 예술의 진흥과 법률적, 행정적 규제장치의 제도화와 정치적 통제를 더욱 강화한 것이라 할 수 있다. 박정희 정부는 반공주의와 함께 조국근대화와 민족주의 정립을 핵심적인 국가정책 이념으로 삼았기 때문에 문화정책은 정권 홍보나 경제발전을 위한 수단으로 사용되었고, 문화에 대한 관심과 인식은 미흡했다. 문화정책의 기본 이념은 민족사관의 정립, 민족주의의 중홍, 전통문화를 토대로 한 민족예술 창조로 이는 정책기조를 형성하는 이념적 가치이기도 하였다.

더욱 강력한 정치적 통제와 행정규제 확보를 위해 문화공보부를 창설(1968)하고 문화행정을 일원화함으로써 공보적 필요에 의해 문화예술을 활용할 수 있는 기반을 공고히 구축하였으며, 또한 「문화재보호법」(1962), 「문화예술진흥법」(1972) 등 문화예술행정의 기본적인 법체계 확립으로 문화정책 추진에 필요한 법제와 행정체계를 갖추었다. 다만, 행정절차법적 통제 위주의 법체계로 자유로운 문예활동에 대한 사전심의 등 정부의 규제가 강화되었다.[143)]

이 시기에 제정된 문화예술 관련 법률들은 전반적으로 예술진흥을 위한 것이라기보다는 사전심사, 심의 등 통제위주의 법체계 확립에 따라 창작활동에 대한 정부규제가 강화된 행정절차적이고 통제적인 규제법들이지만, 우리나라 문화행정의 기본적인 법률 체계가 확립되었다는 점에서 그 의의가 크다고 할 것이다. 이와 같이 1950년대에 비해서 1960년대는 문화예술 분야에 대한 입법과 행

---

143) 오양렬, (1995), pp.41－42

정체계 및 정치적 규제가 크게 강화된 것이다.

2. 정책기반 조성과 추진체계의 정비(1972-'80)

이 시기는 문화행정 체계와 문화예술의 모법인 문화예술진흥을 위한 법제를 갖추고, 최초의 종합적인 문화중장기 계획을 수립하여 시행하기 시작함으로써 정책기반을 구축한 시기로 유신헌법에 의해 박정희 정부의 장기집권이 본격화된 유신독재 체제의 제4공화국 기간에 해당된다.

1968년 발족된 문화공보부 체제가 계속되면서 1973년 문화예술 지원업무를 담당하는 한국문화예술진흥원이 문화예술진흥법에 의해 설립되고, 문예진흥정책 심의기관인 문화예술진흥위원회가 구성되었으며, KBS 공사화와 영화진흥공사의 발족 등 민간 문화단체로의 개편과 신설이 이루어졌다. 문화행정의 전문화 추세에 상응한 직제개편이 계속되어 1970년 도입되었다가 폐지된 담당관제의 활용, 전문부서의 신설, 전문기술인력의 증원, 일반직의 복수직화, 별정직화 등이 지속적으로 시행되었다.

종무기능과 국제교류 기능의 확대로 특징되는 1979년 4월의 직제개편 시 문화국내 종무과를 종무국으로 승격시키고, 문화국과 예술국을 문화예술국으로 통합, 축소하였으며, 문화를 통한 대외홍보 및 국제교류의 필요성이 커짐에 따라 국제교류국이 신설되었다. 하지만 그 해 11월 문화교류국의 폐지로 문화예술국이 재분리되고, 또 1년 뒤 통합되면서 매체국이 신설되는 등 통합분리 과정을 반복했다. 이는 문화행정의 환경변화에 따른 적시 대응이라는 긍정적인 면도 있으나, 잦은 개편으로 인한 조직운영의 안정성 저해와 정책 추진상의 비효율성 초래 등 부정적인 결과를 낳은 면도 부인할 수 없다.

또한 지속적인 기구확장에 따라 직원정원이 30% 이상 증가하고 특히 고용직의 대폭적인 증원이 이루어졌고, 1970년 정부조직법과 각 부처직제가 대폭 개정되면서 각 부처에 거의 예외 없이 채택된 담당관제가 문화공보부 본부 직제(9담당관)에도 시행되었다. 이는 조직의 융통성, 행정환경에 대한 적응성을 높이고 전문성과 창의성이 풍부한 인재를 활용하여 행정전문화와 정책의 질적 향상에 기여하고자 함이며, 장차관과 실·국장을 직접 보좌하기 위한 참모조직으로

계선조직을 선호하는 우리의 행정문화에서는 조직안정성과 효용성 차원에서 문제가 있었다고 하겠다.

유신정권에서는 정책이념이나 내용은 큰 변화가 없었으나, 문화정책의 기조는 자주적 민족문화 창달에 두고 전통문화 계발을 통한 민족주체성 확립에 중점을 두었다. 또한 문화정책의 모법인 「문화예술진흥법」이 처음으로 제정(1972) 시행되고, 국가차원에서의 종합적인 문화정책을 반영한 '제1차 문예중흥 5개년 계획'(1974–'78)이 문화분야 최초의 중장기계획으로 수립됨으로써 문화행정의 기본적인 법체계와 구체적인 정책이 확립되어 문예진흥을 위한 제도적인 기틀을 마련하게 된 것이다. 이를 문화정책의 추진체계를 정립한 기반조성기라 하겠다.

이어서 문화예술진흥법에 근거하여 문예진흥의 기틀이 된 각종 제도들이 전격적으로 실시되었는데, 무엇보다도 문화예술의 진흥을 위한 사업과 활동지원의 재원 마련을 위한 문화예술진흥기금의 설치와 동시에 모금이 시작되었고, 문예진흥 지원업무를 주임무로 하는 한국문화예술진흥원이 특수법인(1973)으로 출범하였다. 공연, 전시장, 극장과 고궁 등 사적지 입장료에 부가 모금된 문화예술진흥기금은 정부예산과 함께 문화예술 진흥을 위한 주요재원으로 자리매김을 했다.

제4공화국은 1972년 유신헌법으로 출범한 유신체제하에서 국가안보와 경제발전에 힘쓰고, 신장된 국력을 바탕으로 정신문화 영역에도 정책적 관심을 기울이기 시작했다. 유신독재 체제하에서의 정부의 문화정책은 '문예진흥 5개년 계획'으로 대표된다.

표 9) 제1차 문예중흥 5개년계획

정책기조	정책목표	정책사업
전통문화 계승과 이를 바탕으로 한 새로운 민족문화의 창조로 문화중흥 달성	올바른 민족사관 정립	문화유산 전승계발 사업
	새로운 민족예술 창조	민족예술 창작지원 사업
	국민의 문화수준 향상	예술의 생활화, 대중화 및 문예진흥 기반조성 사업
	문화한국의 국위선양	문화예술국제교류 사업

* 출처: 제1차 문예중흥 5개년계획 주요 골자를 발췌하여 재정리한 것임.

이는 1971년 대통령 취임사와 1972년 예산교서에서 언급되고, 1971년 문화공보부가 성안하여 1973년 공표되었는데, 제1차 문예중흥 5개년계획은 전통문화계승을 바탕으로 한 새로운 민족문화의 창조를 기조로 하여 올바른 민족사관 정립, 새로운 민족예술의 창조, 국민의 문화수준 향상과 문화한국의 국위선양을 목표로 정하였다.

이를 위해 문예진흥 기반조성 사업, 문화유산 전승, 계발사업, 예술창작 지원사업, 그리고 문화예술 교류사업 등에 정부예산(78.3%) 및 민간자본(21.7%)으로 재원을 투자하였고, 주로 문화재 관리(63.1%) 등 민족사관 정립을 위한 전통문화부문(70.2%)에 집중되었다.[144] 예술진흥투자(12.2%)는 문화행사비가 주를 이루었다.

이 당시의 문화정책은 민족문화 창달과 민족주체성 확립에 역점을 둔 것이다. 1978년에는 제2차 계획(1979–'83)이 수립되어 투자규모로 제1차보다 3배로 증액하여 야심찬 투자계획으로 문화전통의 계발과 정신적 기반조성을 통한 민족문화 창달을 위한 정책사업을 추진하려 했으나, 10.26 사태로 무산되고 말았다.

이 기간 중의 문화재정은 정부예산 외에도 문화예술진흥기금, 출판금고 등 과거에 비해 그 구조가 다원화되었다. 먼저 문화공보부 예산규모(1973–'80)를 보면, 일반회계의 경우 공보부문과 문화부문의 평균 예산 비율이 54.5% 대 45.5%(특별회계 포함시 53.6% 대 46.4%)로 문화부문의 비율이 제3공화국에 비해 그간의 경제발전과 문화적 수요, 욕구의 증대로 공보부문에 비해 거의 3배로 크게 증가(18.5%→53.6%)했음을 알 수 있다.[145] 이는 기본적으로 문화예술 예산의 절대액 증가와 1977년 이후 일반회계에 문화재관리 예산을 포함시킨 결과이지만, KBS의 공영화에 따른 출자와 국영방송 투입예산이 감소한 결과이기도 하다.

문예진흥법과 문예중흥 5개년계획에 따라 제정, 정비된 법령은 주로 문화산업에 대한 규제강화나 문예활동 수입과 기부금에 대한 소득세, 법인세의 감면 등 지원을 확대하는 것으로 「외국간행물수입배포에 관한 법률」 제정(1973), 「영화법」 개정(1973), 「공연법」 전면개정(1975), 「소득세법」과 「조세감면법」 개정 등이다. 그 이후 제5공화국 전까지는 주로 법률 제정보다는 환경변화에 따른 기

144) 임학순, (2003), p.100
145) 오양렬, (1995), pp.44–45

본 법률의 개정이 이루어졌다. 문화예술 공간 확충을 위해 1978년 세종문화회관과 문예진흥원산하 문예회관, 미술회관의 건립, 경주, 공주박물관 확장과 광주박물관 개관이 이루어졌다. 창작진흥을 위한 문화행사로 문화의 날(1973) 선정과 대한민국 문학상, 음악제, 연극제, 작곡상, 무용제 등(1976–'79)이 마련되었다.

이 시기는 우리나라 문화정책의 태동기, 문화예술 중흥 기반 조성기라 불릴 정도로 문화정책의 체제를 확립하고, 본격적으로 문화정책을 수립, 시행하는 분수령을 이룬 때였다.

조국근대화와 민족문화 중흥이라는 정책 기조 위에 올바른 민족사관 정립, 새로운 민족예술 창조, 국민문화 수준 향상, 문화한국의 국위선양이라는 정책목표를 설정하고, 「문화예술진흥법」 제정과 문예중흥 5개년계획의 수립을 통해 국가의 문화예술 진흥과 전통문화 계승 발전으로 새로운 민족문화를 창조하겠다는 정책의지를 확고히 했다.

정부의 문화예술 부문에 대한 지원이 종합적인 계획을 토대로 체계적으로 이루어진 시기는 사실상 제4공화국 유신정권부터였다. 이전과 달리 문화부문에 대한 실질적인 투자가 체계적으로 이루어지고 민족중흥이라는 구체적인 목표가 설정되었다. 하지만 그 과정에서 정부개입의 범위와 정도가 종전보다 훨씬 확대되고, 정치적 통제와 활용방법이 매우 구체화되었다. 그만큼 정치적으로 집권연장과 독재체제의 강화, 그리고 경제성장의 도구로서 문화를 인식해왔다는 사실이다.

1977년 대통령 연두 기자회견 시 국가시정 목표로 '자립경제, 자주국방, 사회개방, 정신문화 개발'을 내세울 만큼 정책기조를 자주적 민족문화의 창단에 두고, 주로 문화유산의 보조, 계승과 전통문화의 계발을 통한 민족주체성 확립에 정책의 초점을 두었다.

재정투자에 있어서는 정부예산은 물론, 문예진흥기금도 실질적으로 정치성 문화사업과 대국민 홍보용 문화사업, 그리고 대통령 특별 지시사업(예: 문화재 보수, 정화사업)등 정부의 필요에 의해 시행하는 사업 위주로 투자되는 결과로 문화의 자율적 신장에 의해서라기보다는 정부의 감독과 통제에 의해 정책사업이 이루어짐으로써 많은 성과에도 시행착오와 부작용과 함께 정부정책에 대한 불신을 초래하였다.

한편, 문화분야 예산이 대폭 증가되고 공보부문보다 문화부문 예산비율이 많게 된 것도 경제성장 속에 문화적 욕구와 수요가 증대된 가운데 문화에 대한 정부의 인식과 관심 또한 높아진 결과라고 할 것이다.

문화법제는 문화예술의 진흥, 조성보다는 행정절차법 위주의 규제와 통제에 치중하고 문화발전 5개년계획도 문화유산 보존관리에 중점을 두었다. 민족문화와 함께 국민정신문화의 개발·육성을 중시해 문화와 교육을 통한 국민동원과 집권연장의 의도를 갖고, 정치적 정통성 확보와 유신의 정당성 홍보를 위해 문화예술 정책에 관여하고 문화예술과 정신문화를 정치적으로 활용하였다.

3. 문화정책 활성화와 발전체제의 구축(1981-'92)

이 시기는 문화행정 체계의 확대는 물론, 대규모 문화시설과 문화기관이 설립되고, 문화발전을 위한 중장기계획이 활발하게 수립 시행되는 등 문화정책이 다각적으로 활성화되고 과거의 정책체계보다 한 차원 높게 발전한 면모를 보여준 도약기로서 제5공화국의 전두환 정부와 제6공화국의 노태우 정부가 이에 해당된다 하겠다.

1981년 전두환 정부가 출범할 당시 문화공보부는 문화예술국이 문화국과 예술국으로 분리되었다가 1982년 말 매체국이 신설되면서 문화예술국으로 재통합되고, 1987년 말 다시 재분리 되는 등 통합 분리의 과정을 반복하였다. 이는 당시의 경직된 정치적 분위기와 단견에 의한 시행착오의 결과라 할 것이다.

문화공보부의 정원의 변화는 그간의 업무량 증가와 전문화에 따른 정원의 증가, 그리고 전문직화 경향을 여실히 보여준다. 제4공화국 말기인 1979년과 비교하여 5공 말기인 1987년 당시의 정원은 1899명으로 37.2%의 증가율을 보여주고 있다. 이는 전문직화 경향을 반영하는 별정직의 증가와 복수직(일반직 또는 별정직)의 신설(100명), 그리고 문화재 관리국과 국립중앙박물관의 고용직 증가(291명 → 552명)에 따른 결과라 하겠다.

전두환 정부의 초기에 국가공무원법의 개정(1981)으로 공무원이 경력직과 특수경력직으로 구분되고, 계급이 1급~5급을류에서 1급~9급으로 변경되었다. 이 당시 주목할 일은 주요 직위에 대한 대폭적인 복수직화이다. 이는 업무의 특수성이나 1개 직위에 2개 이상의 이질적인 업무가 복합되어 있는 경우에 예외적으로 인정되는 제도로서 인사적체 해소와 조직운영의 융통성 등의 이점이 있으나, 자의적인 외부인사 영입으로 악용될 소지도 있어 주로 전문성을 필요로 하는 직위를 제한하고 있었다. 하지만 권위주의적인 정권하에서는 권력계층의 파행적인 인사수단으로 활용되는 폐단을 낳기도 해 경계해야 할 부분이다.

전두환 정부는 '전통문화의 계승과 민족문화 창달'에 대한 국가적 노력을 헌정사상 최초로 헌법(제8조)에 명시하여 강한 문화의지를 표명하였으며, 「문화예술진흥법」을 비롯한 「공연법」, 「영화법」, 「문화재 보호법」, 「한국방송광고공사법」, 「음반에 관한 법률」, 「저작권법」 등을 개정하였다. 또한 「박물관법」과 「전통건조물보호법」(1984) 및 「전통사찰보존법」, 「대한민국예술원법」(1988) 등을 제정하여 문화예술 활동에 대한 규제와 통제 기능을 완화하고 민족문화 유산을 체계적으로 보존하고 관리하도록 하였다.

문화재정은 1980년대에 들어서면서 정부예산 및 문예진흥기금과 공익자금 그리고 기업지원금에 이르기까지 문화재원이 대폭 확충되었고, 지방문예진흥기금도 적립되기 시작하였다. 정부예산은 문화분야 일반회계 예산의 비율이 1980년 0.23% 수준에서 1989년 0.35%로 지속 확대되어 왔고, 1980년대 전까지는 문화부문 예산 중 문화재 예산이 문화예술 예산보다 큰 규모였으나, 1981년부터는 문화예술 예산이 더 크게 나타났다.

문예진흥기금의 경우 1982년까지는 대부분 모금수입이었으나, 그 이후부터는 정부출연금, 공익자금, 올림픽 잉여금 등 외부 출연금이 주요재원으로 포함되었으며, 세출구조상 기금 지원을 시작한 1973년부터 1992년까지의 총 지출액을 보면, 기반조성사업에 가장 많이 지출된 진흥사업비가 차지하는 비중이 평균 54% 정도이고 37% 정도가 기금적립금으로 산입되어왔다.[146)]

이러한 문화부문 예산의 대폭적인 증가흐름은 주로 대규모 문화시설 건립에 대한 집중투자 지원에서 비롯되고, 문화수요와 향수에 대한 국민적 욕구가 크게 증가한 데 대한 정책적 대응의 결과로 보인다. 국민들로부터 정치적 신뢰와 지지를 얻기 위해 단기간에 달성한 대규모적이고 가시적인 성과를 중요시한 통치

---

146) 임학순, (2003), p.108

권자의 정치적 성향에 부응한 측면도 크다고 하겠다.

1981년 대통령 시정 연설에서 '올바른 민족문화의 기틀을 정립하기 위한' 새로운 문화정책이 언급되고서 '80년대 새문화정책'이 발표되어 문화적 주체성의 확립, 문화적 혜택의 복지적 분배, 창조적 문화역량 제고, 각종 문화시설의 사회교육 역할 제고라는 정책목표를 설정하여 추진코자 했으나, 끝내 정부계획으로 수용되지 못하고 그 일부가 1986년 수립된 '제6차 경제사회발전 5개년계획: 문화부문계획'(1987–'91)에 수용되었다.

표 10) 80년대 새문화정책

정책목표	정책기조	정책수단
민족주체성의 확립	문화적 주체성 확립	자주적이고 창조적인 민족문화 계발
문화적 복지의 구현	문화적 혜택의 복지적 분배 문화시설의 사회교육 역할 제고	문화적 혜택의 균형 분배
문화예술인의 예술성과 전문성 신장	창조적 문화역량의 제고 문화발전을 위한 지원체제 강화	창작활동 지원체제와 사회적 여건의 개선

* 출처: 한국문화정책개발원, 「문화정체성 확립을 위한 정책방안 연구」 2002, p.216

이 문화부문계획은 1985년 발표된 '문화발전 장기정책구상'(1986–2000)의 기조와 정책구상을 일부 수정 보완하여 수립된 것임을 참조할 필요가 있다.

'문화발전 장기정책구상'은 문화의식과 가치측면에서 본 당시의 상황을 진단하고 장기정책 과제로 2000년대의 국가번영을 주도할 구심력으로서 국민정신, 사상, 가치를 확고히 정립해야 한다고 보았다.

따라서 '2000년대 문화선진국 구현'을 정책목표로 하여 국민의식, 문화시설, 문화향수, 문화창조, 문화교류 등 5개 분야로 목표를 구체화하고, 문화의 주체화, 민주화, 선진화, 국제화를 정책기조로 내세워 민족문화의 주체성 확립과 문화창조 역량 제고 등을 통해 문화선진국으로 도약하고자 한 것이다.

표 11) 문화발전 장기정책 구상

<table>
<tr><th>정책목표</th><th>분야별 목표</th><th>정책기조</th></tr>
<tr><td rowspan="5">2000년대
문화선진국 구현</td><td>국민의식 측면: 확고한
역사관, 국가관, 민족관과
수준 높은 문화의식 향유</td><td>문화의 주체화</td></tr>
<tr><td>문화시설 측면: 전문화,
특성화된 지역문화시설을 통한
문화창조 및 보급활동 전개</td><td rowspan="2">문화의 민주화</td></tr>
<tr><td>문화향수 측면: 다양한
문화생활참여를 통한 자생적
문화창조 기반 구축</td></tr>
<tr><td>문화창조 측면: 문화창조
역량 제고로 문화선진국 대열 동참</td><td>문화의 선진화</td></tr>
<tr><td>문화교류 측면: 동북아
문화 중심지로 문화선진국
도약단계 진입</td><td>문화의 국제화</td></tr>
</table>

* 출처: 한국문화정책개발원(2002), p.218 〈표3-4〉를 참조하여 재구성한 것임.

또한 1983년에 발표된 '제5차 경제사회발전 5개년 수정계획'에서 문화시설의 확충과 지방문화의 육성 등을 통해 문화창달의 기반을 구축함으로써 국민의 문화향수 기회 확대는 물론, 민족문화의 주체성을 확립하고, 88서울올림픽 등 국제대회를 계기로 한국문화의 위상을 정립하고자 하였다.

표 12) 제5차 경제사회발전 5개년수정계획: 문화부문계획

정책목표	주요시책	정책과제
국민의 문화향수 기회 확대	문화창달의 기반구축	문화시설 확충, 지방문화 육성
민족문화의 주체성 확립	민족문화 예술의 창달	민족문화의 정통성 확보 전통문화 유산 보존, 개발 문화예술 창작 여건의 개선
세계 속의 한국문화 위상 정립	문화예술 국제교류 확대 문화매체 산업 육성	적극적인 해외 선양 (86아시안, 88올림픽 계기)

* 출처: 한국문화정책개발원(2002), p.218

이 계획에서 문화매체 산업 육성을 주요시책으로 제시한 것과 처음으로 문화부문이 포함됨으로써 문화정책이 국가사회 발전전략의 하나로 인정받게 되었다는 사실은 크게 특기할만한 점이다.

이상과 같은 계획들을 통해서 그 내용을 살펴보면, 전두환 정부의 문화정책의 특성을 알 수 있다. 그것은 '민족문화의 주체성'과 '문화시설의 확충'이 공통적으로 강조되고 있고, 문화매체 산업의 육성, 문화의 국제화, 문화의 국가발전동력화라는 정책기조와 주요시책이 문화산업의 적극적인 육성의 필요성과 문화의 세계화, 그리고 국가발전원동력으로서의 문화정책의 주도적인 역할을 강조하면서 향후의 정책방향을 시사해주고 있다는 점이다.

전두환 정부는 평등과 효용, 국민정서 충족과 가치적 계도라는 정책이념하에 문화를 국가발전 원동력으로 삼아 문화복지, 문화적 주체성 확립, 문화창조능력 활성화, 문화의 국제화 등의 정책기조를 중심으로 국가의 문화진흥 의무를 헌법에 규정하고, '새문화정책'(1981), '제5차 경제사회발전 5개년계획 수정계획'(1983), '문화발전장기정책구상(1986-2000)'(1985), '제6차 경제사회발전 5개년계획: 문화부문계획'(1986) 등 4개 중장기계획 수립 등으로 문화정책이 국가사회발전 전략의 일환으로 인식됨으로써 본격적으로 의욕적이고 적극적인 문화진흥 정책을 추진하였다.

'새문화정책'은 '문예중흥 5개년계획'과 대동소이하며, 문화주체성 확립, 문화복지적 분배, 창조역량 제고, 문화시설의 사회교육 역할 제고 등을 정책목표와 정책기조로 제시하고, 국민의 문화복지와 예술창작 활성화를 중요한 정책가치로 설정하였다.

'제5차 경제사회발전 5개년계획 수정계획'에서는 문화계획부문이 국가발전전략사업으로 국가정책 사업에 포함되어 국민복지와 국가적 위상제고 차원에서 추진하게 되었고, '문화발전 장기정책구상'에서는 2000년대의 문화선진국 구현을 목표로 문화정책의 분야별 정책과제를 통해 문화의 주체화, 민주화, 선진화, 국제화를 표방하였다.

또 '제6차 경제사회발전 5개년계획: 문화부문계획'에서는 문화정책이 경제사회 정책의 부수적 차원을 벗어나 국가발전 원동력으로서의 역할을 수행한다는 점을 강조하였다. 그리고 '지방문화중흥 5개년계획'(1984)을 수립하여 지역문화 활동에 대한 지원계획과 문화시설 확충을 위한 구체적 방안을 마련하였다. 지역문화 진흥정책은 주로 문화인프라[147] 구축에 역점을 두고, 지역주민의 문화복지와 문화민주화 차원에서 활발하게 추진되었다.[148]

전두환 정부의 문화정책상 특이한 점은 이례적으로 국가의 문화창달 의무를 헌법에 명시함으로써 문화의 법적 지위를 높이고, 대통령 재임기간 동안 문화에 관한 중장기계획을 네 차례나 발표한 점이다.[149]

전두환 정부는 국정지도 이념으로 '선진조국의 창조'를, 4대 국정지표의 하나로 '교육혁신과 문화 창달'을 제시함으로써 문화진흥의 의지와 함께 문화발전 체계구축을 위한 정책목표를 확고히 하였다.

전두환 정부의 문화정책은 문화정체성(正體性)의 확립, 문화향수권(享受權)[150]의 신장, 문화예술 창작의 활성화를 주요정책 목표로 설정하고, 정책의 대상을 문화예술 부문의 창조계층인 문화예술인에서 문화향수 계층인 국민 전체로, 중앙에서 지역문화로 확대시켜나갔다. 이 기간 동안 문화정책은 과거의 규제와 통제 위주에서 지원과 조장 위주로의 정책적 변화가 가시화되기 시작했다. 따라서 문화의 자율적 기능이 높아지고 다양한 형태와 내용의 예술활동이 일정 범위 내에서 보장되었다.

또한 4대 중장기계획을 통해서 국민의 문화복지와 예술창작 활성화 등을 중요한 정책가치로 추구하고, '지방문화중흥 5개년계획'으로 지역문화 예술에 대한 정책적 관심을 높이면서 문화예술을 국가발전 차원에서의 전략부문의 하나로서 적극적으로 인식하는 계기를 마련하게 되었다.

따라서, 전두환 정부의 문화정책의 특성으로 문화복지의 확대, 즉 국민문화향수권의 확대, 문화적 주체성 확립과 자율성 강조, 대폭적인 문화투자의 확대와 전국적인 대규모 문화기반 시설의 확충, 그리고 문화의 민주화와 지방문화

---

147) 문화인프라는 문화예술과 문화콘텐츠 등의 기획, 창작, 가공, 유통, 소비와 관련된 기반구조로 전문 인력, 기술, 정보, 문화시설과 기자재, 창작소재, 네트워크 등으로 다양하다.

148) 이는 각 지역에 종합문예회관과 지역별 문화예술 전문시설의 건립, 그리고 지방문화 행사에 대한 지원확대 등의 시설확충과 행사 위주로 행해졌다.

149) 헌법 제8조에 '국가는 전통문화의 계승발전과 민족문화의 창달에 노력하여야 한다'고 규정하였고 제5공화국에서는 제4공화국의 정책목표와 내용이 유사한 점이 많으나, 이를 더욱 강하게 표현하고 선언하는 특성을 보였다.

150) 이는 문화기본권 중의 하나로 문화예술을 통하여 그 아름다움이나 감동 등을 음미하고 즐기며, 그로부터 혜택을 받아 누리는 권리를 말하며 향유권이라고도 한다.

육성·진흥을 들 수 있다. 그에 따라 전국 규모의 문화예술 행사의 민간이관, 문화예술 기관장의 문화예술계 인사 등용, 국립현대미술관, 예술의 전당, 독립기념관, 국립국악당 등의 대규모 문화시설 건립 및 5대궁 개·보수, 시도 문화회관과 문화재 전수회관 확충, 지역문화 행사개발, 지원과 전국규모 행사의 지방개최 및 지방순회 공연 등이 활발하게 이루어졌다. 출판이 정부정책의 주요 대상으로 문화산업적 관점에서 인식되고 부각된 것도 이 시기부터이다.

또 문화정책의 중장기계획이 수차례 수립되고 추진되는 과정에서 정책의 중점이 '민족문화 창달'에서 '국민문화 복지'로 이동되고, 문화계획이 경제사회 발전계획에 포함됨으로써 경제적 동기와 논리가 중요시되었으며, 문화예술 부문의 예산 또한 경제규모와 정부예산 규모의 확대로 크게 늘어나게 되었다. 문화정책의 수립이 본격화되면서 문화부문의 예산이 대폭 증가(정부 예산대비 1981년 143억 원, 0.18%→1987년 474억 원, 0.3%)되었고, 증대된 문화향수에 대한 국민적 수요충족과 대규모 문화시설의 확충(국립현대미술관, 독립기념관, 예술의전당, 국립국악당, 종합문예회관 등)을 위해 집중 투자하였다.[151]

한편, 전두환 정부의 정당성 문제로 확산된 민주화운동과 함께 문화운동은 정치적 저항문화로서 기능하였으며, 문화예술계는 제도권과 비제도권으로 나뉘어 첨예하게 대립하고 마찰을 일으키기도 했다. 이로써 1990년대보다 더욱 심각한 문화적 분열이 이념적, 행동적 차원에서 확산되고 극도의 부정적인 저항문화로서의 민중문화가 싹트게 된 것이다. 이는 민족민중 예술계가 한국민족예술인총연합(민예총)[152]을 결성하게 된 배경이기도 하다.

이에 정부의 행정규제는 더욱 강화되었고, 언론 통·폐합과 함께 방송심의위원회, 공연윤리위원회 등을 통한 통제체제의 확대와 출판물 사전 검열, 문화예술 지원단체에 대한 규제 강화, 반정부적 각종 공연저지 등의 반문화적 행정규제도 병행되었다.

사실상 전두환 정부의 문화정책 기조를 계승한 제6공화국의 노태우 정부에

151) 구광모, (1999), pp.160－162

152) 민족민중예술계는 제5공화국때 민주화운동으로 다져진 역량을 바탕으로 1988년 단체를 결성하고, 1993년 문민정부에 들어와 사단법인으로 설립되었다. 민족문화예술의 발전, 예술운동의 대중화, 민족통일 등을 목적으로 하고 있으며, 문학부문의 민족작가회의 등 각 장르별 조직이 주로 진보성향의 인사들로 구성되어 있다.

들어와서는 대선공약 사항이자 문화예술계의 숙원사업인 문화분야 전담 독립 부처로서 '문화부'(1990.1)가 문화공보부 발족(1968.7)이래 22년 만에 탄생하게 되었다. 정부서열 7위로 격상된 문화부는 2실 4국 11담당관 18과 9소속기관, 정원 1,759명으로 출범하여 1993년 체육청소년부와 통합될 때까지 유지되었다.

문화부는 '문화주의'를 표방하고, 새 정부에 부응한 다양한 사업들을 전개하면서 어문정책과 도서관정책 업무를 교육부로부터 이관 받고, 새로이 생활문화 개념을 정립하여 이들을 중요한 문화정책 영역에 포함시켜 추진해나갔다.

문화부 발족 이후, 직원의 정원은 복수직(56.1%)과 일반직(34.8%)의 대폭증원, 기능직과 별정직의 소폭증원, 특정직(교육공무원)의 신설로 특징 되는데, 이는 공보처 정원(291명)만큼 감소하였으나, 3년 만에 기존의 문화기관(국립민속박물관, 궁중유물전시관 등)의 조직개편과 기관 신설(국립국어연구원, 민속국악원, 예술종합학교, 문화재 연구소 등) 및 국립중앙도서관 이관과 보강으로 대폭 증가(24.8%)되었고, 예산의 지속적 상승과 함께 장기문화발전계획이 수립되었다.

노태우 정부의 문화부문 예산은 절대액 기준으로 2.7배 증가하였고, 정부예산 대비 1988년 0.29%에서 1992년 0.43%로 0.14% 상승하였으며, 1981년 이후 역전되었던 문화재예산에 대한 문화예술 예산은 크게 증가되고, 문화부문 예산도 1980년대의 추세대로 점증적으로 증가해왔음을 보여준다.

표 13) 문화부 부문별 예산현황

(단위 : 억 원, %)

구분	정부세출예산	문화부예산	문화부문			공보부문
			소계	문화예술	문화재	
1988	182,492	755	533(0.29)	301	232	222
1989	192,287	883	668(0.35)	354	314	215
1990	274,568	874	874(0.32)	510	364	-
1991	313,828	1,218	1,218(0.39)	806	412	-
1992	335,028	1,437	1,437(0.43)	930	507	-

* 출처: 1988-'93 경제기획원의 예산개요 참조

이 기간 중 문화예술진흥기금 또한 1983년 이후부터 모금수입 외에 정부 출연금, 공익자금, 올림픽 잉여금 등의 외부출연금의 재원화로 기금적립금이 비약적으로 증가하여 5년간 약 2,354억 원의 기금이 조성되었다.[153)]

1973년 문화예술에 대한 지원을 시작한 문화예술진흥기금[154)]은 지원영역이 지속적으로 확대되어 왔으며, 1970대에 주로 전통문화와 한국학 등 민족문화와 주체성 확립사업에 중점을 둔 반면, 1980년대에는 문화예술 창작 진흥, 지역문화 예술시설 확충, 국민의 문화향수기회 확대, 국제문화 교육 사업 등으로 확대되고, 90년대에 들어서는 생활문화와 문화복지 등의 사업으로 확대되고 지원대상도 문화예술인 및 단체 위주에서 일반국민으로 확대되기 시작하였다.[155)]

이는 88서울올림픽 개최에 따른 문화예술 행사의 활성화 및 문화시설 확충과 국제문화 교류 사업의 확대가 차지하는 비율이 높아진 데 기인한다. 88서울올림픽은 '문화올림픽'으로서 각종 예술행사가 대규모로 개최되었는데, 총 41건의 한국전통축제가 83개 프로그램, 국제문화 예술 축제가 91개 프로그램, 그리고 시민문화 축제가 21개 프로그램으로 구성되었다.

한국개발연구원이 수행한 '88서울올림픽이 우리나라 외교, 안보, 사회, 문화, 경제, 정치, 행정 등에 미친 영향과 성과에 대한 연구' 결과[156)]를 보면, 올림픽 개최가 우리 문화의 세계 홍보와 외국 문화예술 교류, 문화예술 정책 방향과 정책의 다양화 및 고급화, 그리고 민주적 문화에 미친 영향은 지대한 것으로 나타났다.

노태우 정부의 법제를 보면, 1988년「대한민국예술원법」을 문화예술계 원로들에 대한 예우와 보호를 위해 제정하고 1991년 기존「도서관법」을「도서관진흥법」으로,「음반에 관한 법률」을「음반 및 비디오에 관한 법률」로 새로이 제정하였다. 또 기존의「박물관법」(1984)은 1991년「박물관 및 미술관 진흥법」의 제정으로 폐지되고, 1992년에는「한국예술종합학교 설치령」이 제정되었다. 한

---

153) 당초 1989－'92년까지 4개년 계획으로 문예진흥기금의 적립목표액을 3천억 원으로 하고, 1989년에는 처음으로 국고보조금 200억 원을 정부가 출연하였다.

154) 문화예술진흥기금은 1973년부터 극장, 공연장, 고궁, 능, 박물관, 사적지, 미술관 등의 입장료 및 관람료에 일정비율의 부가금을 모금하고 국고출연 및 방송발전기금인 공익자금 등의 지원으로 조성하여 왔다.

155) 임학순, (2003), p.114

156) 김종기 외,「서울올림픽의 의의와 성과」(서울: 한국개발연구원, 1989) 참조

편, 1982년 「문화예술진흥법」에 권장사항으로 도입된 건축물미술장식제도가 건축법령에 신설 규정되며 지방자치단체의 조례로 미술장식품을 설치하게 할 수 있게 함으로써 전국적으로 적용을 확산시켰다. 도서상품권제도(1991)도 이때 시작되었다.

노태우 정부의 문화정책은 기본적으로 전두환 정부의 중장기문화계획을 승계하여 집행하면서 민주화와 북방정책과 88서울올림픽 개최를 바탕으로 '문화발전'을 도모하였다. 노태우 대통령은 새 공화국의 가장 중요한 과업 중의 하나가 '경제발전에 병행하는 문화발전'이라고 선언하였다. 이념지향적 차원에서 보면, '문화발전'은 창조적인 삶의 질 향상, 우리 문화의 세계화, 민족주체적 문화창달을 전제로 한 창의적 문화계발 등을 의미한다고 하겠다.[157)]

그간 정권의 정통성과 정당성, 정권 홍보, 정치적 정변의 합리화 등을 위해서, 그리고 조국근대화를 위한 경제개발과 경제성장을 위한 개발독재의 정당성을 위해 사용해왔던 정치적 논리와 경제논리로 말미암아 도구화되었던 문화의 위상이 민주주의 체제를 맞이하면서 문화본연의 가치와 의미의 문화적 논리를 회복하게 된 것이다.

물론, 형식적 민주주의에 의한 정권의 절차적 정당성은 확보되었다고는 하지만, 군부의 권위주의적 지배체제와 군사문화가 잔존하는 과도기적인 정치체제인지라 정권의 태생적 한계를 완전히 벗어날 수 없어 전 정부의 정책을 많은 부분 승계하게 되고, 문화정책도 예외는 아니어서 문화중장기계획과 정책사업의 기본방향과 정책기조가 유사함은 부인할 수 없다. 즉, 군부의 권위주의 체제와 군사문화의 지배권력의 잔존, 그리고 제5공화국의 정치적 적자로서의 출신성분에 의한 정치체제적 한계상황으로 인하여 기본적으로는 노태우 정부의 문화정책도 삶의 질 향상이나 민족문화 창달 등 전두환 정부의 정책이념 및 기본방향을 승계하게 되어 유사점을 지닐 수밖에 없었다.

다만, '문화발전'이라는 이념적 지향과 '민족문화의 동질성 회복' 및 '자율성과 다양성'을 강조한 점은 기존 정책과의 차별성을 보여준 사례라 할 수 있다. 이에 노태우 정부는 문화정책 특성과 우선순위 등에 있어 차별성을 부각시키고자

---

157) 정갑영, "우리 문화정책의 이념에 관한 연구", 「문화예술논총」 제5집 (1993), p.99

하였다. 그것이 바로 문화향수권 신장을 위한 생활문화 진흥과 문화적 동질성 회복을 위한 통일문화 기반조성 및 북방정책에 의한 국제문화 교류의 다변화로 표출되었다고 할 수 있겠다.

노태우 정부의 문화정책의 이념은 문화의 민주화로서 '문화발전 10개년계획'(1990－'99)을 통해 모든 국민에게 문화를'로 정책모토를 설정하고, 새로운 문화전략으로 '문화 민주주의'를 표방하면서 관리, 통제, 규제보다는 참여, 진흥, 조장에 초점을 두었다.

노태우 정부가 출범하기 전인 1987년에 민주화운동의 결과로 6·29 선언이 발표되면서 민주화의 흐름이 정치적 상황을 주도하게 되었고, 이는 문화정책에도 지대한 영향을 미쳤다. 문화복지와 생활문화 정책으로 연계되는 문화향수권과 참여권 신장을 의미하는 문화민주화와 문화 민주주의는 문화정책적 관점에서 볼 때, 계층 간, 세대 간, 지역 간의 문화격차와 불균형을 해소하고, 인간다운 삶을 누릴 수 있는 문화 환경과 문화기본권을 확보해야하는 점에 집중된다고 하겠다.

이와 같은 정책사업의 일환으로 실시한 다양한 문화접근 전략과 구체적인 프로그램 개발사업은 문화소외 지역을 직접 찾아가는 이동문화 사업, 문화가족운동 등과 도시 일각에 문화시설을 곁들이는 쌈지마당과 문화의 거리 조성, 그리고 생활 속에 다양한 예술활동 공간인 문화사랑방 운동, 문화정책에 대한 다양한 국민의 의견을 수렴하는 까치소리 전화 등을 들 수 있다.

한편, 제5공화국을 통해 심화되어온 순수문화와 참여문화, 제도권과 비제도권 문화, 민족과 민중문화, 보수와 진보 간의 갈등과 대립이 진보적 예술운동의 인적 토대가 구축되고, 예술관의 다양화와 전국화로 확산됨으로써 예술단체의 조직력이 구비되어 이질성이 강화되고, 문화예술의 향유층과 유통에 획기적인 변화를 초래하게 되었다.

이 시기에 문화예술의 정치도구화, 문화예술계의 관변단체화, 군사정권의 정당성 부정 등으로 반독재와 반체제 활동을 전개해온 민족민중 예술계의 연합조직인 민족문화예술총연합이 결성된 것이다. 이는 참여정부를 거쳐 오늘날까지도 문화계의 보수와 진보세력 간 이념적인 문화권력 다툼의 양상을 견지해오고 있다.

정부조직 개편을 통해 문화계의 숙원사업이자 대선공약 사항이기도 했던 문화전담기관으로서의 '문화부'의 발족은 과거 군부독재 체제하에서 정권홍보 내지는 정권의 정당성 강화를 위해 공보기능에 역점을 두어온 문화공보부를 해체하여 정부부처의 지위가 격상된 독립부처의 시대를 개막한 것으로, '문화주의'를 표방하고 문화와 문화정책의 위상을 국가발전 동력으로 이끌어가고자 한 정치체제적 의지와 정책적 노력의 당연한 귀결이라 하겠으며, 생활문화국을 신설한 것도 국민의 일상생활에 문화적 감성을 고취시켜주려는 문화의 생활화에 대한 정책적 의지의 발로라 할 것이다.

문화부의 발족으로 국가의 제반 사회경제 발전 자체를 문화적 차원에서 재조명하고 접근해가는 방식으로 거시적, 총체적 차원에서 미래의 문화정책을 구상하고 구체화시켜 나간다는 점에 의미를 갖고, 문화를 국가발전 전략의 중추적 기능 일환으로 격상시켜야 함을 강조하기 시작하였다. 따라서 이는 대선공약 사항인 '문화발전 10개년계획'과 함께 새로운 체제하에서 국민적 지지와 여론성향에 부합되는 문화정책의 적극적인 추진을 위해 필요한 행정체계의 확립을 위한 획기적인 행정조치의 일환이었던 것이다.

전두환 정부의 권위적 정치체제와는 달리 형식적 민주주의에 의한 정치체제로 전환되기는 하였으나, 과도기적 상황 속에서 전반적으로 전두환 정권의 많은 부분을 승계하게 되었고, 이에 노태우정권은 부분적으로나마 전 정권과의 차별화를 시도하게 되었다. 특히 1986년 발표된 '제6차 경제사회발전 5개년계획: 문화부문계획'(1987－'91)의 정책기조와 정책목표를 이어받아 성실하게 집행하면서 시대정신이자 정치이념인 '민주화'에 부응한 문화정책을 추진하였다.

이 계획은 주로 '문화적 주체성 확립'과 '전통문화 발전' 외에도 '문화예술 창작진흥'과 '문화복지'(문화 민주주의)를 중요한 정책기조로 추진하였는데, 특히 예술창작 활동 활성화와 국민의 문화적 삶을 실현하기 위한 기반 조성에 중점을 두었다는 점에서 과거 문화정책의 이념과는 다르다고 할 것이다. 또한 '문화의 국가발전 동력화'는 문화에 대한 국가정책의 새로운 발전전략으로서의 중요성을 인식한 결과라고 하겠다.

표 14) 제6차 경제사회발전 5개년계획: 문화부문계획

정책목표	정책이념	정책기조
선진문화한국의 구현	민족 전통사상에 입각한 국민정신과 가치체계 구축	문화적 주체성 확립
		문화복지(문화 민주주의) 구현
		문화창조 능력의 활성화
		문화의 국제화
		문화의 국가발전 동력화

* 출처: 한국문화정책개발원 (2002), p.219

노태우 정부의 문화정책은 생활문화와 통일문화 진흥으로 대변되기도 하는데, 특히 문화복지 구현을 위한 생활문화에 대한 정책적 의지가 강했다. 전두환 정부가 전국적인 대규모 문화시설 확충과 지방문화 육성을 통한 문화향수의 기반조성에 중점을 둔 반면, 노태우 정부는 이를 기반으로 국민들이 문화에 접근할 수 있는 전략 프로그램을 개발하여 문화의 생활화와 생활의 문화화에 초점을 맞추었다고 하겠다.

통일문화 정책은 북방 정책의 일환으로 민족통일을 위한 문화동질성 회복을 기본방향으로 설정하고, 통일문화 기반조성 사업과 함께 민간주도의 남북문화 교류 사업도 적극 추진하였다. 특히, 북방정책은 노태우 정부의 대표적인 국가정책으로서 동구권 국가들과의 수교와 아울러 문화교류 협력의 길을 튼 북방문화 정책의 정치적 길잡이가 되었으며, 국제문화 교류 확대와 함께 대북정책에도 큰 영향을 미침으로써 통일문화 정책의 기초가 되었다.

북방문화 정책은 그야말로 노태우 대통령의 성격과 리더십의 특성을 여실히 드러내주는 동시에, 정치적인 시대상황의 결정요인이 미치는 정책적 결과를 잘 나타내는 전형적인 사례라 할 것이다. 이는 우리문화 정체성에 근본적인 변화를 가져오는 계기가 되었으며, 순수예술계와 민중예술계 간의 갈등과 대립관계를 화해와 상생의 관계로 모색하는 전환점이 되었다.

노태우 정부의 문화정책상의 특성이 주로 문화향수권과 참여권 신장을 위한 문화접근전략 프로그램 개발, 문화적 동질성 회복을 위한 통일문화 기반조성,

문화창조력 신장을 위한 창작환경과 제도 개선, 국제문화 교류의 양적 확대 및 다변화, 그리고 안정적인 문화재정 확충 등으로 나타나는 것도 민주화에 따른 문화 민주주의 구현과 북방정책에 따른 문화국제화 등의 결과라 할 것이다.[158)]

1986년 발표된 '제6차 경제사회발전 5개년계획: 문화부문계획'(1987－'91)에서 강조한 문화정책의 국가발전 원동력으로서의 역할과 주요정책기조는 1990년 문화부의 발족과 '문화발전 10개년계획'(1990－'99)으로 이어졌다.

이는 복지문화, 화합문화, 민족문화, 개방문화, 통일문화의 5가지 틀을 문화정책의 기본방향으로 설정하고, 국민의 문화향수 확대, 문화매개 기능의 확충, 문화창조력 제고, 국제문화 교류의 증진, 남북한 문화협력 등을 정책과제로 제시하였다.

표 15) 문화발전 10개년계획

<table>
<tr><th>기본방향</th><th>정책과제</th><th>추진전략</th></tr>
<tr><td>문화복지 국가 실현을 위한
5대 문화의 틀 구축</td><td></td><td>최소의 힘으로 최대의 움직임을
낳는 '파문효과'</td></tr>
<tr><td>마음의 풍요를 지향하는
복지문화의 틀</td><td>국민문화 향수 확대
문화 매개기능 확충</td><td>문화환경 조성을 통한 문화창조와
수용 여건을 개선하는 '지역효과'</td></tr>
<tr><td>갈등구조를 푸는
화합문화의 틀</td><td>문화창조력 제고</td><td>문화의 자율성을 돕는
'바람개비 효과'</td></tr>
<tr><td>환태평양 시대를 주도하는
민족문화의 틀</td><td rowspan="2">국제문화 교류 증진</td><td>문화활동의 무대, 시장, 기술을
제공하는 '통발효과'</td></tr>
<tr><td>후기 산업시대에 적응하는
개방문화의 틀</td><td>부정적 요인을 긍정문화로
발전시키는 '인화효과'</td></tr>
<tr><td>남북한 협력시대를 준비하는
통일문화의 틀</td><td>남북한 문화협력</td><td>다목적, 다기능의 복합사업
추진으로 '메아리효과'</td></tr>
</table>

* 출처: 한국문화정책개발원(2002), p.223 〈표3-6〉을 원용한 것임.

이후 우리나라 문화발전 종합계획의 기본틀을 제공하게 된 이 계획은 기본적으로는 '삶의 질 향상', '민족문화 창달'과 같은 '새문화정책'(1981)의 커다란 흐

158) 오양렬, (1995), pp.61－63

름과 정책기조가 계승되고 유사성을 지니고 있다. 하지만 '새문화정책'이 강조한 문화의 창조적 측면보다는 문화시설 확충과 대중문화 지원확대를 통한 문화의 향수적 측면을 강조한 점, 문화발전의 차원에서 민족문화의 동질성 회복을 강조하여 민족문화 개념에 변화를 가져온 점, 그리고 자율성과 다양성을 강조한 것 등이 기존 정책과의 차별성을 갖는다고 하겠다.

따라서, 과거의 예술창작 지원중심 정책에서 창조력 상승을 가져오는 방향으로 간접지원 방식을 도입하여 창작풍토 조성을 위한 환경과 제도개선을 중시한 것으로 평가된다.

과거의 계획들이 간과했던 문화매개 기능의 확충을 정책과제로 설정한 것도 새로운 특징인데, 이는 대중매체를 문화생산과 문화소비를 연계하는 고리로 이해하고, 문화산업이 문화의 생산과 소비를 연계하는 기능을 수행한다는 차원에서 설정되었으며, 그 정책적 논의 역시 문화산업의 경제적 가치보다는 문화민주화 차원에서 이루어지기 시작하였음을 의미한 것이라고 할 것이다.[159)]

문화부 창설약속과 함께 대선공약 사항으로 정부기관, 단체, 문화계, 학계, 언론계 등 광범위한 의견수렴을 거쳐 수립된 '문화발전 10개년계획'(1990－'99)은 국민의 문화향수권과 참여권을 신장하고, 삶의 질을 추구하는 문화복지의 실현에 중점을 두고 이를 국가발전 전략과 연계시켜 추진되었으며, 단기적으로는 이벤트성이 강한 문화운동[160)]을 전개하였다.

이는 과거의 문화정책이 전통적 영역인 예술인 위주의 문화예술 진흥과 창조역량제고를 위한 기반조성과 확산에 치중한 반면, 이후엔 문화향수권 확대에 중점을 두어 국민을 대상으로 하는 수용자 위주의 정책으로 방향이 전환되었다는 것을 의미하며, 특히 과거의 중장기 계획에서 간과되었던 창조, 수용과 함께 문화활동의 3대 기능적 범주의 하나인 문화매개 기능의 확충이라는 정책과제의 설정이 과거와 다른 또 하나의 특징이라 하겠다.[161)]

---

159) 임학순, (2003), p.150

160) 움직이는 미술관, 국립극장, 도서관, 박물관, 찾아가는 국립국악원, 영화, 문화가족운동, 이달의 문화인물 선정, 예술의 해 지정, 쌈지마당 조성, 문화사랑방 운동, 까치소리 전화 등으로 이는 창작진흥보다 문화향수권 확대에 중점을 둔 문화행사적 성격이 강하며, 당시 문화부 초대 장관인 이어령 장관의 영향이 컸다고 할 것이다.

161) 오양렬, (1995), p.60

또한 이 계획을 바탕으로 수립한 '제7차 경제사회발전 5개년계획: 문화부문 계획'(1992－'96)[162]은 문화적 틀과 정책과제에 있어 '문화발전 10개년계획'과 별 차이가 없고, 다만 지방문화의 활성화를 새로운 과제로 추가하였으나, 김영삼 정부의 출범과 함께 문화부와 체육청소년부의 통합에 따른 문화체육부의 발족으로 시행 전에 수정되어야 했으며, '신한국 문화창달 5개년계획'(1993－'97)으로 대체되었다.

그간 우리나라 역대 정부의 변천과정을 살펴보면, 이러한 중장기계획에 의한 정책사업들이 새 정부출범과 함께 제대로 시행되지 못하고 유명무실해짐으로써 행정력 낭비와 함께 비효율을 초래하게 되고, 정권이나 장관이 바뀜에 따라 추진 중인 계획과 사업들이 중단되거나 취소되는 병폐를 반복하여 왔음을 알 수 있다.

한편, 88서울올림픽으로 인한 정치적 상황의 영향을 들 수 있는데, 이는 모스크바올림픽과 LA올림픽이 이념대립에 의해 연속 반쪽 올림픽으로 행해진 이후 동서화합의 평화올림픽이라는 정치적 상징성으로 동·서구권 국가와 제3세계를 포함한 최다국가가 참가하여 개최된 종합 세계제전으로서의 평화와 화합의 정치적 의미와 함께 문화올림픽으로서 세계 문화교류의 장을 마련하게 된 것이다.

서울올림픽 홍보와 참가유도를 위한 우리나라의 적극적인 문화소개와 함께 문화계 인사교류와 문화예술 교류를 통해 국제문화 교류 증진은 물론, 남북한 문화교류 협력의 계기와 한국문화의 세계화 기반을 마련하고, 특히 사회주의권에 대한 북방외교와 더불어 탈냉전 조짐과 탈이념 경향으로 인한 북한과 미수교국의 문화예술 개방조치와 함께 각종 규제완화와 해금조치가 이루어지게 되었다. 즉, 올림픽 개최로 인한 각종 문화행사[163]를 통해 국제사회에 우리 문화를 널리 알려 문화교류의 계기를 마련하였고, 1988년 미수교국 예술작품 국내개방

---

162) 이 계획기간이 문화발전 10개년계획 기간에 포함되는 관계로 문화정책의 기본틀이나 정책과제가 일부 조정되어 설정된 것으로, 여기에서는 문화창조력 제고, 문화매개 기능의 확충, 문화향수의 확대, 지방문화 활성화, 국제문화 교류의 증진을 주요 정책목표로 추구했다.

163) 1988.9－10월 사이 문화예술 축전(총 41건)이 열렸는데, 이에 참가한 문화예술인이 국내(469개 단체, 28,813명), 국외(73개국 43개 단체, 2401명) 총 512개 단체 31,214명이고 관람객 연 인원도 950만 명(외국인 55만 명)에 달하며, 대부분의 행사들이 국내외 TV 방영으로 시청인구가 40억 명에 이르는 것으로 알려졌다. (구광모, (1999), pp.179－180)

지침 발표, 월북작가의 해방 전 문학작품 출판 허용, 북한 및 공산권 자료공개 확대, 그리고 월북작가의 음악, 미술작품 규제 해제도 이 때에 이루어진 것이다.

또한 1987년 출판등록 전면 개방, 간행물 납본제도 개선, 시판금지 종용도서 해제, 공산권 자료개방, 금지가요 해제, 영화 시나리오 사전심의 폐지, 출판사 등록절차 개선(1988), 대본 사전심의제 폐지(1989) 등 규제 조치가 완화되고, 정부주관 문화행사의 민간이관이 확대되었다.

서울올림픽 이후에는 일반국민에 대한 해외여행 자유화와 예술품 수입자유화 등이 허용되면서 문화적 개방이 전반적으로 이루어지기 시작하였다. 따라서 국제문화 교류가 더욱 활성화 되었고, 프로야구 등 각종 프로스포츠 활성화를 위해서도 정부의 지원이 확대되었다.

서울올림픽을 계기로 많은 규제완화와 해금조치 및 정부 주관행사의 민간이양 확대조치도 문화 민주주의 정책의 일환으로 보인다. 이러한 정책기조는 특히 당시의 정치체제와 정치적 상황의 민주화 흐름에 부합되는 내용이라 하겠다.

이 같은 개방 확대와 규제완화는 북한을 비롯한 공산주의 문화에 대하여도 개방적인 태도를 보이고, 정부가 문화의 다양성을 인정하고 있다는 점에서 제5공화국의 문화정책과 차별성이 있다고 하겠으며, 반면에 올림픽 개최로 인한 외향적 개방 및 규제완화 조치에도 불구하고, 문화예술계 친정부단체 등 관변단체에 대한 편향적이고 선별적 정부지원을 통한 간접적인 규제 조치들은 오히려 강화되었다 할 것이다.[164)]

남북 문화교류는 1990년 발표된 '남북문화교류 5개 원칙', 즉, 분단 이전 우리 민족 전통문화의 우선교류, 승부 및 경쟁적 분야의 배제, 전통문화의 원형을 변형, 훼손한 표현방식 지양, 쉽고 작은 일부터 착수, 그리고 공동실행을 위한 지속적인 노력 경주 등에 의해 남북 간 사회문화 교류협력과 통합을 위한 원칙과 정책방향을 설정하였다.

---

164) 구광모, (1999), p.178

1. 행정체계 개편과 문화창달 5개년계획

정부조직의 통폐합, 기구축소, 고위직 감축 등을 통해 '작지만 강한 정부'를 지향했던 김영삼 정부의 출범 직후인 1993년 3월 정부조직법 개정으로 문화부와 체육청소년부가 통합되어 문화체육부가 발족됨으로써 문화예술 업무에 체육, 청소년 업무가 추가되었다. 문화체육부는 정원의 축소조정으로 1,784명의 직원과 1차관보 3실 7국 12담당관 34과로 출발하였다.

1994년 어문출판국을 폐지하고, 생활문화국은 문화정책국에 통폐합시켰으며, 대통령 지시에 따라 문화산업을 육성하기 위해 문화산업국을 신설하였다. 그리하여 문화부문 사업부서가 문화정책국, 예술진흥국, 문화산업국으로 구성되었고, 1994년 말 교통부로부터 관광국이 이관되어 우리 관광의 문화화와 함께 그를 통한 우리 문화의 세계화라는 상보적 관계를 형성하게 되었다. 문화산업국의 신설은 우리 문화행정사에 큰 획을 긋는 획기적인 정책변화의 계기를 마련하였다고 하겠다.

1995년에는 인사정책 일환으로 문화체육부 내 주요과장과 주요계장 직위에 복수직급제를 도입, 적용하여 3-4급의 13개 직위에 4-5급이 보임할 수 있게 하였는데, 이는 정책수립 기능을 강화하기 위한 공식적인 목적 외에도 한계에 이른 정부조직 내 인사적체를 해소하려는 인사 정책상의 조치로 장기근속자들의 사기진작과 조직의 활성화 및 신축성 제고에도 기여코자 한 것이다.

지방자치단체의 문화행정은 그간 대부분 공보행정과 연계되어 경시되고 있었으나, 1995년 지방자치제가 실시된 이후 지방자치단체에서는 문화행정을 담당하는 국 또는 과 수준으로 확대되면서 명실상부한 행정조직의 독립된 부서로서의 위상을 갖고 다양한 형태로 분화되었다.

한편, 이 시기에 우리나라의 문화정책에 대한 국가정책으로서의 중요성을 중시하여 심도 있고 체계적인 문화정책의 연구와 개발을 위해 '한국문화정책개발원'을 설립한 것은 정책 발전에 매우 고무적인 일로서 그 의미가 크다고 할 것이다.

이전에는 문화정책에 대한 연구와 정책개발을 위해 한국문화예술원 산하에 '문화발전연구소'를 개설하여 우리나라 최초의 문화정책에 대한 학술연구지로서 문화예술논총을 발간하였다. 문화정책개발원이 개원되면서 문화예술논총은 문화정책논총으로 이름이 바뀌고, 문화정책에 대한 학문적 연구에 크게 기여하게 되었으며, 특히 민간부문에서 문화정책의 연구활동에 기폭제가 되어 학문적 외연을 넓히는 데 일조하였다.

이 시기의 문화재정은 문화부문 예산 1% 확보라는 대선공약에는 못 미쳤지만, 1990년 문화부 발족 당시 정부재정 규모의 0.38%(1,218억 원)에 불과하던 문화예산은 국립국어연구원(1991) 및 한국예술종합학교(1992)의 설립과 국립중앙도서관(1991)과 관광국의 이관 등에 따라 문화관광부의 업무영역이 크게 확장되는 과정에서 매년 꾸준히 증가해왔다.

정부의 문화예산 비율이 1993년 0.44%에서 1997년 0.62%로 지속적으로 빠르게 증가해왔으며, 이는 국가발전을 위한 문화의 중요성에 대한 관심 및 인식확산과 문화수요증가에 대한 정책적 대응이 보다 신속하게 이루어지고 있음을 보여준다고 하겠다.

표 16) 문화체육부의 부문별 예산 현황

(단위 : 억 원, %)

구분	정부예산	문화체육부		문화부문		체육, 청소년 부문	
		예산	비율	예산	비율	예산	비율
1993	380,500	2,316	0.61	1,669	0.44	647	0.17
1994	432,500	2,851	0.66	2,201	0.51	650	0.15
1995	548,241	3,838	0.70	2,992	0.55	846	0.15
1996	629,626	4,591	0.73	3,508	0.56	1,083	0.17
1997	714,006	6,531	0.91	4,423	0.62	2,108	0.19

* 출처: 1993-'97 재정경제원 및 문화체육부 예산개요 참조

문화예술진흥기금은 당초 1993년부터 4개년계획으로 3000억 원을 조성할 계획이었으나, 1998년(2,850억 원)이 지나서야 조성목표액을 달성하게 되어 문화복지, 생활문화, 문화산업, 문화세계화, 문화정보화 등에 확대 지원되고, 지원대상은 문화예술인·단체에서 일반 국민으로, 전통문화예술에서 현대문화예술로, 예술창작 진흥에서 문화복지로, 기존 예술장르에서 다양한 문화산업 분야로 점차 확대되어갔다.

한편, 문화에 대한 기부금 등 민간기업의 지원도 대기업을 중심으로 크게 증가되어 왔으며, 1994년에는 '한국기업메세나 협의회' 창립으로 기업에 의한 문화활동 지원이 체계화되고 지속적으로 증가하였는데, 이는 기업의 문화재단 설립이 붐을 이루고 순수예술 및 대중문화에 대한 직접 참여나 후원이 활성화되어 기업의 문화지원이 기업이익의 사회 환원과 홍보전략으로서의 기업이미지 제고 차원에서 정착되어가는 추세로 고무적인 일이라 하겠다.[165]

1995년 지방자치제 실시 이후의 지방자치단체의 문화예산은 지방재정연감에 의하면 절대규모는 크게 증가하였으나, 전체예산에 대한 비율은 증감을 되풀이하면서 큰 변화를 보이지 않았고, 지방문화예술진흥기금은 총 671억 원(1995)에서 1,102억 원(1998)으로 크게 증가되었다.[166] 1997년 지방문화예술진흥기금을 조성, 지원, 관리하기 위해 경기도가 설립한 경기문화재단은 우리나라 첫번째 사례로 그 의미가 크다 하겠다. 이같이 문민정부 시기에 공공부문과 민간부문의 문화투자는 크게 증대되었다.

김영삼 정부의 법제를 보면, 1994년 지역주민의 문화정보 접촉기회 확대와 지역문화사업의 발전 및 보급기능 강화, 그리고 지방문화원의 법적 근거와 기능을 강화하기 위하여 「지방문화원진흥법」을 제정하였으며, 부족한 도서관 시설의 확충과 일반국민의 독서 증진 및 기회 확대를 위해 「도서관 및 독서진흥법」을 제정하였다. 1995년에는 영상산업육성을 위한 모법으로 「영상진흥기본법」을

165) 기업이 문화예술 단체나 기관 및 문화예술인의 창작활동과 행사를 지원하는 순수지원금 또는 조건부 기부금 형태로 추진되어오고 있으며, 당시 한국문화예술진흥원에 기부한 실적만 보더라도 연평균 215건에 47.7억 원 정도(1993－'95)가 순수 및 조건부 기부금으로 채납되었고, 그 후로 꾸준히 증가추세에 있다. (한국문화예술진흥원 업무자료 참조)

166) 문화예술진흥법에 의거하여 1984년부터 지방문화예술진흥기금이 조성, 관리되어왔고 당시 문화예술진흥기금에서 약 19.8%정도를 지원하고, 나머지는 지방자치단체 자체에서 조성하였다. 당시 조성실적은 경기도(334억 원), 서울시(202억 원)가 타 시도(30－50억 원 내외)에 비해 월등히 컸다. (임학순, (2003), p.117)

제정 공표하였으며, 이를 근거로 「영화진흥법」을 제정하여 영화관련 각종 신고, 추천, 심의 등의 행정규제를 완화하였다.

또한 음반산업 육성을 위한 음반 사전심의 삭제, 제작업자 등록제도 개선 등 각종 규제 완화와 영상산업에 대한 금융, 세제, 인력 등의 지원을 위한 제도적 기반[167)]도 구축하였다. 또 상당량의 금서가 해금되고 사상과 표현의 자유가 확대되면서 문화적 개방이 가속화되었으며, 나아가 문예진흥법 개정으로 건축물에 대한 미술장식 제도가 권장사항에서 의무사항으로 확대 강화되고, 개정된 「공연법」에 따라서 한국공연예술진흥협의회가 발족되었다. 또한 전자출판물의 면세대상 확정으로 부가가치세 등의 세제혜택을 받을 수 있게 하였다.

새로운 시대에 국민의 기대에 부응하고 새 정부에 맞는 새 정책과 계획을 수립하게 되었는데, 이 시기에 수립된 계획으로는 '문화창달 5개년계획'(1993), '세계화 시대에 부응하는 문화와 관광의 연계방안'(1995), '문화와 함께 21세기를'(1995), '문화복지중장기실천계획'(1996), '삶의 질 세계화를 위한 문화복지기본구상'(1996), '21세기를 향한 한국문화의 비전과 전략'(1996), '문화비전2000'(1997) 등이 있다.

먼저 김영삼 정부의 출범 초기에 국가발전의 동력으로 신경제건설과 함께 문화체육의 창달을 위한 새로운 이념하에 대표적인 계획으로 '문화창달 5개년계획'(1993-'97)[168)]을 수립, 발표하게 되었다.

1993년 발표된 '새문화 · 체육 · 청소년진흥 5개년계획'[169)] 중 문화부문 계획인 '문화창달 5개년계획'은 대통령 후보 시절의 선거공약을 구체화하고 체계화한 것이다. 이는 정책내용을 선거공약으로 내세웠던 '문화발전 10개년계획'을 검토하여 사업 및 투자 우선순위를 현실적으로 재조정하고, 이 시대가 추구하는 신한국 창조의 국민정서에 부합하는 문화정책과 사업계획을 새롭게 반영한 것

---

167) 영화제작 관련 업종의 '소득표준율표 제조업' 적용, 영화진흥금고 조성, 「벤처기업 육성을 위한 특별조치법」에 영상산업을 포함시켰다.

168) 이 계획은 문화창달을 통해 국민의 삶의 질을 향상시킴으로써 문화복지국가 진입을 목표로 수립된 것이다. 이 계획의 수립배경 설명에서 문화체육의 창달을 신경제건설과 함께 '국가발전의 두 수레바퀴 중의 하나'라고 표현하였다.

169) 이는 1993년 3월 문화부와 체육청소년부가 통합되어 문화체육부가 발족되면서 문화, 체육, 청소년 분야별 5개년계획을 종합하여 수립한 것으로 '문화산업 개발'을 중요한 정책목표로 부각시켜 문화예술을 고부가가치를 창출하는 자원으로 적극 인식했다는 데 그 의의가 크다 하겠다.

이며, 문화와 국가발전을 위한 위상에 대한 인식 수준을 보여줌과 동시에 김영삼 정부의 문화정책의 기본방향과 실천내용을 잘 나타내고 있다고 할 것이다.

김영삼 대통령의 문화분야 대선공약의 모체가 된 '문화발전 10개년계획'과 '제7차 경제사회발전 5개년계획: 문화분문계획'에 나타난 '삶의 질' 향상의 기본적인 흐름과 틀은 그대로 답습하고, 특히 '유네스코 세계문화발전 10개년계획'의 기본이념인 '삶의 발전'을 정책방향으로 삼은 것이라 볼 수 있다.[170)]

표 17) 문화창달 5개년계획

정책목표	정책기조	정책과제
문화창달을 통한 국민들의 삶의 질 향상으로 선진 문화복지국가 진입 '곁에 있고 함께하는 문화, 누구나 즐기고 신명나는 문화'	규제에서 자율로	문화창조력 제고, 문화환경 개선
	중앙에서 지역으로	지역문화 활성화
	창조계층에서 향수계층으로	문화복지 균점화, 문화산업 개발, 기업문화 활성화
	분단에서 통일로	민족정기 확립, 한겨레문화 조성
	보다 넓은 세계로	우리문화 세계화

* 출처: 한국문화정책개발원 (2002), p.226

이 계획을 통해 드러난 문화정책 이념은 선진 문화복지국가 진입을 목표로 민족정기와 세계화를 새롭게 강조하여 그 중점을 '민족정기 확립'과 '우리문화의 세계화'와 함께 문화복지 균점화, 지역문화 활성화, 문화창조력 제고, 문화환경 개선, 문화산업 개발, 기업문화 활성화 등을 주요 정책사업으로 추진하였다.

1990년대에 들어서면서 문화예술 정책이 더욱 적극적이고 체계적으로 다양하게 추진되어온 가운데 문화발전 종합계획의 기본틀을 제공한 '문화발전 10개년계획'(1990)은 '제7차 경제사회발전 5개년계획: 문화부문계획'(1992－'96)과 '문화창달 5개년계획'(1993－'97)으로 연결되었다.

'제7차 경제사회발전 5개년계획: 문화부문계획'은 '문화발전 10개년계획'상

---

170) 구광모, (1999), p.184

의 정책을 토대로 문화창조력 제고, 문화매개 기능의 확충과 문화향수의 확대, 지방문화 활성화, 국제문화 교류의 증진을 주요 정책목표로 하였다.

'문화창달 5개년계획'은 '곁에 있고 함께하는 문화, 누구나 즐기고 신명나는 문화'라는 모토 아래 문화창달을 통한 국민의 삶의 질 향상으로 선진 문화복지국가 진입을 목표로 해서 '규제에서 자율로', '중앙에서 지역으로', '창조계층에서 향수계층으로', '분단에서 통일로', '보다 넓은 세계로' 등을 정책기조로 설정, 추진했으며, 이를 통해 '문화산업의 개발'을 부각시켜 고부가가치의 창출자원으로 적극 인식하게 되었다.

이 계획은 총 94개 단위사업으로 구성되어 있고, 5개 정책기조에 따라 문화창조력 제고, 문화산업의 개발, 민족정기의 확립, 우리문화의 세계화 등 9개 정책과제군으로 분류하고 있으며, 5년 동안의 소요예산을 총 2조 5,414억 원(국고 65.1%, 지방비 22.4%, 문예진흥기금 5.3%, 민자 7.2%)으로 산정하였다.

이 계획의 수립과정에서 특이한 사실은 관련단체와 국민들의 의견수렴을 널리 거치면서 특히 정부에 비판적이었던 소외집단인 민족문화예술인총연합(민예총) 중심의 민중, 민족계열 인사들의 의견을 상당부분 반영하였다는 점이라고 하겠다. 이를 계기로 민예총에 대한 정부의 기금지원이 처음으로 이루어지게 되었고, 지속적인 증가 속에 오늘에 이르고 있다.

한편, 지금까지의 대선공약에 대한 행태를 보면, 1992년 제14대 대통령 선거 때부터는 정당과 후보 간의 정책대결로 유도된 특색을 지니고 있어[171] 정책공약의 질과 내용이 향상되고, 실현가능성이 없는 선거공약의 남발이 어느 정도 억제되며, 공약실천의 책임이 강제됨으로써 당선된 대통령과 정부의 정책은 많은 경우 그 목표와 내용이 선거공약 내용과 대체로 일치되어 왔다.

제14대 대통령 선거 시 김영삼 대통령 후보의 공약을 보면, '신한국 창조를 위한 10대 과제'라는 선거공약에서 77개의 구체적인 정책목표를 밝히면서 9번째 '품위있는 민족문화'를 정책목표로 제시하고, 예술인 창작여건 개선으로 자긍심 높은 민족문화 창조, 지방문화 활성화로 문화혜택 균등 향유, 그리고 선진 방송 기반 구축으로 자유와 책임의 언론환경 조성을 구체적인 3대 목표로 제시

171) 구광모, (1999), p.189

하였다.[172)]

민족문화의 창조는 민족정기의 확립과 함께 예술인의 창작여건 개선사업으로 이어지고, 지방문화 활성화는 지방자치제 실시와 함께 지역주민의 문화혜택을 위한 문화복지사업으로 구체화 되었으나, 언론환경 조성을 위한 선진방송의 기반구축 사업은 별다른 성과를 거두지 못한 것으로 평가된다고 할 것이다.

2. 탈군사문화 정책과 민족정기의 확립

권위주의적 군사정부 체제를 종식시키고 탄생한 문민화된 김영삼 정부에서는 국민의 기대에 부응하는 개혁과 부정부패 척결을 위한 여러 시책이 펼쳐졌고, '안정과 변화'를 모토로 새 정부에 어울리는 새 정책과 계획을 수립하였다.

이 중에서 가장 두드러진 정책이 1960년대 초부터 30여 년간 우리나라의 고질적인 정치적 병폐인 권위주의적 군부독재 체제의 유산을 완전히 청산하고, 진정한 자유민주주의를 정착시키는 문민화정책인 탈군사문화 정책이었다. 김영삼 정부는 이를 정치적 과제로 삼아 장기적인 권위주의적 군부체제의 유산을 청산하고, 명실상부한 민주화와 문민화를 이루는 변화와 개혁을 단행하였다.

군부가 집권한 이후부터 정치, 경제, 사회는 물론, 문화의 각 분야에 군출신 인사들이 대거 진출한 결과 전 사회에 장기간에 걸쳐 침투하고 융화되어 깊이 뿌리내린 군사문화를 탈피하고 근절하고자 한 것이다. 군사문화는 전통적이고 폭력을 선호하며, 상명하복의 획일주의와 맹목적 충성, 정복과 승리의 미덕화, 질서와 안정 중시, 정치권력의 사유화 내지 독점화, 흑백 논리, 능률지상주의적 성과 중시, 혁신이념에 대한 본능적 적개심 등의 특징을 지니고 있다.

이는 적극적인 안보교육과 군사문화의 주입으로 국민의 일상생활뿐 아니라 정부의 정책결정과 정책집행 과정에도 그대로 도입되어 전 사회에 군사문화가 만연하게 되었고, 민주적 토론과 다양한 의견개진보다는 일사분란한 일처리와 효율성을 강조하게 되었다. 특히 유신체제하에서 변칙적으로 시행되었던 군출신의 국가공무원 5급 특채제도인 소위 유신사무관 제도는 기존 공직사회의 질

172) 양건열, 「참여정부 문화정책과 향후 과제」 (서울: 한국문화관광연구원, 2007), p.9

서파괴와 함께 군사문화를 행정문화에 이식하는 직접적인 계기가 되었으며, 정부의 인사정책과 정책결정 과정에도 경직되고 부정적인 폐해를 낳는 원인이 되었다. 이는 관료적 권위주의 체제의 강화를 위한 기층적 권력기반의 한 축으로 자리잡아온 것이다.

김영삼 정부가 들어서면서 행정쇄신과 함께 군출신의 주요보직 독점화 현상 파괴 등 기존 인사정책에 대한 개선으로 그 폐해를 해소하고 정상화시켜 왔으나, 20여 년간 지속적으로 시행되어온 영향으로 말미암아 공직사회 내의 군사문화에 대한 해소는 인사적체 문제와 함께 많은 시간을 필요로 했다.

김영삼 정부는 군부 사조직인 하나회의 해체, 군부체제 중추기관인 기무사의 개혁으로 군부의 탈정치화를 단행하고, 군사독재가 왜곡시켜온 잘못된 역사를 바로잡는 '역사바로세우기' 운동이 시행되었다. 특히 '역사바로세우기' 운동은 일제 잔재를 청산하고 독립운동의 정통성과 민족정기를 복원하며, '5·18 특별처리법'에 의한 민주화운동의 재조명과 아울러 5, 6공의 단죄가 주 대상이었다. 다만, 3당 합당에 의한 보수세력의 연대로 인한 과거 군부세력과 수구세력의 집권으로 권위주의와의 완전한 정치적, 도덕적 단절과 청산은 불완전한 것으로 정치적 한계가 불가피했다.

'문화창달 5개년계획'에서도 볼 수 있듯이, 김영삼 정부의 문화정책의 특징적 면모를 잘 보여준 '민족정기의 확립'은 중점정책 과제 중의 하나로서 '문화산업 개발 및 기업문화 활성화 지원'과 함께 기존의 문화정책과 차별화되면서 근현대사에서 형성된 부정적인 측면에서의 역사 극복이라는 이념을 바탕으로 추진되었다. 이를 위해 과거 경제발전 위주의 정책과 일제 식민지문화의 잔존, 정치적 파행으로 인한 획일적인 정책 등으로 소홀히 다루어왔던 전통문화의 활성화를 통해 문화민족으로서의 민족정기와 민족적 자긍심 회복에 정책의 역점을 둔 것이다.

문화정체성 제고차원에서 일제 잔재의 역사적 청산성격이 강한 구 총독부 건물 해체 및 국립 중앙박물관 이전 등 주요 문화재건물의 철거와 궁궐 복원에 중점을 두고, 30개의 세부적인 단위사업으로 구체화 되었다.

구 총독부건물 해체와 관련해서는 찬반양론이 팽팽히 맞서 최종적으로 해체가 결정되기까지 많은 논란을 낳았다. 일제 식민통치의 잔재로서 치욕적이고 부정적인 역사의 오점을 갖고 있고 국가 정통성 회복을 위한 경복궁의 복원취지상 저해요인이 되므로 해체해야 한다는 찬성론과, 총독부를 거쳐 우리나라의 정부 중앙청사가 건립되기 전까지 중앙청으로 사용되다가 국립중앙박물관 건물로 사용되어온 역사성과 후세에 대한 역사적 교훈 및 현장성 있는 교육을 위해 존치되어야 한다는 반대론이 맞선 것이다.

그 외에도 창덕궁 변형건물 복원, 전통생활문화 발굴 보급, 근대 역사인물 위업선양, 한국 전통용어 사전 편찬, 전통생활사의 권역별 학술조사 사업, 고전읽기 운동, 궁원별 특성을 살린 고궁운영 등의 사업들이 문화정체성 차원에서 추진되었다.

이와 같이 문화정체성 차원에서의 민족정기의 확립을 위해 과거의 잘못된 역사를 청산하고 바로 잡는다는 기본적인 역사정신과 정치적 이념이 문화정책에 미치는 영향은 정책결정 과정에서 큰 역할을 하게 된 것이다.

3. 문화산업 개발과 우리문화 세계화

김영삼 정부의 문화정책의 또 하나의 특성은 우리문화 세계화와 동시에 고부가가치 산업으로서의 문화산업을 개발, 육성하기 시작했다는 점이다. 즉, 문화산업의 개발을 중요한 정책목표로 부각시켜 문화예술을 고부가가치를 창출하고 국가자원으로서 적극적으로 인식하게 되었다는 것이다.

문화산업에 대한 정책적 논의는 주로 대중문화를 중심으로 1960년대부터 거론되기 시작하였고, 1980년대까지는 문화산업에 대한 정부정책의 초점이 주로 대중문화의 부정적 측면을 완화하기 위한 것으로 지원보다는 규제적 성격이 강했다. 1960년대 이래로 정부는 근대화과정에서 대중문화보다는 전통문화를 집중적으로 지원하였다.

1980년대에는 예술창작 활동과 소비활동을 매개하는 연결고리 차원에서 문화산업이 논의되기 시작하였으나, 문화산업을 육성하기 위한 정책사업이 구체적으로 추진되지는 못하였고, 문화산업에 대한 정책적 논의 또한 경제적 가치보다는 문화민주화 차원에서 이루어졌다. 김영삼 정부는 정보화, 세계화 시대에 문화예술이 국가경쟁력의 원동력이며 국민들의 삶의 질을 높이는 핵심적 요소라 보고, '문화창달 5개년계획'에서 문화산업 개발을 중요한 정책목표 중의 하나로 부각시켜 고부가가치를 창출하는 자원으로 적극 인식하였다.

1994년 대통령 지시사항에 의해 문화산업국[173]이 신설되면서 문화산업 정책이 확대되고 문화산업에 대한 정책적 관심 또한 창작과 소비의 매개기능에서 문화상품의 교환가치를 적극 인식하기 시작했다. 문화산업의 경제적 중요성을 적극적으로 강조하고, 전반적인 정책기조 또한 규제에서 지원으로 변화하기 시작했다. 하지만 이 시기에는 문화산업 육성을 위한 지원사업이 활발하게 추진되지는 못하였다.

이는 문화산업국이 신설된 1994년 문화산업 예산이 87억 원에 불과한 사실과 '문화창달 5개년계획'상에 나타난 정책기조에 따른 정책과제별 단위사업과 그에 배정된 재정비율을 보더라도 실제 지원 실태를 짐작할 수 있다. 즉, 민족정기의 확립(35개 사업, 24.1%), 지역문화 활성화 및 문화복지 균점화(25개 사업, 36.2%), 문화창조력 제고 및 문화환경 개선(19개 사업, 33%), 문화산업 개발 및 기업문화 활성화 지원(8개 사업, 3.2%), 한겨레 문화조성 및 우리문화의 세계화(19개 사업, 3.5%)가 이를 대변해주고 있다.[174]

하지만, 대중문화 시대에 대응하여 문화체육부에 문화산업국을 신설하고, 문화산업을 개발 육성하기 위한 행정체계를 정비해 나가고자 하였던 정책적 변환은 매우 시의적절한 조치였다고 할 것이다. 이 시기에 우리나라 문화정책에 대한 연구와 정책개발을 위해 '한국문화정책개발원'을 신설한 것도 문화정책 발전을 위해 매우 고무적인 일이었다.

또한 고도의 정보통신 기술의 발달에 의한 정보화의 세계적 추세에 부응하기 위하여 '문화정보화 추진 기본계획'(1997-2000)의 발표로 '문화정보화'를 핵심 정책가치로 부각시키고, 특히 문화예술 정보화에 역점을 두어 그 기반을 조성하고 이어서 '종합 문화정보시스템구축 관리사업'(1997)을 추진하였다. 이러한 문화정보화의 추진은 문화산업 개발 육성에 다각적으로 연계되어 기여하게 되었다.

---

173) 당시에 문화산업국은 문화산업기획과의 신설, 폐지된 어문출판국의 도서출판과와 출판자료과를 통합한 출판진흥과, 예술진흥국으로부터 이관받은 영화진흥과와 영상음반과 등 4개과로 구성되었다.

174) 한국문화정책개발원, (2000), p.27

1995년에는 대통령의 세계화 구상 발표와 함께 '우리 문화예술의 세계화'가 중요한 정책가치로 부각되었다. 세계화는 전 세계의 시간적 동시화와 공간적 지구촌화의 형태로 전개되고, 과거의 문화전파와 갈등 및 수용이라는 형태와는 근본적으로 다른 민족문화와 세계문화와의 갈등과 긴장관계를 초래할 수 있는데, 그러한 차원에서 김영삼 정부는 세계화를 국제무대에서의 무한경쟁에 대비하고, 세계중심 국가로 나아가기 위한 국가발전 전략의 일환으로 제시하게 된 것이다.

다시 말해서, 김영삼 정부의 세계화정책은 선진 자본주의 국가들로부터의 시장개방 압력에 효과적으로 대처하고. 경제활성화를 도모하기 위해 적극적인 개방을 추진함으로써 사회 각 부문에서 보다 열린 체제로의 구조개혁을 단행해야 한다는 취지에서 추진한 것이다.

대통령이 발표한 세계화 6대과제에 따르면, 문화분야에서는 '전통문화 가치의 재확인'과 '세계시민으로서의 의식과 윤리' 등 문화와 의식의 세계화를 표명하였는데, 이는 전통문화 가치와 세계문화의 보편주의적 가치의 조화를 요구하는 것이다.

'우리문화의 세계화'는 민족단위 중심으로 형성된 문화정체성의 변화에 큰 영향을 미치는 요인으로 우리 고유의 전통문화 계승과 민족문화의 창달이라는 특수성과 세계문화와의 교류라는 보편성의 상반된 효과를 조화시키고 균형발전시키는 목표와 과제를 안고 있다고 할 것이다.[175)]

사실 '우리문화의 세계화'라는 개념은 노태우 정부에서 문화교류 사업의 일환으로 우리 전통문화의 선양에 중점을 둔 소극적 소개차원에서 표방되어 왔다. 김영삼 정부에서는 '문화창달 5개년계획'에서 보듯이 우리의 전통에 뿌리를 둔 자랑스러운 민족문화를 개방하여 세계에 우리 민족의 우수성과 민족문화의 자긍심을 높일 수 있는 방안과 정책을 마련한다는 적극적인 차원에서의 우리 문화 소개 및 교류사업에 중점을 두었다. 이에 따라 해외한국의 집 운영지원, 한국문학번역사업의 확충, 한국문화종합소개 행사개최 등이 추진되었다.

한국문화 종합홍보센터로서의 해외 '한국문화원'을 기존 4곳(동경, 뉴욕, LA,

---

175) 정갑영, 「세계화의 의미와 문화정책의 기본방향」 (서울: 한국문화예술진흥원, 1995), p.20

파리)에서 추가로 북경, 모스크바 등 6곳을 개원하였고, 한국문화 세계화전략으로 한국문화 C.I.(Best 10)[176)]을 선정, 발표(1996년)함으로써 한국문화에 대한 우수성 홍보는 물론, 긍정적이고 호의적인 이미지 부각과 국가 이미지 제고에 커다란 공헌을 하게 되었다.

문화체육부 주요업무 계획(1995)을 보면, '우리 문화관광체육의 세계화'와 '신 르네상스 운동의 전개'를 정책목표로 설정하고, 통일을 대비한 문화기반 조성, 높은 문화가치를 창출하는 문화, 관광산업의 육성 등을 중점시책 사업으로 추진하였으며, 곧이어 '세계화시대에 부응하는 문화와 관광의 연계방안'을 발표함으로써 문화예술을 관광 및 산업과 연계한 고부가가치 창출자원으로 인식도를 넓히는 계기를 제공하였다.

이는 '21세기를 향한 한국문화의 비전과 전략'(1996)에도 반영되어 '문화의 산업화 및 정보화', '우리 문화예술의 세계화', '국민문화수준의 향상', '통일국가를 향한 문화여건의 조성' 등을 정책이념 및 정책목표로 설정하여 '우리 문화의 세계화'를 거듭 강조하였다.

문화분야에서의 세계화는 우리의 전통문화의 가치를 재확인하고, 이를 세계문화와 접목시키려는 적극적인 노력을 통하여 인류의 보편적 문화발전에 기여하고자 하는 의미가 크다고 할 것이다.

하지만, 세계화정책의 구상은 호주 순방길에 기내에서 발표되었듯이, 국내정치와 국제 정치경제적 상황에 발맞추어 임기응변적으로 신자유주의 세계화 흐름에 부응한 전시적인 구호성 정책으로 흘러갔다.

국가경쟁력 강화를 목적으로 한 신자유주의적 논리가 개혁논리와 상반되고, 개혁의 부진을 만회하기 위한 정책적 돌파구로서 체계적인 논리와 정책적 의지가 결여된 즉흥적인 구상이었다는 점이 정책의 시행착오와 취약성을 드러냈다[177)]는 비판을 피할 수 없었다. 그만큼 세계화에 대한 철학과 사고가 제대로 뒷받침되지 못한 즉흥적이고 감각적인 리더십과 국정운영 스타일의 결과였다는 평가가 일반적이다.

---

176) 10개 한국문화 C.I.는 사회 각계의 여론수렴을 거쳐 한복, 한글, 불고기·김치, 불국사·석굴암, 태권도, 고려인삼, 탈춤, 종묘, 제례악, 설악산, 세계적 예술인을 선정하였다.

177) 김영명, (2000), p.315

4. 자율적 문화복지의 확대

1996년에는 '문화복지'를 문화정책의 이념 및 핵심정책으로 부각하면서 과거의 개념과 달리 국민들이 주체적, 자율적인 문화생활을 중시하고 문화기본권 개념으로 이해하게 되었다. 문화체육부에 '문화복지기획단'을 설치, 운영하고 '문화복지 중장기실천계획', '삶의 질 세계화를 위한 문화복지 기본구상'(1996)을 연달아 발표해 21세기 문화복지에 대한 전망을 제시하였다.

또한 국민소득 수준에 상응하는 문화적인 삶을 실현하고 사회병리 현상을 문화적으로 치유하는 예방적 문화복지를 추구하고자 했으며, 문화복지 정책의 주요사업으로 '생활권 단위의 문화기반 시설 확충 및 경영능력 증진', '문화도시 건설 및 지역문화 활성화', '국민의 평생학습 환경조성사업' 등을 중점적으로 추진하였고, 이때 소규모 복합문화공간인 '문화의 집'[178]도 조성하였다.

1997년에는 '문화비전2000' 계획 수립으로 21세기 문화정책의 방향과 방법을 위한 이념적, 가치지향적 틀을 마련하는 데에 중점을 두고, 새로운 문화의 패러다임을 제시하였다. 문화교육, 산업의 문화화, 지역문화 활성화, 한국문화 세계화 등을 정책과제로 제안함으로써 과거와 달리 문화교육을 중요한 정책과제로 제시하고, 문화의 민주화를 넘어 문화 민주주의 차원의 정책 필요성을 제기하며, 이를 계기로 문화정책의 궁극적인 목표를 '문화복지'에서 '창의적 문화복지국가 건설'로 확대, 발전시켜 나갔다.[179]

표 18) 문화비전2000 계획

정책목표	문화의 패러다임	주요정책과제
창의적 문화복지 국가 건설	• 다양성과 통합성 문화 • 풍요로운 삶과 민주주의적 문화 • 문화산업과 산업의 문화화 • 통일지향의 민족문화 • 문화의 세계화와 문화적 보편성	• 창조적 인간을 위한 문화교육 • 문화예술 창작에 대한 지원 확대 • 문화산업 육성과 산업의 문화화 • 지역문화 활성화 • 통일을 지향하는 민족문화 확립 • 한국문화의 세계화

* 출처: 문화체육부, 「문화비전2000 : 문화의 세기가 오고 있다」 (1997)를 참고하여 도표화한 것임.

178) 프랑스 문화부 초대장관인 말로(A. Malraux)가 1961년 시작한 문화사업으로 확산, 창조, 활성화를 지향하고, 문화예술의 창작과 확산 및 문화예술과 사회연계 기능을 추구하면서 지역의 예술창작 활동에 중점을 두었다.

179) 문화체육부, 「문화비전 2000: 문화의 세기가 오고 있다」, (1997) 및 한국문화정책개발원, 「창의적 문화국가건설을 위한 정책제안」, (1998) 참조

이와 같이 김영삼 정부에 들어와서는 '문화복지'를 문화정책의 이념으로 부각시키고, 생활문화화, 문화세계화, 문화정보화, 문화산업화 사업을 주요 시책사업으로 추진하면서 문화예술의 생산적, 경제적 가치를 높여나가는 문화산업적 차원에서의 새로운 정책적 노력을 시도해왔다는 데에 그 의미가 크다고 할 것이다.

한편 지역주민의 문화복지 차원에서는 1995년 지방자치제 실시로 민선자치 행정시대가 시작되었다. 1980년대부터 추진되어온 중앙정부 주도의 문화정책이 지역분권화에 의한 지역문화 활성화 차원에서 지방으로 이양, 위임되고 지역주민들의 문화에 대한 인식이 높아지고 지역문화의 정책적 가치가 크게 부각되었다.

지역문화 정책도 과거와 달리 전통문화 보존관리에 한정되지 않고, 문화예술 진흥과 지역주민 문화복지 차원으로 확대되면서 지방자치단체의 문화사업도 전통문화 및 문화유산 관리, 문화시설의 운영관리, 행사기획 및 개최 지원, 문화환경 조성사업, 지방문화원 사업 등으로 다양하고 특색 있게 추진되었다. 이에 따라 지방문화 재정도 확대되어가고 지방문화진흥기금도 활발하게 조성되어 갔다.

이 밖에도 김영삼 정부는 예술창작 지원의 기준을 양적 평가에서 질적 평가로 전환하고, 간접지원 방식을 계속해 자율성과 다양성을 토대로 창작 풍토의 조성과 환경 및 제도개선에 힘썼다. 또한 문화수요와 공급의 균형 있는 조화를 통한 창조력 상승을 위해 창조층과 향수층의 괴리감 해소로 양측의 공감대를 형성하여 모든 계층이 문화향유를 할 수 있도록 문화에 대한 능률적 참여환경을 만들고, 문화수준 향상을 위해 적극적으로 문화 창출에 역점을 두었다.[180)]

한편, 1980년대 전두환 정부 이후 문화분야 중장기계획들이 우리나라의 문화발전과 문화정책 개발에 많은 도움이 되기도 하였으나, 정책목표와 현실과의 괴리, 특히 비문화적 발상과 정치적 홍보차원 및 재정확충의 미반영 등으로 실현되지 못하고 정치적 구호나 선거용 전시에 그친 그 결과를 감안하면, 아직도 문화가 일부 부정적인 정치적 속성을 완전히 벗어나지 못하고 정치적으로 이용되고 있음을 보여주고 있다고 할 것이다.

---

180) 한국문화정책개발원, 「순수문화예술진흥방안연구」 (서울: 한국문화정책개발원, 2000), p.27

1. 문화관광부 출범과 행정체계의 확대

IMF 체제하의 금융위기를 수습하면서 1998년 출범한 김대중 정부는 새로운 정부로서의 직제개편을 통해 문화체육부를 문화관광부로 바꾸고, 1차관보 2실 6국 5관 5담당관 29과로 조직을 개편하였다. 1999년 5월 국정홍보처를 신설하여 해외문화홍보원, 국립영상제작소, 정부간행물제작소를 이관하고, 문화입국 건설 의지와 오랜 문화계의 요구를 반영하여 문화관광부의 외국이던 문화재관리국을 문화재청으로 독립, 차관급 청 단위 기관으로 승격시켰다.

2000년부터는 국립중앙극장을 책임운영기관으로 전환하여 기관장에게 자율적인 운영권한과 책임을 부여함으로써 기관운영과 서비스의 효율성을 높이고, 국립제주박물관(2000)과 국립춘천박물관(2002), 그리고 근대미술 업무를 담당하는 덕수궁미술관을 신설하였으며, 2001년 정부기능 조정에 따라 한국마사회를 농림부로 이관하였다. 2002년에는 문화정보화의 새로운 비전 제시와 추진체계 혁신을 위해 정보화담당관실을 설치하고, 생활체육의 획기적인 육성을 통한 국민의 삶의 질 향상을 위해 체육국에 생활체육과를 부활시켰다.

또한 1999년에 문화산업 육성을 위한 종합지원 체계 정비를 위해 영화진흥위원회와 영상물등급위원회를 구성하고 한국게임산업개발원을 설립하였으며, 2001년엔 문화콘텐츠산업 육성을 위해 한국문화콘텐츠진흥원을 신설하고, 한국문학의 위상제고와 세계화 추진 및 노벨문학상 진입을 위해 한국문학번역원을 설립하였다.

김영삼 대통령의 대선공약이기도 했던 문화예산 1%는 김대중 대통령의 대선공약 사항으로 1997년 0.9%대로 올라와 2000년에 무려 45% 증액됨으로써 정부예산 대비 1.23%(9,639억 원)를 확보하고, 2001년 1조 원을 상회(10,458백만 원)함으로써 각종 문화사업을 차질 없이 추진할 수 있는 재정적 기반을 마련한 것은 획기적인 정치적 결단에 의한 문화정책적 조치로 그 의미와 의의가 크다 할 것이다.

2002년도 분야별 문화예산 현황을 보면, 문예진흥 41.3%, 문화산업 16.1%,

관광 18.0%, 문화재 24.6%로 나타난다. 특히 문화산업 부문과 관광 부문의 예산이 1999년부터 대폭 증액되어 전체 문화예산 대비 9.3%(1998)에서 34.1%(2002)로 지속 증가한 것은 대규모 사업에 대한 집중적인 선택투자의 결과라 하겠다.

표 19) 문화관광부 부문별 예산현황

(단위 : 억 원, %)

구분	합계	문예진흥	문화산업	관광	문화재
1998	4,848(0.6)	3,050(62.9)	160(3.3)	292(6.0)	1,346(27.8)
1999	6,647	3,237(48.7)	1,001(15.0)	789(11.9)	1,620(24.4)
2000	9,639	4,237(44.0)	1,787(18.5)	1,057(11.0)	2,558(26.5)
2001	10,458	4,346(41.6)	1,475(14.1)	1,912(18.3)	2,725(26.0)
2002	12,155	5,014(41.3)	1,958(16.1)	2,189(18.0)	2,994(24.6)
2003	13,182(1.18)	5,435(41.2)	1,890(14.3)	2,474(18.8)	3,383(25.7)

* 출처: 문화관광부, 「2002문화정책백서」, (2003), p.71 참조

문화산업과 문화재 예산이 각각 1998년 160억 원과 1,346억 원에서 2002년 1,958억 원과 2,994억 원으로 대폭 증액되었다. 문화산업 예산은 1994년 문화산업국이 신설된 첫 해에 87억 원, 김대중 정부 첫 해인 1998년에는 160억 원(3.3%)이었던 것이 문화산업육성 정책이 활발하게 추진되면서 2003년에는 1,890억 원(14.3%)으로 김대중 정부에 들어와서 문화산업 정책이 본격적으로 추진되고, 재정지원도 크게 증액되었음을 알 수 있다.

이 밖에도 문화산업 관련 재원은 문화산업진흥기금, 영화진흥금고, 출판금고, 방송발전기금 등으로 조성되었다.

문화산업진흥기금은 문화산업의 경쟁력 강화를 위한 정책자금 조성을 위해 국고에서 1999년부터 2003년까지 매년 500억 원씩 총 2,500억 원을 출연하여 이를 기반으로 융자사업 위주로 운영하였으며, 영화진흥금고는 영화산업의 안정적 발전기반을 공고히 구축하기 위해 1994년부터 1998년까지 문예진흥기금 출연금 등 170억 원과 1999년부터 2003년까지 연간 100억 원씩 500억 원의 국고

지원을 근간으로 조성하였다.

또한 방송발전기금은 방송진흥 사업 및 문화예술 진흥사업을 위하여 설치되었고, 방송사업자들로부터의 공적 부담금으로 재원을 마련하여 방송공익 사업, 방송진흥 사업, 시청자 지원사업, 광고진흥 사업, 문예진흥 사업 등에 사용하여 왔다.

표 20) 문화산업 관련 기금현황

(단위: 억 원)

구분	2001년	2002년	2003년
문화산업진흥기금	1,790	2,228	2,620
영화진흥금고	1,170	1,470	1,670
출판금고	242	242	242
방송진흥기금	275	275	275

* 출처: 문화관광부, (2003), pp.80-81 참조

문화예술진흥기금은 부가모금액과 이자수입, 공익자금, 국고출연금 및 기부금 등으로 꾸준히 조성하여 창작활동 지원 등 문화예술 진흥사업에 지원하고 남은 재원을 적립하여온 결과, 2001년 4,004억 원, 2002년 4,300억 원 정도가 적립되었다.

또 중앙정부의 문화예산 증가는 국고지원 사업 지원 비율(20%~50%)을 고려할 때 지방자치단체의 문화예산 증가로 이어졌다. 지방자치제 실시 이후 지역주민의 문화적 향수 욕구와 기대가 커지고, 주민욕구 충족과 단체장들의 정치적 필요에 의한 문화예산 증액편성으로 그 규모가 증대되어 2002년 기준 지방자치단체의 전체 예산에 대한 문화예산 비율이 중앙정부의 문화예산 비율보다 월등히 높은 2.5%에 이르렀다. 또 문화예산 중 문예진흥 예산이 약 48% 정도를 차지하고 있지만, 증가율은 관광예산이 제일 크고, 문화산업 예산과 문화재예산은 답보상태에 있는 것으로 나타났다.

표 21) 지방자치단체 예산현황

(단위: 억 원, %)

구분	지자체 전체예산	문화예산	분야별 예산			
			문예진흥	문화산업	관광	문화재
2000	625,252	14,567(2.3)	7,526	619	3,048	4,146
2001	732,001	16,765(2.3)	8,032	812	4,074	3,874
2002	748,555	18,561(2.5)	8,836	711	4,868	4,146

* 출처: 문화관광부, (2003), p.73 참조, 연도별 지방자치단체 예산은 국고보조금을 제외한 규모임. (2002년도 예산은 8.30 기준)

김대중 정부의 법제를 보면, IMF 경제 환란의 위기극복을 위한 구조조정과 함께 규제개혁 조치의 일환으로 문화관련 법령을 포함한 문화관광부 소관 법령상의 경제활동에 장애가 되거나 국민생활에 불편을 주는 각종 규제를 과감하게 철폐 또는 완화하고, 경제적 부가가치가 높은 문화산업에 대한 국가적 지원과 그에 대한 법제화 작업이 폭 넓고 강도 높게 추진되었다. 1999년(68건)과 2000년(46건)에 법령 제정 및 개정의 건수가 상대적으로 대폭 증가한 것은 이 때문이다.

표 22) 연도별 법령정비 현황

(단위: 건)

구분	1996	1997	1998	1999	2000	2001	2002
계	28	24	21	68	46	20	32
법률	3	7	3	20	15	7	7
대통령령	14	9	6	27	15	5	12
부령	11	8	12	21	16	8	13

* 출처: 문화관광부, (2003), p.6 참조

1999년에 문화산업 정책의 법률적 토대가 된 「문화산업진흥기본법」이 제정되고, 2002년 이를 문화산업 환경변화에 능동적으로 대처하기 위하여 전문개정함으로써 김대중 정부의 문화산업 육성에 대한 강력한 정책적 의지를 나타냈다.

또한 급변하는 디지털 환경에 적극 대응하기 위해 「저작권법」을 개정했으며, 2002년에는 「영화진흥법」 개정으로 등급보류 폐지와 제한상영가 등급이 신설되었다. 「음반, 비디오 및 게임물에 관한 법률」의 제정으로 음반, 비디오, 게임물의 질적 향상과 관련 산업의 진흥을 촉진하고, 기존의 PC방을 멀티미디어 문화콘텐츠 설비제공업으로 개념을 확대하였다.

한편 출판, 인쇄문화 산업의 지원육성을 위하여 「출판 및 인쇄 진흥법」을 제정하여 전자출판물, 도서정가제 등의 법제화로 법적 기반을 구축하고, 매 3년마다 만화산업육성이 포함된 출판, 인쇄 문화산업 진흥시책을 수립, 시행토록 하였으며, 게임기, 방송기자재의 특소세 폐지와 전자출판물의 부가세 면제, 그리고 영상, 게임관련기업의 벤처기업 인정 등 문화산업 육성을 위한 법적, 제도적 지원과 규제완화가 폭넓게 이루어졌다.

그 외에도 「문화예술진흥법」의 개정(2000)으로 극장, 공연장 등 이용자에게 부가되어온 문예술진흥기금의 모금제도를 준조세 폐지방침(「부담금관리기본법」 제정, 2001)에 따라 폐지토록 하였으며, 문화예술 관련시설 등의 밀접지역을 문화지구로 지정 관리토록 하고, 그 실효성을 확보하기 위해 문화지구 내 영업 또는 영업시설의 설치 금지 및 제한을 규정하였다. 또 「공연법」의 전문개정(1999)으로 공연자 등록제 폐지, 일반 공연의 사전신고제 폐지, 각본 사전심의제 폐지 등을 통해 자율적인 공연산업 육성기반을 다졌으며, 「지방문화원진흥법」 개정(2002)으로 문화원 설립 인가권을 시도지사에게 이양하였다. 방송분야 법제에서는 「방송법」, 「종합유선방송법」, 「유선방송관리법」 및 「한국방송공사법」으로 분산된 법체계를 단일법으로 통합하여 「새방송법」을 제정(2000)하였다.

이상과 같이, 2000년대에 들어와 문화의 가치와 중요성이 커지고, 문화관광부의 정책영역이 문화, 예술, 문화산업, 관광, 언론, 체육, 종교, 청소년 분야 등으로 확대되었다. 특히 문화산업의 질적, 양적 발전과 국가산업 경제와 국가경쟁력 강화에 미치는 영향이 증폭됨에 따라 그 역할기능과 함께 부처의 위상이 한층 격상되었다. 과거 경제부처위주의 경제관계 장관회의나 주요 경제관련 회의시 문화관광부가 정식 멤버로 참석하게 된 점이 이를 대변해주고 있다.

한편, 대선공약 사항을 살펴보면, 김대중 후보는 1997년 제15대 대통령 선거에서 '세계 속의 한국문화 창출과 21세기 문화대국 건설'을 공약하였다. 또한 '지원은 하되, 간섭하지 않는 문화예술정책'을 세부공약으로 발표하여 문화정책을 권위정치의 도구로 활용하지 않는 것은 물론, 가급적 사업추진에는 간섭하지 않고, 해당기관이나 사업주체의 자율에 맡기겠다는 결의를 밝힌 것이다.

100대 공약사항 중 문화부문의 공약은 '세계 속의 한국문화 창출과 21세기 문화대국 건설'(제5장)에 포함되어 13개의 정책목표로 구성되었으며, 각 정책목표에 따른 세부공약을 제시하였다.

그것은 문화예술에 대한 검열폐지와 자율적인 문화예술 환경조성, 문화부 독립과 정부예산 1% 이상의 문화예산 확보, 문화의 지방화시대 실현과 국민의 문화향유권 대폭 확충, 전통문화의 체계적 보존과 우리문화의 세계화, 문화산업의 진흥을 통한 21세기 국가기간 산업화, 한국영화 진흥을 통한 영상산업의 대외경쟁력 강화, 2002 월드컵의 성공적 개최, 공보처 폐지와 자율적인 방송, 언론문화의 창달 등 13개 정책목표 사업으로 대부분이 집권기간 동안 문화정책으로 수립되어 실현된 내용으로 평가된다고 하겠다.

특히 정부예산 대비 문화예산 1% 달성은 당시 재정사정 및 예산상황으로 보아 쉽지 않을 것이라는 일반적인 예상과 판단을 뛰어넘어 문화예산 1조 원 시대와 함께 문화예술계에 매우 획기적이고 고무적인 일로 받아들여졌다.

또한 '남북기본합의서 실천을 통한 화해와 협력으로 점진적 평화통일의 실현'(제6장)을 제시하여 다방면의 문화교류 협력의 활성화로 민족 동질성 회복을 내세우고, '획기적인 외교역량 강화로 세계평화와 경제발전의 주도'(제7장)라는 목표 아래 '문화외교 확충으로 선진문화 민족으로서의 위상 제고'로 한국문화의 독창성과 문화이미지를 높이고자 하였다.[181)]

김대중 정부의 문화예술 관련 공약이 총 43개로 다른 정부에 비해 많게 나타나는 것은 외교, 통일, 청소년 분야 등에 문화예술을 활용한 공약이 많은 때문이며, 그 실현도가 비교적 높게 나타난 것으로 평가되었다.

한편, 제14대 대선에서 '시민문화의 발전'을 목표로 정부의 공공조직의 개혁 및 정부역할의 변화에 우선순위를 두었던 것과는 달리. 제15대 대선에서는 문화산업 진흥과 국민문화 향수권 확대에 우선순위를 둔 것으로 분석되었다.[182)]

181) 양건열, (2007), pp.10－11

182) 이는 문화정책에 관한 세부공약을 슈스터(J. Schuster) 모형을 활용해 분석한 결과로 도출된 것이다. (구

2. 새문화정책과 팔길이 원칙의 지원정책

김대중 정부의 문화정책은 1998년 발표된 '새문화정책'에 잘 나타나 있다. 이는 역대 문화정책의 핵심과제를 모두 포괄하는 동시에 어느 때보다도 계획상의 체계성을 갖추었다고 할 수 있다.[183]

문화의 세기에 문화가 고부가가치의 창출, 사회통합, 남북통일 등을 위한 적극적인 국가발전의 원동력임을 인식하고, '문화의 힘'을 통한 '창의적 문화복지국가 건설'을 목표로 하여 '문화의 힘'으로 이루는 제2건국, '문화가 중심가치'가 되는 지식정보 사회 추구, '문화주의'를 통한 성숙한 민족공동체 형성, 문화정체성과 보편성의 조화로 '열린 문화' 구현을 정책 기본방향으로 설정하였다.

표 23) 새문화정책

정책목표 및 기본방향	추진전략	10대 중점과제
• 창의적 문화복지국가 건설 • 문화의 힘으로 이루는 제2건국 • 문화가 중심가치가 되는 지식정보 사회 추구 • 문화주의를 통한 성숙한 민족공동체 형성 • 문화정체성과 보편성의 조화로 열린 문화 구현	• 문화의 세기를 대비하는 비전 제시 • 문화를 국가발전의 핵심동인으로 활용 • 주요 분야 중심의 거점적 사업 추진	• 21세기 문화국가 실현을 위한 정책기반 구축 • 문화기반 시설의 확충과 운영 개선 • 지식정보 사회에 대비한 기반 조성 • 창조적 예술활동을 위한 여건 조성 • 문화복지의 실질적 구현을 통한 삶의 질 향상 • 문화유산의 체계적 보호, 계승, 발전 • 문화산업의 획기적 발전체제 구축 • 문화를 기반으로 지역 간 균형발전 및 사회통합 추구 • 문화를 통한 민족통합 지향 • 문화정체성을 바탕으로 한 보편적 세계주의 지향

* 출처: 한국문화정책개발원, 「문화정체성 확립을 위한 정책방안 연구」 (2002), p.229

이에 따라 국민의 문화향수권 신장과 직접 관련되는 '문화복지의 실질적 구현을 통한 삶의 질 향상', 문화정체성과 관련되는 '문화유산의 체계적인 보호, 계승, 발전'과 '문화를 통한 민족통합지향' 및 '문화정체성을 바탕으로 한 보편적 세계주의 지향', 그리고 창조적 예술활동 진흥을 위한 여건조성과 문화기반시설

광모, (1999), p.195)
183) 한국문화정책개발원, (2000), p.29

확충 등을 10대 중점과제로 설정하고, 정책추진 과정에서 '중산층과 서민을 위한 문화복지 확대'를 문화정책 8대 추진과제 중의 하나로 설정하여 각종 사업을 전개하였다.

10대 중점과제를 보면, 과거 정부에서는 문화주체성, 정체성, 민족정기의 확립 등을 최우선 과제로 설정하였으나, 이 계획에서는 정책기반이나 시설기반 및 여건 조성 등 실질적이고 구체적인 과제를 앞세워 정권의 실용주의적 성격을 보여주고 있음을 알 수 있다.

또한 10대 중점과제 중에서도 '21세기 문화국가 실현을 위한 정책기반 구축'과 '지식정보사회에 대비한 기반 조성' 및 '문화산업의 획기적 발전체제 구축'은 정보화된 지식시반 사회에서의 문화복지를 위한 정책적 기초를 다지는 체제적 · 제도적 과제라고 하겠다. 따라서 이 계획은 문화산업의 육성 등 지식정보 사회에 걸맞은 문화정책이 긴요하다는 점을 크게 강조했다는 데 그 의의가 크다고 할 것이다.

문화의 세기(문화화), 세계화, 정보화로 특징되는 시대적 특성에 맞추어 국내외적으로 사회의 전반적인 구조개혁과 변화를 추구하라는 강력한 요구를 수용하고, 새로운 패러다임의 모색과 국가경쟁력 제고라는 시대적 과제를 부여 받은 시기였다. 이때 김대중 정부는 '지원은 하되 간섭하지 않는다'는 소위 '팔길이 원칙'(Arm's Length Principle)[184]이라는 대원칙하에 창작의 자유를 보장하는 지원위주의 정책을 규제개혁적 법령정비를 시작으로 실현해 나갔다.

'팔길이 원칙'은 중앙정부의 지원조직 형태와 관련된 모형[185] 중 중앙정부의 부처형태가 아닌 독립된 준정부조직 또는 비영리조직 형태로 지원하게 하는 것으로, 정부관료의 이해관계와 정치적 영향으로부터 가능한 한 벗어나 자율적이고 전문적으로 지원업무를 수행하기 위한 방법으로 활용되는 것이다. 즉, 지원사업의 추진과정에서 정부와 정치적 영향으로부터 일정한 거리를 유지하고, 독

184) '팔거리 원칙'으로도 표현하며, 팔과 손의 구조적 상호관계와 원리에 비유한 예술지원 형태를 일컫는다. 이는 국가가 직접 문화정책에 개입하는 것에 소극적이며, 지원사업은 정부의 직접지원보다는 정부로부터 독립된 준자율적 비정부기구 등 공공조직을 활용하는 것을 원칙으로 하는, 자유방임주의 이념이 내포된 영국의 문화정책에서 비롯된 것이다.

185) 슈스터(J. Schuster)의 예술지원 유형 중 중앙정부의 지원조직 모형인 부처(Ministry)모형과 예술진흥원(Arts Councils)모형을 말한다. 멀케이(K. Mulcahy)는 중앙정부의 역할 정도를 기준으로 이를 자유모델로 분류한다.

립성과 자율성을 갖고 정치적 고려에 상관없이 지원대상, 지원분야, 지원규모 등에 대한 결정과 업무를 추진하도록 하기 위한 것이다.

하지만, 자율성과 독립성의 기본원칙을 전제로 문화정책에 대한 정부의 역할과 지원취지를 감안하여 책임성과 함께 공정성, 투명성, 정책효과성을 확보할 수 있어야 할 것이다. 이러한 맥락에서 테일러(A. Taylor)의 'Arm's Length but Hands on'이 정부의 지원정책에 시사해주는 바가 크다고 할 것이다.[186] 우리나라의 경우 그간 한국문화예술진흥원이 그 역할을 수행해 왔고, 지원체계가 전환된 2005년 이후부터는 한국문화예술위원회가 그 역할을 수행하고 있다.

김대중 정부는 문화예술진흥 정책의 기본방향을 지식정보화 시대를 선도할 순수예술활동 진작, 예술진흥을 위한 인력양성과 제도, 인프라 구축, 지역문화 활성화와 국민의 문화예술 향수기회 확대, 그리고 전통문화 예술 진흥 및 생활화 도모로 설정하였으며, 창조적 예술활동 진흥을 위한 여건조성과 문화기반 시설 확충 등을 위해 문화예산을 대폭 확보하여 각 장르별로 행·재정적 지원을 확대해 나갔다.

문화환경 변화에 적합한 자율적인 문화환경의 조성을 위하여 창작의 표현을 보장하는 법률개정을 비롯하여 검열제도의 폐지와 통제로부터 지원을 위주로 하는 정책을 실현하였다. 문화예술인들의 자율적 창작여건을 조성하고, 그간 창작활동에 제약이 되어온 각종 규제와 제도를 개선하였다. 이러한 창작여건의 조성과 창작활성화가 이루어지고 표현의 자유가 보장됨으로써 과거 우리사회에서 제약받고 금기시되었던 이데올로기와 남북문제, 그리고 정치문제가 작품의 대상으로 예술창작에 명실상부한 민주화와 자유화의 창작분위기가 조성되었다.

한편, 새로운 문화의 세기인 2000년을 '새로운 예술의 해'로 정하고, 문학, 미술, 음악, 무대예술 등 각 장르별로 세부사업을 개발하여 새로운 영역을 확장하면서 장르 간 경계를 넘나드는 융합(Cross-Over)의 실험적 예술세계를 개척해 나갔다.

이는 디지털매체의 등장 등 첨단과학 기술과 정보화 및 산업과의 만남을 통

---

186) Taylor, A., "Arm's Length but Hands on', Mapping the New Governance : The Department of National Heritage and Cultural Politics in Britain", Public Administration, Vol.75, No.3(1997) pp.441-466

해 새로운 형태의 예술이 탄생하고, 전통적인 것과 전위적인 것, 고전적인 것과 대중적인 것, 한국적인 것과 서구적인 것 등이 서로 융합되고 영역을 넘나드는 매체통합과 장르융합현상에 따른 문화예술 환경변화의 결과로 나타났다.[187)]

PC통신과 인터넷을 통한 사이버문학과 타이포그라피(Typography), 홀로그래피(Holography)나 비디오아트, 뉴미디어아트, 하이퍼미디어(Hypermedia)나 하이퍼텍스트(Hypertext), 국악 크로스오버 등이 이에 해당되며, 새로운 소재와 이념을 추구하는 새로운 대안문화로서의 인디(Indie)문화[188)]가 모든 장르에서 다양하게 시도되었다.

이러한 장르 간 융합과 새로운 장르의 출현 등 예술세계의 변화는 순수예술의 중요성과 함께 순수예술과 대중예술의 경계파괴 등의 현상으로 이어지고, 예술의 경제적 효과에 대한 관심이 증대되면서 예술경영과 문화경제학, 예술마케팅 등에 대한 관심과 수요증가로 나타났다.

IMF체제로 위축된 문화예술계를 지원하기 위해 정부의 직접지원 방식을 가급적 지양하고, 각 장르별 창작활동 지원 등 창작활성화 사업, 열린 미술마당과 찾아가는 문화 프로그램 등 문화예술의 대중화 및 저변확대 사업, 그리고 활성화 기반조성 사업 등을 적극 지원하여 어느 때보다 폭넓고 다양한 지원정책이 활발하게 이루어졌다.

그밖에도 자율적 창작여건 조성과 국민문화 향수기회를 확대하고, 특히 지역 간, 세대 간, 계층 간 문화격차 해소에 중점을 두어 정책을 시행하면서 여성, 노인, 장애인 등 소외 계층과 서민중산층을 위한 각종 문화시설 확충과 참여 프로그램 개발, 보급에 역점을 두었다. 문화의 지방 분권화를 위해 '지역문화의 해' 사업 실시 등 지역문화를 활성화하여 지역문화의 창작환경 개선과 주민들의 문화혜택 확대를 위한 문화의 지방화 시대를 열고 지역문화정책을 본격적으로 추진해나갔다.

2001년에는 지역문화 활성화로 도·농간 문화격차 해소, 소외계층 지원으로 '함께 누리는 사회구현'을 기치로 내걸고 국민의 문화향수권 신장에 노력하였으

187) 문화관광부, (2002), p.143

188) 1990년대 주류문화에 대한 대항문화로서의 언더그라운드 문화를 대체하며 나타난 것으로 대체로 주류문화의 규범성, 전문적 예술성, 상업성보다는 다양성, 개성적 예술성, 비상업성 등을 특성으로 한다고 할 수 있다.

며, 2002년에는 사회 취약계층을 위한 문화관광, 체육복지 강화, 문화체육 공간 확충 및 활용 극대화 등을 제시하였다. 1990년대 이래 국민의 문화복지가 정부의 중요한 국민서비스로 인식되고, 문화정책 또한 문화의 자율성과 다양성을 강조하며, 문화예술을 삶의 질을 고양시키는 복지수단의 차원에서 바라보는 이념지향을 보여 왔는데, 김대중 정부의 문화복지 정책은 과거와는 달리 서민, 중산층, 취약계층 위주의 문화수요자를 위한 진보적인 정책성향이 어느 정도 가미되었다. 이러한 바탕 위에서 민주화 이후 명실상부한 자유 민주주의 체제의 정부를 통해 정치적 민주화의 결실이 문화정책에 반영되면서 문화예술에 대한 각종 검열제도의 철폐와 행정규제 등의 축소, 완화로 문화정책이 점차 선진국형으로 전환되어 왔다.

3. 문화산업의 국가기간산업화

문화산업에 대한 실질적인 정책지원은 김대중 정부에 들어와 본격적으로 추진되기 시작했으며, 이 시기부터 문화정책 영역이 문화산업 분야로 대폭 확대되었다.

대통령선거 시 공약사항으로도 제시하였듯이, 취임사에서 문화산업을 '21세기 기간산업'으로 제시하고, IT 산업과 함께 새로운 지식기반 경제의 중요한 산업으로 보다 중요하다는 인식을 갖고서 적극적인 정책 필요성과 함께 대폭 지원을 확대함으로써 문화의 경제적, 산업적 가치를 새로운 정부지원의 당위적 근거로 부각시켰다.

1999년에 문화산업 육성을 위한 종합지원 체계 정비를 위해 영화진흥위원회와 영상물등급위원회를 구성하고 한국게임산업개발원을 설립하였으며, 2001년엔 문화콘텐츠산업 육성을 위해 한국문화콘텐츠진흥원을 신설하였다.

나아가 문화산업전문투자조합을 활성화하고, 투자분야도 영화, 게임 중심에서 방송영상, 문화콘텐츠 분야로 확대해나가면서 문화의 경제적 가치에 대한 새로운 인식을 토대로 문화산업을 차세대 성장산업으로 판단하고, 21세기 지식기반경제의 핵심사업으로 육성하기 위한 기본전략을 마련해 추진하였다.

문화예산의 1%, 1조 원 달성과 문예진흥기금의 목표액 상향 조정(5천억 원),

관광진흥개발기금과 문화산업진흥기금(3천억 원), 그리고 영화진흥금고(5백억 원), 출판금고, 방송발전기금 등 콘텐츠 제작 활성화를 위한 지원금의 대폭 확대와 투융자 재원확충 기반을 확고히 했다. 이와 같이 문화산업에 대한 실질적인 정책지원은 김대중 정부에 들어와 본격화된 것이다.

1999년에 문화산업 정책의 법률적 토대가 된「문화산업진흥기본법」이 제정되고, 2002년 이를 문화산업 환경변화에 능동적으로 대처하기 위하여 전문개정함으로써 김대중 정부의 문화산업 육성에 대한 강력한 정책적 의지를 나타냈다.

또한 급변하는 디지털 환경에 적극 대응하기 위해「저작권법」을 개정했으며, 2002년에는「영화진흥법」개정으로 등급보류폐지와 제한상영가 등급이 신설되었다. 나아가「음반, 비디오 및 게임물에 관한 법률」의 제정으로 음반, 비디오, 게임물의 질적 향상과 관련 산업의 진흥을 촉진하고, 기존의 PC방을 멀티미디어 문화 콘텐츠 설비 제공업으로 개념을 확대하였다.

이어서「출판 및 인쇄 진흥법」을 제정하여 출판, 인쇄문화산업의 지원 육성을 위하여 전자출판물, 도서정가제 등의 법제화로 법적기반을 구축하고, 매 3년마다 만화산업육성이 포함된 출판, 인쇄 문화산업 진흥시책을 수립 시행토록 하였다. 그밖에도 게임기, 방송기자재의 특소세 폐지와 전자출판물의 부가세 면제, 그리고 영상, 게임관련 기업의 벤처기업 인정 등 문화산업 육성을 위한 법적 제도적 지원과 규제완화가 폭넓게 이루어졌다.

문화산업 육성을 위한 주요계획으로는 국민의 정부 '새문화정책'을 필두로 '문화산업진흥 5개년계획'(1998), '문화산업비전21'(2000), '영화산업진흥종합계획'(2000), '콘텐츠코리아 비전21'(2001) 등을 발표해 국가경쟁력 증진의 주요수단으로 문화산업을 인식하고, 문화산업 발전을 중요한 정책목표로 추진하였다.[189]

'문화산업진흥 5개년계획'은 21세기 국가기간산업화의 기치를 내걸고, 핵심선도산업으로서 적극적인 문화산업 육성대책을 적극적이고 공세적으로 추진할 것을 선언하였다. 이는 문화산업진흥기금 목표액 5,000억 원 조성과 함께 우리

189) 일반적으로 문화산업 정책 이념은 경제적 가치 창출, 문화정체성 확립, 문화적 삶의 질 증진(문화복지)차원에서 설정되며, 이는 문화산업에 대한 정부의 지원논리이자 근거이기도 하다.

나라가 선진국 대열에 올라서기 위한 방책으로 문화산업을 국가발전의 핵심 선도산업으로 육성해 나가겠다는 정책적 의지를 표명한 것이다.

'콘텐츠코리아 비전21'은 문화산업의 국제경쟁력과 문화정체성 확립을 중요한 정책목표로 설정하고, 정책수단으로는 디지털시대에 적합한 법제도정비, 지식기반 경제를 선도할 전문 인력 양성, 문화콘텐츠 창작 역량 제고, 전략적 마케팅으로 세계진출 확대, 산업발전 기반 조성을 위한 인프라 구축 등을 제시하였다.

정부로부터 지원받는 문화산업의 영역도 영화와 출판에서 게임, 애니메이션, 음악, 만화, 문화원형 디지털 콘텐츠, 에듀테인먼트 등 다양한 문화콘텐츠 산업으로 확대되었다. 2001년 문화콘텐츠 기술이 국가전략 기술 6T[190] 중 하나로 선정되고, 2002년에는 국가전문인력 양성차원에서 문화콘텐츠 인력양성 계획이 수립, 발표되었으며, 2003년엔 문화콘텐츠 산업이 차세대 성장동력 10대 산업의 하나로 선정되었다.[191]

이 시기에 대중문화와 함께 영화산업이 급성장했다. 김대중 정부의 문화산업에 대한 실질적인 정책지원의 대폭적인 확대에 힘입어 우리나라의 영화산업이 크게 발전하였으며, 1998년부터 1년 단위로 <약속>, <쉬리>, <공동경비구역JSA>, <친구>, <가문의 영광> 등의 대흥행 작품들이 영화붐을 선도해나갔다. 이러한 분위기와 흐름은 실제 문화산업의 발전에 기폭제가 되었고, 'one source - multi use'[192]의 원리에 입각하여 다양한 문화콘텐츠 산업으로 확대되어 간 것이다.

특히 2000년 이후 영화, 드라마, 가요 등의 해외 수출과 전파로 중국, 일본, 홍콩, 대만, 베트남, 태국, 필리핀 등 아시아 지역에 '한류(韓流) 열풍'[193]을 확산시키게 되었다. 90년대 말 중국, 대만, 베트남 등 유교문화권을 강타한 한류의 붐은 1992년 홍콩 ATV에서 한국의 TV 드라마 <사랑이 뭐길래>가 인기리에

190) 문화콘텐츠 기술(CT, Culture Technology), 생명공학 기술(BT, Biology Technology), 나노기술(NT, Nano Technology), 환경공학 기술(ET, Environment Technology), 우주항공 기술(ST, Space Technology)을 일컫는다.

191) 임학순, (2003), p.152

192) 이는 하나의 소재가 다양한 분야나 장르에서 활용되면서 고부가가치를 만들어내는 다양한 수익과 판촉효과를 창출하는 비즈니스 구조를 일컬으며, 예를 들면 해리포터와 같은 하나의 콘텐츠가 영화, 음반, 게임, 애니메이션, 장난감, 출판 등 다양한 방식과 형태로 부가가치를 극대화하는 것을 말한다.

193) 한류는 1996년 한국의 TV드라마가 중국에 수출되고, 2년 뒤 대중가요로 확산되면서 한국 대중문화에 대한 중국에서의 열기를 표현하기 위해 2000년 중국언론이 붙인 용어에서 기원하였다.

협력 방영된 것을 시발로 1997년 중국 CCTV의 수입방영으로 한류의 이름을 얻고, 2002년 한일월드컵의 성공적 개최 이후에 일본에서 TV드라마 <겨울연가>가 방영됨으로써 한국붐의 기폭제가 되어 '한류의 세계화' 가능성을 입증해 주었다.[194]

이러한 열풍은 드라마, 영화, 가요 등 대중문화에 국한되지 않고 김치, 고추장, 라면, 가전제품 등 한국적인 상품에 대한 이상적 선호현상으로 이어졌으며, 대중문화의 수용차원을 넘어서 한국의 가수, 영화배우, 탤런트, 나아가 한국인과 한국 자체에 대한 애정을 갖게 되는 부류인 '합한족'(哈韓族)이라는 신조어까지 나타나게 되었다.[195]

스크린쿼터(Screen Quota) 제도도 문화정체성 및 영화산업의 보호 육성과 문화개방정책 차원에서 정치적 이슈로 크게 부각되었다.[196] 스크린쿼터 제도는 '국산영화 의무상영제'로서 일정 기간 자국의 영화를 의무적으로 상영하도록 하는 일종의 무역장벽이다. 외국영화에 대한 수입규제 제도로 문화산업인 영화산업의 보호 육성을 위한, 특히 할리우드 블록버스터의 국내 영화잠식을 우려해 1967년부터 법률상으로 시행하여온 것이다.[197] 스크린쿼터에 대한 찬반양론이 대립되어오고 있으나, 우리 영화산업의 보호·육성과 발전에 기여한 바가 실제 크다는 점을 부인할 수는 없다고 하겠다.

또한 민족문화 정체성 확립과 우리 문화 세계화를 위해 문화재 관련 법령과 제도를 개선, 정비하였고, '한국방문의 해' 및 2002 월드컵을 통해 우리 문화를 세계에 알리는 데에 주력하였으며, 문화산업의 보호육성 일환으로 일본 대중문화 개방을 4차에 걸쳐 단계적으로 실시하였다.

특히 세계화에 따른 국제조류와 아태지역 발전을 위한 지역적 협력, IMF 경

---

194) <사랑이 뭐길래>는 중국에서 무려 1억 5천만 명이 시청하였고, <겨울연가>(Winter Sonata)는 NHK가 두 차례나 앵콜 방영함으로써 '욘사마'(주연 배우의 일본어 극존칭)붐과 함께 '한국어 배우기', '김치 먹기', '한국관광' 등 한국알기 붐이 본격화된 것이다.

195) 네이버 백과사전 Encyber & Encyber. com, (http://100.naver.com)

196) 신자유주의적 세계화 영향으로 1998년 한미투자 협정 체결 시 스크린쿼터제 철폐요구로 정치적 난항을 겪기도 했다.

197) 이는 1927년 영국에서 시작되어 프랑스, 그리스, 이탈리아, 브라질, 스페인 등에서 외국영화의 무차별 시장 잠식을 견제하고 자국 영화보호를 위해 시행해왔으며, 우리나라의 경우 1967년부터 「영화진흥법」(제19조)에 규정하여 1984년 5차 개정을 거쳐 연간 상영일수를 5분의 2인 146일 이상 상영하도록 하였다. 이는 2006년 한미투자 협정과 관련하여 영화진흥법 시행령 개정을 통해 73일로 의무상열일이 축소된 채 FTA와 연계하여 시행유보 입장을 취하였다.

제난국 극복, 월드컵의 성공적 개최를 위한 새로운 한일 파트너십 구축의 필요성에 따른 미래지향적 양국관계 정립을 위해서 1998년 일본 대중문화의 단계적 개방방침에 의해 가시적인 개방조치를 단행하였다.

이는 과거 역사와 관계가 적은 분야부터, 그리고 문화적 가치가 높은 분야를 우선적으로 단계적이고 점진적으로 상호주의에 입각하여 민간차원의 건전한 문화교류라는 5대 기본원칙하에 추진되었다. 2001년 일본의 역사교과서 왜곡에 따른 강경대응책 일환으로 일본 대중문화 추가개방을 중단하였다가 2002 월드컵 이후 '서울선언'으로 재개되어 마무리하게 되었다.

4. 햇볕정책과 남북 문화교류의 본격화

'햇볕정책'(Sunshine Policy)은 김대중 정부의 대표적인 정책 브랜드로서 남북화해와 협력을 바탕으로 상응하는 대가나 변화와 관계없이 지속적인 지원을 제공하여 긴장완화와 신뢰구축을 도모함으로써 각 분야 간 활발한 남북교류를 통해 불안한 냉전시대의 대립을 종식시키고 유연한 통일을 실현하고자 추진한 대북포용정책이다.

이는 근본적으로 기존의 남북관계 패러다임을 크게 바꾸어 민족공동체 사상을 바탕으로 남북 간 민족동질성을 회복하고, 궁극적으로는 평화적인 남북통일을 성취하고자 한 것이다. 2000년 남북 정상 간의 만남이 이루어지고 6·15 공동성명이 발표됨으로써 경제적 지원과 함께 특히 문화, 관광, 체육 분야의 교류가 본격적으로 활발하게 이루어졌다.

김대중 정부에서의 남북 문화교류는 '햇볕정책'에 힘입어 매년 주요업무 계획에 포함되어 비중 있게 다루어져 왔으며, '새문화정책'의 10대 과제 중의 하나로 '문화를 통한 민족통합 지향'을 설정해 문화를 매개로 남북관계를 개선하고, 문화적 이질성을 극복하여 민족통합에 기여하고자 하는 데에 그 기본방향을 두었다.

주요 추진과제로 문화교류 자금 확충, 문화교류 협정 체결, 문화통합 종합계획 수립 등 남북한 문화 교류확대를 위한 기반 마련, 비무장지대의 유네스코 문화유산 등록 및 금강산, 설악산을 연계한 세계적 관광코스 개발, 문화교류를 통한 남북화해 분위기 조성, 남북 상호이해 및 공영을 위한 문화관광 프로그램 개발, 남북한 언어 동질성 회복 추진, 그리고 한민족 공동체 및 정체성 형성 등을 제시하였다.

남북 문화교류와 협력의 활성화는 남북 간의 불신과 적대감을 해소하고, 남북관계 개선과 평화적 통일, 민족동질성 회복을 위한 핵심적인 요소이다. 2000년 6.15 선언인 남북공동선언문(제4항)에는 '사회, 문화, 체육 등 제반분야의 협력과 교류를 활성화하여 서로의 신뢰를 다져나가기로 하였다'는 선언이 포함되어 있다. 실제 사업추진은 초기에는 주로 문화, 체육, 관광분야에서의 교류협력 사업을 중점적으로 추진하였으며, 남북정상회담 이후에는 지속성 보장을 위한 남북 문화교류의 제도화에 역점을 두었다.

당초 남북 문화교류는 1988년 민족자존과 통일번영을 위한 특별선언인 '7.7 선언'과 그 후속조치인 '남북교류협력에 대한 기본지침'이 마련된 후, 1990년 '남북문화교류 5원칙' 발표, 「남북교류협력에 관한 법률」[198]과 「남북협력기금법」의 제정, 1991년 남북고위급회담에서의 남북기본합의서 채택, 1992년 '남북교류협력 공동위원회' 발족과 '부속합의서' 채택을 통해 전기를 마련하고, 1997년 '남북 사회문화협력처리에 관한 규정'의 제정 등을 통해 문화교류 협력의 구체적인 실천적 계기가 마련되었다.

1990년 남북 통일축구대회와 남북 송년음악회의 개최와 1991년 세계탁구선수권 및 청소년 축구대회의 단일팀 구성 등 주로 체육분야의 교류협력이 이루어지고는 1993년 북측의 일방적인 남북 간 대화재개 의사의 철회선언으로 교류가 중단되었다.

이렇게 당초 법적인 근거 마련과 몇 차례 교류협력의 노력에도 불구하고, 남북 간 정치적, 군사적인 상황과 까다로운 절차 및 요건 등으로 인해 남북 문화교류 협력은 기대만큼 활성화되지는 못하였다.

김대중 정부가 출범하면서부터 대북포용 정책인 햇볕정책의 추진에 따라 남북 문화교류가 본격화되기 시작하였으며, 남북한 사회문화 교류 협력의 중요성

---

198) 남북교류 협력에 관한 법률에서는 협력사업의 범위(제2조)에 문화, 체육, 학술, 경제 등을 포함시키고 있으며, 사회문화 분야 협력사업(제3조)을 '남한과 북한의 주민이 합의 또는 계약에 의하여 공동으로 행하는 문화, 체육, 학술 등에 관한 제반 활동으로서 민족의 동일성 회복과 사회문화 공동체의 형성을 위해 남한, 북한 또는 제3국에서 기획, 실시 및 사후 처리하는 일련의 행위'로 규정하고 있다.

이 크게 부각되어 남북 문화교류 협력의 빈도와 규모도 큰 폭으로 확대되었다.[199] 김대중 정부는 1998년 '민족화해협력 범국민협의회'를 결성하고, 친선체육대회와 통일음악회, 평양교예단 공연 등의 개최를 통해 화해 분위기를 조성하였다.

2000년 6월 평양에서 역사적인 남북정상회담이 열리고 남북공동선언인 6.15 선언이 발표됨으로써 남북 간 문화교류 협력의 장이 활짝 열리게 된 것이다. 이 후속조치로 2000년부터 2002년까지 7차례에 걸쳐 남북 장관급회담이 개최되어 협의를 거쳐 문화, 체육, 학술 등 제반분야에서의 교류협력을 활성화하기로 결정하였다.

남북 문화교류는 실천 가능하고 북측이 수용할 수 있는 사업부터 추진하도록 하며, 상호주의를 원칙으로 북한의 실정과 남북관계의 특수성을 감안하여 적용하되, 초기단계에는 상호주의 원칙을 엄격하게 적용하기보다는 탄력적으로 융통성있게 운영함으로써 남북 간 신뢰구축에 노력하였다.

이러한 '햇볕정책'의 추진으로 남북 문화예술 교류가 본격화되고, 남북 사회문화 교류협력의 중요성이 크게 부각된 것은 김대중 정부의 문화정책에서 두드러진 특징 중의 하나라고 하겠다. 하지만 햇볕정책에 대하여는 지금도 인도적 지원여부와 북핵 연계문제 등을 포함한 정책의 정당성과 투명성, 특히 실효성에 대한 정치적 입장과 이념에 따라 정치세력 간, 이념집단 간에 찬반논쟁이 계속되고 있다.

---

199) 문화예술, 체육, 언론출판, 종교, 관광분야에서 1998년 이후 2003년까지 북한 방문 인원수가 30,284명으로 1989－'97년까지의 총 방문인원수(2,405명)보다 약 12배 정도 많은 사실이 이를 잘 보여주고 있다. (문화관광부, 「2002 문화정책백서」, p.333)

1. 문화행정 쇄신과 조직혁신

2003년 정권재창출의 기반을 토대로 출범한 노무현 정부는 우리나라 정치사에 점철된 소위 3김시대와 권위주의적인 구(舊) 정치문화를 마감하고, IT 혁명의 힘으로 386 세대라는 새로운 신흥세력의 지지기반 위에서 집권하게 되었다. 정치이념이나 정책이념 면에선 김대중 정권과 크게 다르지는 않으나, 탈권위주의적이고 진보성향이 더욱 강해 보수세력과의 마찰과 대립이 훨씬 심화되었다.

정부 출범 직후 문화행정혁신위원회를 발족하여 행정체계를 개편하고, 장관의 정책기능을 강화하기 위하여 정책보좌관제를 신설하였다. 행정쇄신과 조직혁신의 일환으로 개방형 직위제를 도입하였으며, 총무과의 인사기능을 기획관리실로 이관하여 실 조직을 개편하고, 21세기 문화비전 실현과 혁신역량 강화를 위해 2004년 조직 개편을 단행하였다.

2005년에는 정책홍보 기능 강화를 위해 기획관리실을 대체하여 정책홍보관실을 설치하고, 또한 대선공약 사항으로 광주를 아시아의 문화예술 메카로 육성하기 위한 아시아문화중심도시 조성추진기획단과 관광레저형 기업도시 개발업무 추진을 위한 관광레저도시 추진기획단을 당초 T/F 형태의 별도 조직으로 설치 운영하고, 2007년 도서관 정보정책기획단과 함께 아시아문화중심도시 추진단으로 조직을 재정비하였다.

2006년엔 조직혁신을 위한 전면적인 팀제를 도입하였으며, 조직의 생산성 향상을 위해 본부제를 도입하여 기존의 국 체계를 문화산업본부(문화산업, 문화미디어정책)와 관광산업본부로 전환하였다. 2007년 12월 현재 문화관광부 조직은 2본부 2실 3국 5단으로 정원은 2,111명이었다.

노무현 정부는 기본적으로 문화의 역할과 기능에 대해 전향적인 자세를 견지해 왔으며, 2005년 국정원리인 '자율, 참여, 분권'의 가치를 예술행정에 적용하고 실현하기 위한 일환으로 문화예술인 중심의 지원정책 결정과 현장행정에 자율적 참여와 운영을 위해 독임제기관인 문화예술진흥원을 합의제기관인 한국문화예술위원회로 전환하였다.

또한 국민의 문화향유 능력을 높이고 이를 통해서 국민의 창의성을 계발하려는 기본지향을 갖고, 학교 및 사회에서의 문화예술 교육을 핵심 문화정책으로 중시하며, 국가와 국민의 문화역량 강화를 위한 문화예술 교육사업을 효과적으로 수행하고 지원하여 과거 문화정책의 후순위였던 문화예술 교육을 활성화하기 위하여 특수법인으로 전문교육기관인 한국문화예술교육진흥원을 설립하였다. 아울러 한국문학의 세계화를 위해 2001년 설립한 한국문학번역원을 특별법인으로 승격시켰다.

한편 「신문 등의 자유와 기능보장에 관한 법률」에 의하여 여론의 다양성 보장과 신문산업의 진흥을 위한 업무를 지원하기 위하여 신문발전위원회를 설치하고, 국민의 폭넓은 언론매체 선택권 보장을 위한 신문 등 정기간행물의 공동배달 사업을 위하여 신문유통원을 설립하였다. 또 김영삼 정부 때 철거하고 이전하였던 국립중앙박물관이 완공되어 개관함으로써 박물관의 용산시대를 열게 되었다.

문화관광부는 노무현 정부 출범과 동시에 행정혁신위원회의 설치를 통해 행정문화의 변혁과 함께 문화행정 체계와 조직의 혁신을 추진하고, 조직업무 프로세스와 시스템을 변화시키는 데에 주력하였다. 장관의 강력한 혁신의지와 혁신리더십을 통해 창의적이고 도전적인 혁신사고를 갖추고 혁신추진 체계를 재정비하였으며, 조직의 혁신문화를 내재화할 수 있는 기틀을 조성하여 사람 중심에서 시스템 중심으로, 개인적 경험에서 조직의 지식으로 업무를 추진하는 새로운 업무방식을 정착시키고, 혁신을 제도화하고 일상화함으로써 창조적 혁신문화를 정착시켜 정책품질을 향상시키는 데에도 노력하였다.

또한 고객만족의 문화행정 서비스를 제공하기 위해 고객과 현장중심의 문화행정 혁신을 추진하였으며, 시스템 기반의 행정혁신을 추진하기 위해 부처의 특성을 살린 업무관리 시스템을 도입, 정착시키고 성과중심의 혁신추진 체제를 시행하였다.

나아가 개방적이고 창조적인 도전적 조직 분위기를 조성하고, '과제 탑승제' 등 과제 중심, 현장 중심의 탄력적인 조직체계를 구축하는 한편, 문화행정 경력개발 시스템과 함께 상시학습 체제를 고도화하였다.

한편, 문화가 국제경쟁력의 원천인 시대에 문화적 가치를 더욱 발전시킬 수 있는 문화정보화 정책을 수립, 추진하였다. 즉, 문화정보화를 우리나라 문화정책의 비전으로 선정하고 문화예술, 문화유산, 문화산업, 도서관, 문화행정 등 해당 분야별로 정보화 세부계획을 세워 추진해 나갔다.

문화정보화가 지향하는 정책적 비전은 'e-Culture Ubiquitous'로서 고품질의 다양한 문화콘텐츠 구축, 문화정보 접근성과 활용성 강화, 열린 문화행정 강화, 문화정보 기반환경 강화 등 4대 추진목표를 설정하고, 이를 실현하기 위해 다양한 문화콘텐츠에 대한 DB를 구축하고 문화정보 네트워크의 연계를 강화하였다.

노무현 정부의 문화관광부 재정을 보면, 2003년 1조 8900억 원에서 2007년 2조 2700억 원으로 연평균 4.7% 증가율을 보였으며, 국고예산은 3.1%, 기금예산은 6.8% 증가하였다.[200] 또 문화예술 부문의 예산은 1998년 문화예산의 62.9%를 차지한 것을 정점으로 1999년(48.7%)부터 2003년(41.3%)까지 감소세를 보이다가 2004년부터 증가세를 회복하면서 2006년 49%대를 유지해왔다. 이는 상대적으로 김대중 정부에서 문화산업과 관광부문 예산이 꾸준히 증가해왔던 결과에 연유한 것이다.[201]

표 24) 문화관광부 부문별 재정현황

(단위: 억 원, %)

구분	2003	2004	2005	2006	2007	연평균 증가율
합계(지출)	18,891	19,043	21,334	23,073	22,660	4.7
예산	11,217	11,584	11,741	12,948	12,681	3.1
기금	7,674	7,459	9,493	10,125	9,979	6.8
〈부문별〉						
문화예술	8,115	8,671	9,697	10,552	9,440	3.9
관광	4,806	5,291	6,297	6,381	6,649	8.5
체육	4,190	3,207	3,376	4,090	4,419	1.8
행정일반	1,780	1,874	1,864	2,050	2,152	4.9

* 출처: 문화관광부, 2007문화정책백서 참조, 문화예술 부문은 문화정책, 예술, 문화산업, 문화미디어, 종무, 국립문화예술기관을 포함하며, 문화재청의 예산은 제외한 것임.

200) 문화관광부, (2008), p.51
201) 한국문화관광연구원, (2007), p.22

2000년대에 들어 주 40시간 근무제 및 국민소득 증가에 따른 여가수요 증대에 따라 대규모 인프라 구축사업 및 사회문화 서비스 확대 등 재정수요는 지속적으로 증가되고 있으나, 정부예산 대비 문화예산 점유율은 2003년 0.98%에서 2007년 0.77%로 연평균 5.9%씩 감소추세에 있다.

표 25) 정부예산 대비 문화관광부 예산점유율

(단위: 억 원, %)

구분	2003	2004	2005	2006	2007	연평균 증가율
점유율	0.98	0.84	0.80	0.84	0.77	- 5.9
문화관광부 예산	11,217	11,584	11,741	12,948	12,681	3.1
정부예산	1,146,271	1,372,700	1,474,281	1,537,026	1,641,435	9.4

* 출처: 문화관광부 (2008), p.51 국가재정 운용계획에 의한 지출규모(일반회계 + 특별회계) 기준임.

문화예술 부문에서 '국립아시아문화전당' 건립 등 아시아 문화중심도시 조성사업이 대선공약 사업이자 계속사업으로 대규모 예산(5,000억 원)이 소요되는 사실이 문화부 예산에 재정적 부담으로 작용하여 문화부 문화예술 부문예산뿐 아니라 타부문 예산에 미치는 부정적인 영향 때문에 예산확보 및 배정에 있어 논란이 있어온 점을 주목할 필요가 있다. 하지만 2006년 2,085억 원에 비해 2007년에는 833억 원으로 대폭 감소되었다.

문화관광부의 중기재정 운용계획(2007~2011)에 의하면, 시대와 환경변화에 따라 증가추세에 있는 국민의 문화수요 충족 및 삶의 질 향상을 위해 필요한 총 재정투자는 연평균 10.1%(예산 13.1%, 기금 5.4%)로 확대해나갈 계획이다.

표 26) 문화관광부 중기재정 운용계획

(단위: 억 원, %)

구분	2007	2008	2009	2010	2011	연평균증가율
계	23,219	27,889	30,894	32,401	34,152	10.1
예산	13,681	16,652	19,736	21,013	22,374	13.1
기금	9,538	11,234	11,128	11,388	11,778	5.4
〈부문별〉						
문화예술	10,001	12,531	14,317	15,049	16,587	13.5
관광	6,648	8,383	8,620	8,689	8,715	7.0
체육	4,419	4,641	5,659	6,213	6,095	8.4
행정일반	2,151	2,332	2,298	2,450	2,754	6.4

* 출처: 문화관광부, 2007문화정책백서, 2008, p.68

이 경우, 문화예술 부문은 인력, 기술의 확충 및 투자, 유통구조의 정비 등을 통한 콘텐츠 사업의 핵심역량을 강화하고, 국민의 문화향유 확대로 문화가치를 사회 전반에 확산시키며, 사회취약 계층에 대한 문화지원을 강화하는 한편, 지역간 불균형 현상을 지속적으로 개선하고, 인간과 문화 중심의 공간, 환경에 대한 문화적 접근을 강화하며, 세계화, 지방화 시대에 걸맞는 다양성, 균형성, 정체성의 가치실현을 위한 문화의 사회서비스를 확대해 나갈 계획인 것이다.[202)]

지방자치단체의 문화예산 규모는 중앙정부의 경우보다 그 비중이 항상 높은 편으로, 이는 지방자치제 실시 이후 지방자치단체에서 국고지원보다는 지방비 부담률이 높고 지역주민들의 문화향수 욕구와 문화수요가 크게 증대되고 있으며, 자치단체장들의 주민요구 반영 및 소득증대를 위한 문화관광 자원의 집중발굴과 개발투자에 기인한 것으로 보인다.

특히, 노무현 정부의 '분권과 자율'의 국정원리에 따라 지역간 불균형 해소와 지역혁신 및 특성화 발전을 통한 자립형 지방화 촉진을 위한 「국가균형발전특별법」의 시행에 따라 각 지방자치단체의 재정자율권이 확대되었다.

---

202) 문화관광부, (2008), p.69

표 27) 지방자치단체 예산현황

(단위: 억 원, %)

구분	지자체 전체예산	문화예산	분야별 예산			
			문예진흥	문화산업	관광	문화재
2000	625,252	14,567(2.3)	7,526	619	3,048	3,374
2001	731,001	16,765(2.3)	8,032	812	4,074	3,847
2002	855,501	17,427(2.0)	8,547	685	4,510	3,684
2003	878,464	17,901(2.0)	8,896	780	4,493	3,732
2004	974,302	22,950(2.4)	11,686	838	6,213	4,213
2005	1,061,707	25,240(2.4)	12,714	1,669	6,285	4,572
2006	1,177,253	24,748(2.1)	13,578	1,759	5,902	3,512
2007	1,270,918	30,167(2.4)	16,144	1,622	6,593	5,808

* 출처: 문화관광부, (2008), p.53

그밖에 영화진흥금고를 영화발전기금으로 대체설치(2007)하고, 4,000억을 조성하여 한국 영화예술의 질적 향상 및 영화산업의 진흥을 위해 사용되고 있다.

또한 지역신문의 건전한 발전기반 마련으로 여론의 다원화, 민주주의 실현 및 지역사회의 균형발전에 기여하고자 지역신문발전기금(2005)을 설치하였고, 신문 등 정기간행물 및 인터넷 신문의 진흥을 위해 신문발전기금(2006)을 설치하여 신문사업 진흥 인프라 기반 구축 및 여론의 다양성 확보를 위한 사업 등을 추진하였다.

문화예술진흥기금은 정부의 준조세 정비방침에 따라 2001년 제정된 「부담금관리기본법」에 의거하여 2004년부터 기금모금이 중단되고, 그 대체재원으로 복권기금이 전입되고 국고출연금과 공익자금, 그리고 적립금 이자수입 등으로 기금을 조성, 운용하고 있으나, 지원사업의 확대와 지원사업비의 증가로 인하여 2005년부터는 적립금이 지속적으로 감소하고 있는 실정이다. 2007년 12월 말 기준으로 4,336억 원이 적립되어 있으며, 적립재원별로는 국고출연금(28.8%)과 공익자금인 방송발전기금(16.1%)이 조성재원 중 45%를 차지하고 있다.[203)]

203) 문화관광부, (2008), p.54

표 28) 문화예술진흥기금 재원별 조성 및 운용실적

(단위: 억 원, %)

구분	1973-2000	2001	2002	2003	2004	2005	2006	2007	계
모금	269,961	38,293	48,434	53,582	7,943	267	71	27	418,578 (22.9)
국고출연	184,722	-	-	-	-	-	-	-	184,722 (10.1)
공익자금	158,907	2,000	1,583	2,000	1,700	1,100	-	-	167,290 (9.2)
복권기금	-	-	-	-	44,584	50,406	53,770	48,527	197,287 (10.8)
이자수입	307,890	37,552	29,721	26,570	28,376	28,909	25,972	34,201	519,191 (28.4)
기타	237,045	6,580	18,525	14,372	13,158	15,988	18,597	15,813	340,078 (18.6)
조성액	1,158,525	84,425	98,263	96,524	95,761	96,670	98,410	98,568	1,827,146 (100)
운용액	504,804	41,190	33,634	35,988	84,090	118,960	117,865	104,762	1,041,293 (100)

* 출처: 문화관광부, 2007 문화정책백서, pp.54-55, 참조하여 재작성한 것임.

노무현 정부의 법제를 보면, 2004년 문화계의 자율성을 제고하고 현장문화예술인이 중심이 되는 문화예술정책을 추진할 수 있게 하기 위하여「문화예술진흥법」을 개정하여 한국문화예술진흥원을 한국문화예술위원회로 신설, 대체하고 기관운영 체제 및 방법과 지원체계를 대폭 변경토록 하였다. 또 국어사용촉진과 국어발전, 보전을 위하여「국어기본법」을 제정하고, 지역신문의 건전한 발전기반 조성을 위해「지역신문발전지원특별법」을 제정하였다.

2005년에는 문화예술 교육의 진흥 및 문화예술 교육 활성화와 영상산업 진흥을 위해 각각「문화예술교육지원법」과「영상진흥기본법」을 제정하였다.

또한 언론보도로 인하여 침해되는 명예나 권익분쟁을 조정하고 중재하는 구제제도를 확립함으로써 언론의 자유와 공적책임을 조화시키기 위해「언론중재 및 피해자 구제 등에 관한 법률」을 제정하였다. 여론의 다양성을 보장하고 신문산업의 진흥을 위해 '신문발전위원회'와 '신문발전기금' 및 '신문유통원'의 설치 규정을 두는 것을 골자로「정기간행물등록에 관한 법률」을 대신한「신문 등의 자유와 기능보장에 관한 법률」의 대폭적인 개정이 있었으며, 「뉴스통신 진흥에 관한 법률」도 제정하였다.

2006년에는 도서관에 관한 기본법 근거를 명확히 하고 도서관의 역할 확대 및 기능을 강화하고자 「도서관 및 독서진흥법」을 「도서관법」으로 변경하고, 독서진흥 관련부분은 「독서문화진흥법」을 별도로 제정하여 규정하였다. 또한 법률적 근거와 사업논란을 야기했던 문화중심도시 조성사업 추진을 확고히 하기 위해 「아시아문화중심도시조성에 관한 특별법」을 제정, 공표하였다.

그리고 문화산업 관련법인 「게임산업진흥에 관한 법률」, 기존의 「영화진흥법」(1962)과 「음반, 비디오물 및 게임물에 관한 법률」을 통합하여 「영화 및 비디오물의 진흥에 관한 법률」, 「게임산업진흥에 관한 법률」, 「음악산업진흥에 관한 법률」 등의 법률 정비로 독립적인 법을 제정하여 법 운영의 효율성을 높였으며, 2007년에는 출판과 인쇄를 분리 규정하여 「출판 및 인쇄진흥법」(2002)을 「출판문화산업진흥법」과 「인쇄문화산업진흥법」으로 정비하였다.

그밖에도 「동학농민혁명참여자 등의 명예회복에 관한 특별법」(2004)과 「고도보존에 관한 특별법」도 제정하였다.

한편, 제16대 대통령 선거 시 노무현 후보의 공약사항은 4대 비전과 20대 정책목표로 구성되고, 이는 다시 150대 핵심과제로 구성되었는데, '따뜻한 대한민국'의 비전 이래 '21세기 문화대국 건설'을 목표로 보편적 문화향수권 보장, 선진국 수준의 문화인프라, 자유롭고 활기찬 문화예술인, 세계수준의 문화산업 등 4대 핵심전략을 내세우고, 이를 위해 14개 추진과제를 제시하였다.

그 주요내용을 보면, 청와대를 중심으로 한 역사문화벨트 조성, 문화예산 확충과 문화향수권 제고, 지방문화 육성과 지방분권화 시대의 정착, 문화기반 시설의 지속적 확충, 남북 문화교류 강화, 문화예술 외교활동의 강화, 문화재청의 위상 강화와 전통문화유산의 보관, 문화콘텐츠 산업 강국 구현, 영상산업 및 음반산업의 육성, 언론산업 선진화, 방송산업 활성화 등이다.[204)]

노무현 정부의 대선공약 사항은 대체로 김대중 정부의 정책기조를 바탕으로 한 지속적인 정책사업의 확대 및 강화에 중점을 두고 있어 이들이 구체적으로

---

204) 양건열, (2007), pp.12－13

가시화되기보다는 전반적인 문화정책에 대한 추진의지를 밝힌 것으로 볼 수 있으며, 문화분권화 시대의 정착, 음반산업 육성, 언론산업 선진화와 방송상업 활성화 등이 전 정부와 차별화되는 공약사업이라 할 수 있다. 국가균형 발전 차원에서의 지역혁신과 문화분권화 사업, 그리고 음반산업과 저작권산업은 나름대로 활발하게 추진되어 왔으나, 언론·방송산업은 언론정책과 연계되어 많은 논란 속에 별 성과를 거두지 못했다고 할 것이다.

2. 문화정책의 다양성과 다원화

노무현 정부는 국정원리인 '자율, 참여, 분권'의 3대 가치를 내세우고, 이를 문화정책에도 적용하여 자율성과 창의성의 확대라는 이념지향을 갖고 출발하였으며, 문화에 대한 개념의 재정립 및 정책적 범위 확대와 함께 문화적 가치에 대한 사회적 인식을 확산하여, 기존의 형식과 관행을 타파하고 비효율성을 해소하기 위한 행정혁신을 지속적으로 추진하였다.

노무현 정부의 문화정책 방향은 '자율, 참여, 분권'을 통한 문화예술 지원방식의 개선으로 '소액다건 중심의 지원방식'에서 '선택과 집중 방식'으로 전환하였으며, 문화정책의 범위를 넓혀 문화 민주주의 차원에서 수요자 중심주의, 정책 수요의 다양화, 지역문화의 분권화를 정책기조로 삼았다.

정책의 내용적 측면에서 보면, 정책의 외연을 확장하고 내용적 다양성을 확보했다는 사실에서 문화정책의 특징을 찾아볼 수 있다. 문화를 개인과 사회를 성숙하게 만드는 자원인 동시에 국가경쟁력의 중요한 원동력으로 인식함으로써 문화의 역할과 기능을 좀 더 적극적으로 폭넓게 해석하고, 문화정책이 사회정책의 일환으로 문화권 역시 기본적 권리 중의 하나라는 인식을 확산시키는 계기를 마련하였다. 또한 국가수준의 문화정책을 넘어 문화의 내적 형평성을 실질적인 의제로 등장시켜 지역균형 발전을 핵심적인 국정과제의 하나로 채택하여 추진하여 왔다.

노무현 정부는 진보주의적 성향으로 국정운영의 정책이념을 평등과 분배에 두고, 문화정책에서도 주로 서민중산층과 취약계층, 소외계층을 위한 문화향수권 신장과 문화복지를 목표로 정책사업을 확대 추진하였다. 사회 취약계층 등

수요자중심의 정책을 강화하고, 문화양극화 해소와 문화향수권 신장을 위해 저소득층, 청소년, 노인, 여성 등을 대상으로 한 문화나눔 사업과 장애인, 이주민, 보호아동, 군인, 재소자 등 특수 소외계층에 대한 문화지원 사업을 확대하였다.

민간자율성 강화를 위해 문화행정 시스템을 개편했으며, 국가균형발전 정책의 일환으로 지역분권과 지역균형 발전을 위해 지역균형발전 특별회계 예산과 중앙정부의 권한을 대폭 지방정부에 이양하고, 지역적 특성을 중시하는 분권화 정책과 국민의 문화역량 강화를 위한 문화예술 교육정책, 그리고 문화예술을 국가성장 동력으로 활용할 수 있는 문화콘텐츠 육성정책을 추진하였다.

또한 지역의 문화적 재설계를 위한 문화도시 건설과 인간 중심의 공간문화 환경조성사업 등 생활공간의 문화적 개선을 위한 인간과 문화중심의 생활공간 조성과 쾌적한 도시문화 공간 창출을 위해 공간문화와 공공디자인을 문화정책의 주요대상으로 설정하여 공간문화 정책을 추진하였다.

나아가 지역도시를 문화적으로 특성을 살려 디자인하기 위해 광주, 경주, 전주 등 역사와 전통을 연계한 문화도시 조성사업을 추진하였다. 문화를 통한 미래형 도시개발로 문화가 중심이 되는 도시구현을 위한 광주 아시아문화중심도시, 문화유산을 복원하여 세계적인 역사문화도시 조성으로 지역경제와 관광활성화를 위한 경주 역사문화도시, 그리고 인지도가 높은 전통문화를 활용해 시민들의 삶의 질을 높이고, 지역경제에 기여하기 위한 전주 전통문화도시를 조성한 것이다.

한편, 창작, 유통, 소비 단계에 대한 체계적인 지원으로 기초 예술의 자생적인 성장을 위한 기반조성을 위해 미술품 양도소득세 폐지(2003), 문화예술 기부금 손금 확대(2004), 미술은행 설립(2005), 문화접대비 도입(2006), 기업과 예술의 만남(A&B)사업 등 새로운 간접지원 방식의 제도 및 정책을 추진하였다.

이와 같이 다양한 정책사업을 통해 노무현 정부는 국민의 문화적 기본권 강화, 서민·중산층과 취약계층 및 소외계층을 위한 문화향수권 신장과 문화복지 확대, 민간자율성 강화와 문화예술 교육의 강화, 지역문화의 분권화를 통한 지역균형 발전과 지역의 문화적 재설계를 통한 문화도시의 조성, 인간중심의 공간문화 환경조성 사업, 그리고 창작, 유통, 소비의 전 단계에 대한 체계적 지원 등 다원화된 정책적 성과를 낳았다.

따라서 노무현 정부의 문화정책의 특성은 첫째, 국민의 문화적 기본권 강화에 보다 큰 관심을 갖고 취약계층의 문화적 삶을 위한 문화복지 제고와 계층 간, 지역 간 문화격차 및 불균형 해소에 정책적으로 대응한 점, 둘째, 창작단계뿐 아니라 유통, 소비 단계에 대한 체계적 지원으로 자생력 기반을 마련한 점, 셋째, 국민의 감수성 확대와 창작 및 향유능력 배양을 위한 기초적 문화예술 교육을 크게 강화한 것으로 정리될 수 있겠다.

한편, 2005년에는 효율적인 해외문화 홍보를 위해서 해외문화 홍보 일원화 방침에 따라 국정홍보처 소관의 문화홍보원을 문화부의 한국문화원 체제로 일원화하고, 민족문화와 전통문화의 효율적 지원육성을 위한 '한 스타일(Hanstyle) 사업'[205]과 한류의 지속적인 확산을 위한 '한류 지속확산방안'[206] 등 체계적이고 종합적인 한류지원 체계 구축을 위한 지원 시스템을 강화하였다.[207] 이는 한국문화의 효율적인 해외홍보는 물론, 한국문화 수요에 적극 대응하기 위한 국제문화정책의 큰 틀을 마련한 것이라 하겠다.

또한 2006년 문화원 운영과 연계하여 다양한 한국문화 수용에 대응하기 위한 새로운 개념의 코리아센터(Korea Center)[208]를 설립, 운영하였다. 이는 전통문화와 민족문화, 문화산업, 관광콘텐츠 창작활성화와 경쟁력 확보, 효율적인 해외진출 지원체계를 구축하기 위해 관련기관 네트워크를 구축, 즉 재외문화원과 관광공사, 문화콘텐츠진흥원을 동일장소에 설치하여 One-Stop으로 3개 분야의 서비스를 제공하기 위한 것이다.

이렇게 코리아센터를 단계적으로 확충함으로써 과거의 단편적이고 일방적인 문화홍보와 달리 국가이미지 제고를 위한 통합마케팅, 전통문화와 민족문화의 세계화 실현 전진기지 확보, 한류의 지속과 확산을 위한 민관 네트워크 형성, 그리고 상호 신뢰와 쌍방향 문화교류 추진을 확실하게 구축한다는 우리문화 해

---

205) 우리 고유의 문화에 공통적으로 담겨있는 한국적 양식(한글, 한식, 한복, 한옥, 한지, 한국음악 등 6대 분야)을 브랜드화하여 생활화, 산업화, 세계화하는 사업으로 40개 사업을 발굴하여 추진해오고 있다.

206) 이는 범정부적으로 한류지원정책협의회를 결성하여 관련사업을 추진하고, 쌍방향 문화교류 협력과 함께 한류지역을 확산해 왔다.

207) '외교통상부와 그 소속기관에 대한 직제'의 개정으로 기존의 4개 문화원(파리, 뉴욕, LA, 동경) 외에 러시아, 독일, 북경, 오사카 문화원 개편과 영국, 상해, 베트남, 아르헨티나 등 총 12개 문화원을 운영하게 되었다.

208) 기존 문화원 중에 한국문화 수요와 관광객 유치효과가 큰 LA(2006)에 우선적으로 개설하고, 북경과 상해(2007)에 차례로 개원하여 한류 확산의 발신지로 육성하였다.

외홍보의 전략적 변화라 하겠다. 나아가 문화를 통한 국가간 편견해소와 한류에서 촉발된 우리나라의 국가 이미지 개선을 위해 계획된 아시아지역 중심의 문화동반자(A-One)사업[209]을 아시아에서 세계로 대상지역을 확대 추진하였다.

한편, 문화정책의 미래를 위해서는 '문화강국(C-KOREA)2010'(2005)과 '미래의 문화, 문화의 미래'(2007) 등을 통해 우리 문화가 나아가야 할 방향과 향후 과제를 제시해 주었다. '문화강국(C-KOREA)2010'은 문화로 부강하고 행복한 대한민국의 건설을 위해 문화, 관광, 레저스포츠 산업과 관련한 비전과 전략수립, 이를 위한 10대 핵심과제를 제시한 것으로 창의력 있는 문화예술과 경쟁력 있는 문화사업의 육성으로 문화강국을 위한 대안을 제시한 것이다.

또한 '미래의 문화, 문화의 미래'는 문화관광부 정책자문위원회가 미래 전망의 목표연도를 2030년으로 설정하고, 미래전략 분과를 총괄로 하여 문화예술 분과, 문화산업분과, 관광분과, 체육분과로 나누어 문화정책 대상의 현안과 전망 그리고 정책과제를 도출하여 급변하는 사회현상과 경제상황, 국제정세와 문화환경에 대응하여 미래를 예측하고 준비해 나가야할 미래비전과 정책을 제시하였다.

3. 문화창의성과 문화예술 교육의 강화

노무현 정부의 주요 중장기계획으로서 '창의한국'(2004)은 21세기 새로운 문화의 비전을 제시하기 위한 참여정부의 문화정책 기본지침서로서, 광의의 문화개념에 기초한 정책영역의 확대와 정책분야 과제 간 매트릭스 정책틀 형성계획의 기본특성을 담고 있다. 이는 문화정책에 대한 새로운 개념의 재편성과 정책결정에 대한 새로운 논의를 이끌어내고, 노무현 정부가 지향하는 미래 문화상을 제시한 것이다.

'창의한국'은 문화의 창의성을 중시하여 '창의한국'의 비전하에 창의적인 문화시민, 다원적인 문화사회, 역동적인 문화국가를 3대 추진목표로 설정하고, 창의성, 정체성, 역동성을 중시하였다. 정책기조로서는 5대 기본방향을 '문화와 개

209) 아시아 문화동반자 사업은 동남아시아와 몽골 등 문화인이나 학생 등 관련 동반자들을 초청하여 6개월 이상 한국에 체류하게 하여 분야 별 전문교육과 공동문화예술 프로그램을 수행하도록 하는 국제 문화지원 사업으로 문화다양성 증진, 문화교류 및 이해 촉진, 인적 네트워크 형성 등을 목적으로 시행되고 있다.

인: 문화참여를 통한 창의성 제고', '문화와 사회: 문화의 정체성과 창조적 다양성 제고', '문화와 지역: 국가균형발전의 문화적 토대 구축', '문화와 경제: 국가발전의 신성장 동력화', 그리고 '문화와 세계: 평화와 번영을 위한 문화교류협력 증진'을 제시하였다.

이를 추진하기 위해 27개 추진과제를 정책과제로 설정하여 특히 문화예술 교육을 통한 문화역량 강화, 양성평등 문화 확립, 사회적 취약계층의 문화권 신장, 문화산업 고도화, 문화정보 체계 구축, 쾌적하고 아름다운 공간환경 조성, 지역문화의 역동적 특성화 등을 중시하여 핵심정책화함으로써 과거의 중장기계획이나 정책들과 달리 취약계층의 문화향수 등 문화권 신장과 계층적 접근영역의 확보, 문화예술 교육의 중요성 등을 새롭게 강조한 점이 특징적이라 하겠다.

표 29) 창의한국

정책목표	정책기조(기본방향)	정책과제(27개 추진과제)
창의적 문화시민 양성 (문화와 개인)	문화참여를 통한 창의성 제고	문화예술 교육을 통한 문화 역량 강화 등 8개
다원적 문화사회 (문화와 사회)	문화정체성과 창조적 다양성 제고	문화정체성과 예술의 창조적 다양성 등 5개
역동적인 문화국가 (문화와 국가) (문화와 세계)	국가균형 발전의 문화적 토대 구축 문화를 국가발전의 신성장 동력화 평화와 번영을 위한 문화교류 협력 증진	문화산업의 고도화 등 3개 지역의 문화역량 제고 등 7개 동북아 문화협력 강화 등 4개

* 출처: 문화관광부, 「창의한국」(2004)을 참조하여 도표화한 것임.

'창의한국'과 함께 발표된 '새 예술정책'(새로운 한국의 예술정책 – 예술의 힘) 또한 참여정부가 지식기반 사회에서 창의성을 바탕으로 지향하는 미래의 예술발전 방향을 제시하였다. '새 예술정책'은 창의적인 예술을 바탕으로 '예술의 힘'에 의해 창의적인 시민과 지역공동체 그리고 창의적인 국가를 만들어 나가는 데에 비전을 제시하고, 이를 위한 4대 기본방향으로 향유자중심의 예술활동 강화, 예술의 창조성 증진, 예술의 자생력 신장, 열린 예술행정 체계 구축을 설정하고 14개 역점 추진과제를 제시하였다.

표 30) 새 예술정책

비전(목표)	기본방향	역점 추진과제
창의적 시민 창의적 지역 공동체 창의적 국가	향유자 중심의 예술활동 강화 예술의 창조성 증진 예술의 자생력 신장 열린 예술행정 체계 구축	예술의 공공성 제고 등 3대 과제 새롭고 실험적인 예술활동 지원 등 4개 과제 예술전문 인력의 체계적 양성 및 재교육 등 4개 과제 예술지원 시스템의 현장중심 전환 등 3개 과제

* 출처: 문화관광부, 「새 예술정책」 (2004)을 참조하여 도표화한 것임.

'창의한국'과 '새 예술정책'이 핵심적인 정책이념으로 내세운 '창의성'은 새로운 것을 창출해내는 개인의 인지능력과 그와 관련된 정의적 특성을 말하며, 흔히 문화창조력 또는 문화창의성이라는 개념으로 일컬어진다.[210] 문화창의성은 주체에 따라 문화창조자로서의 문화예술인들의 창의성과 문화수용자로서의 국민들의 문화적 감수성을 바탕으로 한 문화창의성으로 구분하여 개념화된다.

창의성은 국가나 사회에 있어서 미래를 좌우하는 핵심적인 정책대상으로서 정책적인 차원에서뿐 아니라 개인의 삶의 질 향상에도 매우 중요한 결정적 역할을 하는 것으로 이해되고 있다.[211] 문화가 정책적으로 주목 받는 이유도 국민의 문화활동이 창의성 증진에 매우 효과가 있다는 사실 때문이다.[212]

창의성을 증진하는 것은 국내외를 막론하고 문화정책의 주요과제로 설정되어 왔다. 우리나라의 경우 1980년대부터 문화적 감수성과 창의성을 증진하는 것이 문화정책의 중요한 목표로 고려되어 왔고, 1990년대 중반이후 문화산업에 대한 정책적 관심이 커지면서 창의성 이념이 새롭게 부각되었다. 창의성은 국가사회 전체의 경쟁력을 높이는데 뿐만 아니라 문화산업, 특히 문화콘텐츠 산업에 매우 중요한 요소이기 때문이다.

과거 우리나라의 문화정책이나 중장기계획에 나타난 문화창의성 내지는 문

210) 정범모, 「21세기와 창조적 풍토」 (서울: 한국정신문화연구원, 1994), pp.13-16

211) 문화정책의 핵심이 개인과 국가 차원에서 창의성 확보에 있다고 주장한다. (Chris Smith, *Creative Britain,* faber and faber, 1998 참조)

212) 영국의 문화정책과 '창의적 문화교육을 위한 국가자문위원회' 보고서 등에서 그 대표적 사례를 엿볼 수 있다. (정갑영, "국민문화창조력의 의미와 활성화를 위한 정책방향", 「문화정책논총」 제12집, 2000, p.2)

화창조력을 보면, 문화예술인들을 위한 문화창조자 중심의 문화정책이 추진되어 왔고, 창조적 문화역량 제고(새문화정책)나 문화창조 능력 활성화(제6차 경제사회발전 5개년계획: 문화부문계획), 문화창조력 제고(문화창달 5개년계획) 등 각 계획상의 정책목표와 기본방향이 대체로 문화향유자로서의 국민들의 문화감수성에 대한 인식에 비중을 두기보다는 문화예술인의 창의력 중심의 개념에서 문화창조력이 강조되어 온 것이다.

창의성 문제가 국민들의 문화감수성 증진과 맞물려 이를 통해 국민문화 향수를 제고한다는 차원에서 보면, 문화창의성 증진을 위한 문화정책의 방향은 문화수용자인 국민들의 문화창조력 내지 문화창의성에 중점을 두어야 할 것이다. 창의성은 교육과 체험, 학습 등에 의해서 길러지고 증진되기 때문에 문화예술교육과 매우 밀접한 관계를 갖고 있으며, 이는 또한 국민의 문화향수권과 직결된다고 하겠다.

이러한 점에서 국민에 대한 문화예술 교육의 중요성이 날로 증대되고 있다. 문화예술 교육은 국민들의 문화감수성 함양을 도모하고, 이를 통한 문화향수권 확대를 궁극적인 목표로 한다.

과거 문화예술 교육정책은 김영삼 정부 때 한국예술종합학교의 일부 교육체계를 정비하고 지역문화학교[213]를 확대 운영해 왔다. 김대중 정부에서는 한국예술종합학교, 한국전통문화학교, 국악중고등학교 등을 통해 문화예술 교육정책을 확대하고, 지역문화학교도 대폭 증설하여 지역주민의 문화향유와 학습을 위해 사업을 전개하였다.

노무현 정부는 문화예술 정책을 공급자 위주의 정책에서 수요자 중심의 정책으로 전환하여 추진하였는데, 그 대표적인 성과가 문화예술 교육정책의 실현이라 하겠다. 노무현 정부는 문화예술 교육의 중요성을 인식하고, 문화예술 교육을 문화정책의 핵심영역으로 설정하여 문화예술 교육을 위한 행정체계를 갖추고, 중점적으로 정책을 강화하여 왔다.

이를 위해 2003년 교육인적자원부와 학교의 문화예술교육 활성화를 위한

---

213) 이는 문화의 향유자인 국민들이 문화예술을 학습하게 하여 생활속에서 직접 체험할 수 있도록 하기위해 1991년 정부산하 문화예술기관에 14개교 개설(52강좌, 28천 명)을 시작으로 1997년까지 167개교(553강좌, 15만 명), 2002년까지 310개교(5,100강좌, 32만 명)로 증설되었다.

협약을 체결하고, 공동사업추진단을 구성하여 '문화예술교육활성화 종합계획'(2004)을 마련하였다. 또한 문화관광부는 문화예술교육의 활성화를 위한 안정적 실행을 위해 문화예술교육과(2004)를 신설하고, 2005년에는 전문적인 문화예술교육을 강화하기 위해 문화예술교육진흥원을 설립하고 「문화예술교육지원법」을 제정하였다.

2007년에는 '문화예술교육활성화 중장기전략'(2007~2011)을 수립하였다. 이는 2005년 이래 문화예술 교육정책의 제도적 기반을 마련하고, 사업을 지속적으로 확장시켜 오는 등 가시적인 성과를 거두었음에도, 대다수 국민들의 체계적 문화예술 교육의 경험은 크게 부족한 실정이라는 인식에 따라 중장기전략을 수립하게 된 것이다.[214)]

따라서 '문화예술교육활성화 종합계획'이 정책영역의 기반을 마련한 것인 반면, '문화예술교육활성화 중장기전략'은 각 사업이 보다 구체적인 사업목표를 가지고 추진될 수 있는 방안을 제시한 것이라 할 것이다.

문화예술 교육사업은 학교에서의 문화예술 교육과 취약계층 등을 위한 사회에서의 문화예술 교육으로 구분하여 추진하고, 학교에서의 문화예술 교육을 위해 국악, 연극, 영화, 무용, 애니메이션 등 5개 분야에 걸쳐 초·중등학교에 강사풀제를 도입하여 예술강사를 파견 운영하였으며, 사회문화예술 교육은 사회취약계층 지원사업을 위주로 한국문화예술교육진흥원에서 주관하여 아동복지 시설, 문화의 집, 지역문화예술교육지원센터 등을 통해 추진하였다.

문화예술 교육정책에 있어서 교육정책의 공감대 확산과 교육 프로그램 및 교육체계 확충 등 기반조성 사업도 중요하지만, 무엇보다도 문화예술 교육의 전문인력이 충분히 확보될 수 있도록 하는 인력양성 사업이 중요하다고 하겠다. 이는 신규 전문인력 양성 사업과 예술강사와 교사 등을 중심으로 한 전문인력 아카데미 사업, 그리고 예술영재 육성사업이 있으며, 노무현 정부에서 가장 큰 성과를 거둔 부문으로 보인다. 문화예술 교육의 중요성은 국민들의 문화향수 제고를 위한 문화자본[215)]의 축적을 위해서도 드러난다. 국민들의 문화향수를 위

---

214) 문화관광부, (2008), p.314

215) 문화자본에 대하여는 부르디외의 문화자본론을 참고할 필요가 있다. (P. Bourdieu, *Distinction* (Boston: Harvard Univ. Press, 1984) 참조

한 문화소비에 미치는 영향이 경제자본보다는 문화예술 교육과 같은 문화자본이 훨씬 크기 때문이다.[216)]

문화예술 교육은 문화적 대상에 대한 인식능력의 축적과 그에 대한 익숙함도 가져올 수 있기 때문에 체화된 문화자본을 축적할 수 있는 계기를 제공해준다. 따라서 문화자본의 축적기회를 확대하기 위해 과거와 같이 문화예술에 대한 정규적 학교교육보다는 넓은 의미의 문화교육 즉, 평생학습 또는 평생교육 차원에서 추진되어야 할 것이다.[217)]

4. 인사 및 언론정책의 개혁과 논쟁

노무현 정부 출범 후 정치, 사회적으로 많은 변화와 혁신이 있었지만, 문화예술계 인사정책과 홍보 및 언론정책에서는 개혁과 혁신을 내세운 진보적 행태로 말미암아 파행과 논란을 거듭했다.

무엇보다도 문화예술계에서 민예총 소속 진보성향 인사의 문화기관 및 산하단체 진입으로 인한 편파적인 개혁코드인사 논란[218)]과 그로 인한 진보 대 보수의 보혁대립이 심화되었으며, 보수 메이저언론에 대한 적대적 행태와 정부 홍보정책의 언론에 대한 통제적 조치, 그리고 언론관계법 제·개정을 둘러싼 논쟁과 헌법소원 공방, 언론관련 산하단체의 설립 운영 및 편파적 지원 등에 대한 정치적 논란 등으로 정권적 차원에서 여·야는 물론, 진보와 보수 간에 끊임없는 갈등과 마찰을 빚어왔다.

임기 내내 논란이 되어왔던 소위 '코드인사'가 개인적인 인연과 주관적 편견, 정파와 정치노선, 철학과 이념 등에 의해 사람들을 중용하는 편협한 인간중심적 인사스타일 내지는 인사행태를 의미한다고 볼 때, 정실인사, 엽관인사, 정치적 인사 등이 이에 해당된다고 할 것이다. 이는 정치적 목적달성과 원활한 국정운영을 위한 친위체제의 구축이라는 강점도 있겠으나, 정책적 능력과 국정경험의 부족, 폐쇄적이고 편협된 사고와 행태, 편중성과 비합리적 정향성 등 부정적인

216) 최영섭, "한국인의 문화소비 결정요인에 대한 일 고찰", 「문화정책논총」 제12집, 2000, p.253
217) 최영섭, (2000), p.255
218) 국립현대미술관장, 국립국악원장, 문화예술위원회위원장 등의 문화기관장 공모인사가 대표적인 사례로 논란이 컸었다.

효과와 폐해로 국정운영의 난맥상은 물론, 여론의 비판을 초래하는 요인이 된 것이다.

노무현 정부의 인사정책은 개혁적인 진보성향의 인사를 중심으로 노무현 정부 및 대통령과 국정철학과 정책성향이 합치되는 소위 '코드'가 맞는 인물들을 정부기관 및 산하단체에 중용하고자 한 것으로, 과거 비제도권, 운동권, 비주류 등의 소외계층과 진보성향의 학계, 언론계 등의 소수그룹 및 문화연대 등 시민단체 출신인사들이 대통령선거를 계기로 전면에 부각하게 된 것이다.

정치환경의 급변에 따른 상실감으로 위기의식을 갖게 된 과거 집권세력과 보수계층의 혼란과 반발은 예견된 것이었지만, 개혁코드에 의한 경도된 인사정책에 대한 비판과 반발은 의외로 컸고, 특히 문화예술계에서는 문화관광부 장관을 비롯해 국립현대미술관장, 국립국악원장, 문화예술위원회위원장, 영화진흥위원회위원장, 그리고 한국방송공사 사장 등의 문화기관장 인사를 대표적인 편파인사 사례로 내세워 당시 문화계에서 뿐만 아니라 언론계와 정치권에서도 공세와 논란이 컸었다.

노무현 정부의 언론정책은 대표적인 정쟁대상으로 보수언론의 기존 아성과 기득권을 부정하고 파괴하기 위한 언론과의 전쟁이었다. 노무현 대통령은 언론의 반역사성과 독점적 구조에 대한 비판 강화, 왜곡 및 편파보도에 대한 법적 대응, 청와대 브리핑과 국정브리핑 등 정부 인터넷 홍보 매체의 적극적인 활용 등으로 거대 언론 및 언론자본에 대한 파괴적 혁신을 지속적으로 추진하였다.

여론의 다양성을 보장하고 신문산업의 진흥을 위해 '신문발전위원회'와 '신문발전기금' 및 '신문유통원'의 설치규정을 두는 것을 골자로 「정기간행물등록에 관한 법률」을 대신한 「신문 등의 자유와 기능보장에 관한 법률」의 대폭적인 개정이 있었다. 또한 언론보도로 인하여 침해되는 명예나 권익분쟁을 조정하고 중재하는 구제제도를 확립함으로써 언론의 자유와 공적책임을 조화시키기 위해 「언론중재 및 피해자 구제 등에 관한 법률」을 제정하였으며, 「뉴스통신 진흥에 관한 법률」도 제정하였다.

「신문 등의 자유와 기능보장에 관한 법률」에 의하여 여론의 다양성 보장과 신문산업의 진흥을 위한 업무를 지원하기 위하여 신문발전위원회를 설치하고, 국민의 폭넓은 언론매체 선택권 보장을 위한 신문 등 정기간행물의 공동배달 사업을 위하여 신문유통원을 설립하였다.

이러한 공세에 맞서서, 메이저 언론의 정부 및 정책에 대한 자의적 비판보도는 지속되고, 적대적 관계는 언론관계법[219]에 대한 헌법소원으로 이어졌으며, 이는 국정운영에 적잖은 부담과 혼란을 야기하게 되었다.

정부와 언론과의 관계는 과거 정부에서 협조공생 관계 내지는 비판견제 관계를 견지하여 왔으나, 김대중 정부에서 긴장관계로 전환되었고, 노무현 정부에 와서는 긴장관계를 넘어선 적대적 관계를 형성하게 되었다. 이러한 언론과의 적대적 관계는 대통령의 개인적 성향과 부정적 언론관, 언론과의 악연, 언론의 정치이념적 행태 및 이해타산적 상업주의, 인기영합적 포퓰리즘과 승부사적 우월 콤플렉스가 만들어낸 복합적인 결과로 보인다.

노무현 정부의 언론정책의 구체적인 내용은 홍보업무 운영방안, 언론관계법 제·개정, 그리고 취재지원 선진화방안을 통해서 나타났다고 할 수 있다.

노무현 대통령은 취임 직후인 2003년 3월 참여정부 국정토론회에서 언론과의 '긴장관계'를 역설하고, 이와 함께 청와대를 비롯한 정부기관에서의 가판구독을 금지했다. 이에 따라 문화관광부 장관이 새로운 '홍보업무운영방안'을 발표했다. 그 골자는 기자실의 폐지와 브리핑실 및 취재지원실 설치, 그리고 브리핑제 실시였다. 이는 그간 고질적인 기자실 운영상의 관행과 폐쇄성에 대한 폐해를 척결하고, 정부의 정례적인 브리핑을 통해 행정정보를 투명하게 공개하는 전향적인 방안을 마련해 운영하고자 한 것이다.

하지만 홍보업무 운영방안 중에 특히 문제가 된 것은 기자들의 정부 부처 사무실 방문 취재를 제한하고 사무실 방문취재 시 공보관의 사전협력을 받아야 하며, 취재대상자의 실명표시제를 실시하고, 공무원은 기자와의 회식을 자제하며 취재에 응한 공무원은 공보관에게 통보하도록 한 점이다. 또 언론오보의 경우 언론의 오보방지와 국민의 알권리 신장을 위해 정부 관련부서가 능동적으로 해명자료를 배포하고 반론 및 정정보도를 청구토록 한 것이다. 이에 대해 언론계는 사실상 자유로운 취재에 대한 제한조치라며 국민의 알 권리와 언론자유를 침

219) 이는 1987년 「언론기본법」 폐지에 따른 대체입법으로 제정된 「정기간행물의 등록 등에 관한 법률」을 개칭한 「신문 등의 자유와 기능보장에 관한 법률」(2005년 개정)과 「언론 중재 및 피해구제 등에 관한 법률」(2005년 제정)을 말한다.

해하는 것이라고 비판하면서 이 조치의 수정을 요구하여 일부가 완화되기도 하였다.

언론관계법에서 가장 문제가 된 것도 신문방송의 겸영과 시장지배적 구조 및 사업자 추정에 대한 규정으로, 메이저 언론의 독과점적 현상에 대한 법률적 금지 및 제한조치에 관한 이견 충돌이었다. 언론중재법도 피해 당사자가 아닌 제3자의 시정권고도 가능하도록 한 것에 대해 정부가 언론보도에 사후적으로 간여할 수 있게 한 것이라는 비판이 있었다. 이는 결국 2006년 헌법재판소의 언론관계법 중 일부 위헌판결로 노무현 정부의 언론구조 개혁에 장애로 작용했고, 후에 해당 규정을 개정해야 했다.[220]

취재지원 선진화방안은 2007년 국정홍보처가 대부분 정부부처의 브리핑실을 없애고, 세종로 정부중앙종합 청사와 과천종합 청사에 마련하는 종합브리핑실로 통합한다고 발표함으로써, 사실상 기자들의 정부부처 출입과 취재활동을 원천적으로 봉쇄하려는 극단적인 취재제한 조치로 비판받은 것이다. 또한 사전 허락 없이 기자의 공무원 접촉 및 정부부처 사무실 방문을 금지하도록 하였다. 이 조치로 인해 언론의 정부감시 기능과 국민의 알권리가 결과적으로 어느 정도 제한받게 된 것은 사실이다.

한편, 인사권 행사를 통해 장악이 가능한 방송사와 재정상태가 비교적 취약한 일부 마이너신문과 인터넷매체를 정권의 우군으로 삼아 이들을 지원함으로써 보수 메이저신문을 견제한다는 이이제이(以夷制夷)전략을 노무현 정부 언론정책의 핵심이라고 보는 견해[221] 등이 당시의 언론정책과 언론계의 대립 갈등국면을 잘 말해주고 있다고 하겠다.

이상과 같이 살펴본 민주화 이후의 각 정부별 문화정책 체계를 종합하여 비교하면 <표 31>과 같다.

220) 1개 신문사의 시장점유율이 전국 발행부수 기준 30% 이거나 3개 신문사가 60% 이상일 경우는 공정거래법상 시장지배적 사업자로 규정토록 하는 조항, 시장지배적 사업자를 신문발전기금 지원대상에서 제외시킨 조항, 그리고 언론중재법의 정정보도 청구소송을 가처분절차로 처리토록 한 조항 등이 이에 해당된다.

221) 남시욱, "노무현정부 평가 : 노무현정부와 언론", 「정책제안」, 자유기업원 (http://cfe.org), (2007)

표 31) 정부별 문화정책 체계 비교

구 분	노태우 정부	김영삼 정부	김대중 정부	노무현 정부
문화 행정조직	문화부, 생활문화국 신설	문화체육부, 문화산업국 신설	문화관광부, 문화재청 승격	문화관광부, 문화미디어국 신설 한국문화원 통합
문화 재정	문화예산 증가 문예진흥기금 대폭 조성	문화예산 지속 증가	문화예산1%, 1조 원 달성 문화산업 재원 조성	문화예산 점유율 감소 문예진흥기금 모금 중단
중장기계획	문화발전 10개년계획	문화창달 5개년계획	새문화정책	창의한국, 새예술정책
지원 체계 정비	국립국어연구원 민속국악원 예술종합학교 문화재연구소 설립	한국문화정책 개발원 설립	영상물등급위원회 한국게임산업개발원 문화콘텐츠진흥원 영화진흥위원회 설립	문화예술위원회 및 문화예술교육진흥원 설립
정책 목표	선진문화한국 구현	선진문화 복지, 문화세계화	창의적 문화복지, 문화대중화	문화대국 실현, 문화 민주주의
주요 정책	생활문화 복지 문화민주화 민족문화 통일문화 진흥 문화국제화	민주적 문화복지 민족정기 확립 문화산업 개발 기업문화 활성화 우리문화 세계화	생산적 문화 복지 문화산업 육성 문화정체성 문화의 지방화 남북 문화교류	분배적 문화복지 문화행정 혁신 언론개혁 문화예술교육 지역문화 균형발전
관련 정책	북방정책	세계화 정책	햇볕정책	지역균형 발전 정책

앞에서 살펴 본 바와 같이, 각 정부별로 문화정책의 목표와 정책사업은 그 지향하는 바는 대동소이하나, 구체적인 동기나 배경, 정책과정, 사업 우선순위나 중점도, 세부적인 사업내용, 그리고 조직을 비롯한 문화행정 체계 등에서 차이가 나고, 정권의 정치적 특성에 따른 문화정책의 특성화 의지를 간파해 볼 수 있다.

여기에서는 문화정책의 기본목표이자 각 정부가 공통적으로 추구해온 정책목표인 문화정체성, 문화 민주주의, 문화복지, 지역문화 발전, 문화산업 육성, 문화예술 진흥, 국제 문화교류 증진, 통일문화 등의 측면에서 각 정부가 추진해온 정책사업을 종합하여 그 특성을 비교해 보고자 한다.

각 정부의 문화정책은 주로 문화분야의 대선공약과 중장기계획에 반영되어 나타나는데, 이들을 통해 각 정부의 문화에 대한 인식은 물론, 정책기조와 정책방향 및 그 특성을 알 수 있다.

1. 문화정체성 확립

문화정체성 확립을 위한 정책사업이다. 문화정체성은 특정한 사회의 문화적 의미와 실천을 공유하는 집단이 느끼는 일체성과 지속감에 대한 사회심리적 현상을 말하며, 전통문화의 계승과정, 외래문화의 수용과정, 그리고 새로운 문화의 창조과정을 통해서 형성되고 변동된다.[222] 문화정체성 문제는 국가정체성이나 민족주체성과도 직결되는 문화 그 자체의 존재의 당위성과 자존에 관한 것으로 해방 후부터 문화재 관리 및 전통문화 전승, 민족문화의 주체성 확립, 민족사관의 정립 등의 정책기조 및 목표와 중점사업으로 대변되어 왔다.

과거 정부에서는 문화정체성 문제를 정책목표와 정책과제로 직접 내세우며 유난히 강조해왔는데, 이는 과거 정권들이 권위주의적 군부독재 체제로서 정권의 정통성 및 정당성과 관련하여 민족문화, 민족사관, 주체성 등을 정치적으로 활용코자 의도적으로 정책화한 결과이며, 민주화에 의한 결과로 인하여 정권의

222) 한국문화정책개발원, 「문화정체성 확립을 위한 정책방안 연구」, (서울: 한국문화정책개발원, 2002), p.18

절차적 정당성을 어느 정도 확보한 노태우 정부의 경우는 상대적으로 문화 민주주의나 문화복지 문제가 더 시급한 정치체제적, 상황적 필요에 따라 간접적으로 추구하였다. 즉 '제6차 경제사회발전 5개년계획: 문화부문계획'(1987–'91)은 전 정부 말기에 수립된 문화중장기 계획으로 '문화적 주체성 확립'을 주요 정책과제로 제시한 반면, 노태우 정부가 수립한 '문화발전 10개년계획'은 '민족문화의 틀'을 기본방향으로 제시하고 있으나 이는 국제 문화교류 증진을 위한 것이며, 통일문화 정책의 기본방향으로 '민족문화의 동질성 회복'을 강조하여 민족문화 개념에 변화를 가져온 정도에 그치고 있다.

김영삼 정부는 '문화창달 5개년계획'을 통해서 문화정체성과 관련된 정책과제로 '민족정기의 확립', '한겨레문화의 조성', 그리고 '우리문화의 세계화'를 제시하였다. 특히 '민족정기의 확립'을 강조하여 역사의 극복을 지향하며, 그간 소홀했던 전통문화 활성화와 이를 통한 민족정기와 자긍심 회복에 역점을 두었다. 이는 김영삼 정부의 '역사바로세우기' 운동과 잘못된 과거의 문화유산 및 역사청산 작업과 밀접한 관계를 맺고 있다.

김대중 정부는 '새문화정책'을 통해 정책목표로 '문화정체성과 보편성의 조화로 열린 문화 구현'을 내세우고, 정책과제 중의 하나로 '문화정체성을 바탕으로 하는 보편적 세계주의 지향'으로 문화의 시대 세계화에 부응한 문화정체성을 강조했다. '문화유산의 체계적 보호, 계승, 발전'과 '문화를 통한 민족통합 지향' 등이 문화정체성과 밀접한 관련을 갖고 있는 과제라 하겠다. 문화유산의 체계적, 효율적 보존, 관리를 위한 법, 제도의 정비 및 개선, 문화재 예산의 대폭증액, 한국어보급 체계 구축, 그리고 문화민족 공동체 구축 등이 이를 뒷받침하였다. 다만 문화정체성을 위한 정책과제가 과거 정부들의 우선순위에 비해 후순위화하고 있음이 김대중 정부와 대통령의 실용주의적 특성을 나타내고 있다고 하겠다.

노무현 정부는 '창의한국'에서 5대기본방향의 하나인 '문화와 사회'의 관계로 '문화의 정체성과 창조적 다양성 제고'를 제시하고, 추진과제로 '열린 민족문화로 다가서는 문화정체성'과 '문화유산의 보존과 전통의 현대적 계승'을 설정하여 추진했다. 이는 우리 문화의 전통적 특수성과 세계화로 인한 문화의 보편성의 조화, 그리고 현대적 발전에 중점을 두었다고 할 것이며, 노무현 정부의 정책원리인 '개방과 소통'의 개념에서 파생된 것이라 하겠다.

2. 문화 민주주의 실현

문화 민주주의 실현에 관한 정책사업이다. 문화 민주주의는 '모든 사람에 의한 문화'로 다양한 배경을 가진 사람들의 폭넓은 참여에 의한 의사결정에 따라 정책을 결정하고 집행하는 형태로 문화의 다원성 내지는 다원주의에 기초하며, 그 기조는 참여의 계속적인 과정으로서의 문화개발이다. 이는 문화창조성과 자율성, 그리고 문화예술 교육정책과도 밀접한 관계를 갖는다.

문화 민주주의는 흔히 '문화의 민주화'와 대칭되는 개념으로 이해되기도 하는데, 문화 민주주의가 질적 개념으로 '모든 사람에 의한 문화'로 문화개발에 중점을 두고 일반인에 대한 내용이 핵심을 이루며, 적극적인 문화기본권인 참여복지와 관계된다면, 문화민주화는 '모든 사람을 위한 문화'로 문화의 확산에 중점을 두고 전문인들에 대한 내용이 주류를 이루며, 소극적인 문화향수권인 문화복지와 관계된다고 본다.[223] 문화의 공공성과 다양성 문제도 문화민주화와 문화 민주주의에 직간접적으로 연결된다.

노태우 정부는 '문화발전 10개년계획'을 통해 갈등구조를 푸는 '화합의 틀'로 문화창조력을 높이고 문화의 자율성을 돕는 정책과제와 추진전략을 제시했다. 서울올림픽을 계기로 많은 규제완화와 해금조치 및 정부주관 행사의 민간이양 확대조치도 문화민주주의 정책의 일환으로 보인다. 이러한 정책기조는 특히 당시의 정치체제와 정치적 상황의 민주화 흐름에 부합되는 내용이라 하겠다.

김영삼 정부는 '문화창달 5개년계획'을 통해 '규제에서 자율로'의 정책기조 아래 '문화창조력 제고'와 '문화환경 개선'을 주요정책 과제로 제시하고, 이에 대한 배경으로 그간의 비정상적이고 파행적인 정치행태와 경제개발 우선주의에 의한 사회적 병리현상을 진단하고 문화적 측면에서의 서구문화 경도현상으로 인한 획일적이고 통제 위주의 문화행태와 제도로 자율적이고 창의적인 문화활동이 위축되어 있음을 지적하였다. 하지만 김영삼 정부는 문화정체성 확립과 우리 문화 세계화 정책에 역점을 두어 문화민주주의에 대한 정책적 의지와 관심은 그리 높지 않은 편이었다.

김대중 정부는 김영삼 정부에 이어 민주화 조치 일환으로 각종 검열제도 및

---

223) 구광모, (1999), pp. 76－77

규제완화 등을 통해 창작지원을 위한 제도를 정비 개선하고, 중산·서민층에 대한 지원사업으로 일반인들의 문화체험과 참여 프로그램을 개발, 추진함으로써 문화활동 참여기회와 폭을 넓히며, 특히 '우리 문화·역사마을 만들기' 사업을 통해 주민들의 자발적 참여에 의한 실질적인 문화정치를 시행함으로써 문화 민주주의의 기반을 다지고자 하였다. 하지만, 김대중 정부도 문화 민주주의 구현을 위한 적극적인 정책사업보다는 생산적 문화복지를 위한 문화대중화 사업에 역점을 두었다.

노무현 정부는 '자율, 참여, 분권'을 통한 문화정책을 실현하고자 고객과 현장중심의 한국문화예술위원회로 전환하여 문화예술인 스스로 정책의제를 결정하고 집행, 평가함으로써 자율성과 독립성을 제고하고, 수요자 중심의 정책다양화와 지역문화의 분권화를 기본 목표로 문화 민주주의를 구현코자 했다.

또한 '창의한국'에서 '문화참여를 통한 창의성 제고'를 위해 체험 중심의 문화예술 교육 프로그램을 통한 감수성과 창의력 등 문화역량을 강화하고, 사회적 취약계층의 문화적 권리 보장으로 문화 민주주의 실현을 구체화하였다.

3. 문화복지 증진

문화복지 증진을 위한 정책사업이다. 문화복지는 문화를 통한 삶의 질 향상으로서 문화향수권의 신장과 문화의 민주화와 직접적인 관계를 갖는다. 문화복지 문제도 문화정체성과 함께 1980년대 '새문화정책'에서 문화적 복지의 구현을 정책목표로 제시한 이래 역대 정부를 통해 공통적으로 제시해온 정책목표이자 주요정책 과제였다.[224)]

노태우 정부는 문화향수권과 참여권 신장을 위한 다양한 문화접근 전략과 프로그램을 개발하고, 생활 속에 문화가 뿌리를 내릴 수 있도록 문화의 생활화, 즉 생활문화를 문화정책의 역점사업으로 추진하였다. '문화발전 10개년계획'을 보면, '모든 국민에게 문화를'의 정책목표와 복지문화의 틀을 기조로 '국민문화향수 확대'를 정책과제로 설정해 문화시설 확충과 대중문화 지원사업을 확대하

224) 1990년대 문화발전 10개년계획 이후 각 정부는 문화복지국가의 실현, 진입, 건설 등의 표현을 빌려 공통된 문화정책의 궁극적이고 장기적인 목표로 제시하여 왔다.

였으며, 문화적 격차와 불균형해소를 위해 문화환경 조성과 수용 여건을 개선하였다.

김영삼 정부는 '문화창달 5개년계획'에서 '누구나 즐기고 신명나는 문화'를 정책모토로 '창조계층에서 향수계층으로' 문화정책의 수요층을 확대하고, '문화복지의 균점화'를 제시하였다. 그 후에 '문화복지'를 문화정책의 핵심이념으로 부각시켜 문화기본권으로 개념화하고, '문화복지 중장기계획' 등 문화복지 기본구상과 평생문화 학습 환경 조성 및 '문화의 집' 조성 등 문화복지정책 사업을 본격화하였다.

지방자치제 실시에 의하여 지방의 문화정책도 지방문화시설의 건립, 운영확대 등 지역주민의 문화복지 차원에서 확대 추진되었다. 이 시기에 문화복지정책이 본격적으로 추진되기 시작한 것이다.

김대중 정부는 '새문화정책'에서 '문화의 힘'을 통한 '창의적 문화복지 국가건설'을 정책목표로 국민의 문화향수권 신장과 직접 관련된 '문화복지의 실질적 구현을 통한 삶의 질 향상'이라는 중점과제와 '중산층과 서민을 위한 문화복지 확대'라는 추진과제를 설정하여 각종 문화복지 사업을 추진하였다. '찾아가는 문화활동 사업'으로 국민의 문화향수 기회를 확대하고, 문화격차 해소와 함께 소외계층과 서민 중산층을 위주로 한 참여 프로그램 개발 보급 및 각종 문화시설 확충에 중점을 두었는데, 이는 과거와는 달리 서민, 중산층 등 취약계층 위주의 진보적 정책성향을 보여주었다.

노무현 정부는 사회 취약계층의 문화양극화 해소와 문화향수권 신장을 위해 저소득층, 노인, 청소년, 여성 등을 대상으로 한 문화나눔 사업과 특수소외 계층을 위한 문화지원 정책을 확대하였다. 이는 노무현 정부와 대통령의 진보적 정책성향과 밀접한 관계가 있다. 또한 국민들의 문화감수성 증진을 통한 문화향수권 신장을 위해 문화체험과 학습능력의 함양을 중심으로 한 문화예술 교육을 강화하여 학생들과 취약계층을 위시한 지역주민들의 문화복지를 확대하는 데에 주력하였다.

4. 지역문화 진흥

지역문화 진흥을 위한 정책사업이다. 지역에 기반을 둔 문화개념으로 지역문화에 대한 정책적 관심은 1980년대 중반까지 주로 전통문화와 문화유산에 중점을 두었으나, '제5차 경제사회발전 5개년수정계획'에서 '지방문화 육성'의 제시와 함께 '지역문화의 활성화' 사업이 추진되면서 문화시설 확충 등 지역주민의 문화생활로 확대되었다. 지역문화 정책은 지방자치제가 시행되면서부터 본격적으로 활기를 띠고, 지방자치단체 자체에서 지역문화 정책이 다양하게 수립되기 시작했다.

지역문화 정책은 주로 지역주민의 문화향수권 신장을 위한 문화복지 차원에서 시설확충 및 프로그램 개발·보급 사업이 추진되었고, 문화예술 교육과 생활문화가 다양하게 행해졌다. 소규모 지역문화 복합공간인 지방문화원이 지역문화센터로서 향토문화의 보존 전승, 지역문화의 개발, 지역문화 행사 개최 등의 사업을 수행하면서 그 업무영역을 확대해 왔다. 지역문화는 지역정체성, 주민문화복지, 문화자치에 의한 문화민주주의와 밀접한 관계를 갖는다.

노태우 정부는 문화향수권 확대를 위해 지방문화 시설 확충을 위한 투자와 예술의 지역적 확산에 초점을 두었으나, 지역문화를 활성화시키고자 한 정책의지의 부재로 이렇다 할 지역문화 정책이 추진되지 못하였다.

김영삼 정부는 '문화창달 5개년계획'에서 '중앙에서 지방으로'라는 정책기조하에 '지역문화의 활성화'를 주요 정책과제로 설정하고, '문화비전 2000'에서도 지역문화 활성화를 정책과제로 제시했다. 1995년 지방자치제도가 실시되면서 지역문화 정책과 지역문화 행정에 큰 변화가 일어나 분권화된 체계로 '지역문화 활성화'가 문화정책의 핵심가치로 자리를 잡았고, 지역문화 사업이 본격화되었다. 문화예술을 지역활성화 차원에서 인식하는 경향이 나타나면서 지방정부에서도 지방문화 재정이 크게 늘어나고, 지방문화진흥기금을 조성하여 자체 지원사업을 활발하게 전개하였다.

김대중 정부는 대선공약 사항으로 '문화의 지방화시대 실현'을 내걸고, 지역간 문화격차 해소를 강조하였다. '새문화정책'에서는 '문화를 기반으로 한 지역간 균형발전'을 중점 과제로 설정하고, '2001 지역문화의 해' 지정으로 지역주민의 문화향수권 신장과 지역문화 창조력 제고, 지역문화자원 활성화, 지역주민의 참여의식 확대 등을 위한 정책사업을 다양하게 추진하였다.

노무현 정부는 '창의한국'을 통해 '국가균형 발전의 문화적 토대 구축'의 정책기조 아래 '지역의 문화역량제고'와 '지역문화의 역동적 특성화'를 정책과제로 다양한 정책사업을 추진했다. 특히 문화를 통한 국가균형 발전을 위해 지역 간 불균형과 양극화 현상을 해소하고, 분권원리에 입각하여 장기적이고 안정적인 지역문화 성장기반 마련을 위한 지방 활성화대책과 지역문화진흥 중장기정책을 수립, 추진하였다.

중앙과 지방 간의 문화불균형 해소를 위해 지방문화원을 지역문화의 거점기지화 하고, 문화도시의 조성으로 개발위주의 정책보다 창조성과 문화인프라 조성을 위해 지역별로 특성있는 사업을 추진하였다. 문화소외 지역을 대상으로 한 생활친화적 문화공간 조성과 간판문화 개선을 포함한 공공디자인 정책도 추진하였다.

5. 문화산업 육성

문화산업 육성을 위한 정책사업이다. 이는 문화콘텐츠의 기획, 제작, 가공, 유통, 소비와 이에 연관된 서비스를 행하는 산업으로서 문화예술의 진흥, 문화정체성, 문화복지 등과 밀접한 관계를 갖는다. 문화의 국가발전 동력화에 대한 인식과 국가정책 목표화는 문화산업의 중요성을 대변한 것이다.

그간 우리나라의 문화산업 정책을 보면, 문화상품의 경제적 가치와 교환가치에 중점을 두는 경향이 많았으며, 문화상품의 복지적 가치와 사용가치에 대하여는 우선순위를 낮게 설정하였다.[225] 이는 문화콘텐츠산업 발전 종합계획인 '콘텐츠코리아 비전21'의 경우를 보더라도 문화산업의 정책이념으로 국가경쟁력 증진 및 문화정체성의 정립을 제시하는데 한정하였으며, 국민들의 문화콘텐츠 접근성 문제에 대하여는 적극적으로 고려하지 않았던 점에서도 이를 확인할 수 있겠다.

---

225) 임학순 (2003), p.205

국가발전 동력화의 원천으로서의 문화산업 차원에서 보면, 노태우 정부가 설정했던 '문화매개 기능의 확충'은 문화산업의 역할과 연관되지만, 이는 문화산업의 경제적 가치차원에서라기보다는 문화산업이 대중문화를 중심으로 문화의 생산과 소비를 연계하는 기능을 수행한다는 문화민주화 차원에서 문화산업에 대한 정책적 논의가 이루어진 것임을 알 수 있다.[226)]

노태우 정부는 문화산업과 관련하여 '문화매개 기능의 확충'을 주요 정책과제로 설정했다. 이는 문화산업의 경제적 가치차원보다는 문화산업이 대중문화를 중심으로 문화의 생산과 소비를 연계하는 기능을 수행한다는 문화민주화 차원에서 문화산업에 대한 정책적 논의가 이루어진 것을 말해주는 것이다.

김영삼 정부는 '문화창달 5개년계획'에서 '문화산업의 개발'을 중요한 문화정책 목표 중의 하나로 부각시켜서 문화예술을 고부가가치를 창출하는 자원의 개념으로서 적극적으로 인식하였다. 이에 따라 문화부에 문화산업국을 신설하고 관련 법체계를 정비하며, 문화산업에 대한 정책기조를 규제에서 지원으로 전환하여 문화의 경제적 가치와 문화산업의 경제적 중요성을 강조하였다. 이 시기를 문화산업 정책의 형성기로 규정하는 것도 이러한 연유 때문이라 할 수 있겠다.

김대중 정부는 문화산업을 21세기 기간산업으로 제시하고 문화산업에 대한 적극적인 정부정책의 필요성을 강조하였으며, 실제 문화산업에 대한 지원을 대폭 확대함으로써 문화의 경제적, 산업적 가치를 부각시켰다. '새문화정책'을 비롯한 각종 중장기계획들은 문화산업을 국가경쟁력 증진 수단으로 인식하고 문화산업의 발전을 정책목표로 제시하였으며, 관계법제 정비와 기반조성, 문화산업 지원영역 확대, 지원예산 증대 등 문화산업 육성을 위한 정책추진의 틀을 정립하였다. 이때부터를 '문화산업 정책의 성장기'라 지칭하는 것도 이런 정책적 배경에서 비롯한 것이라 할 것이다.

노무현 정부는 문화를 '국가발전의 신성장 동력'으로 보고, '문화산업의 고도화'를 정책과제로 설정하여 경쟁력기반 강화, 문화콘텐츠 창작, 유통구조 개선, 문화산업의 환경 인프라 개선, 종합인력개발 시스템 구축 및 지역문화 산업 활

226) 우리나라의 문화산업에 대한 정책적 담론은 주로 1960년대부터 대중문화를 중심으로 이루어지기 시작하여 1980년대까지는 문화산업에 대한 정부정책이 대중문화의 부정적 측면을 완화하기 위한 것으로 지원보다는 규제적 성격이 강했다.

성화 등을 통해 문화산업 5대강국을 실현하고자 문화산업 육성을 위한 정책사업을 확대해 나갔다. 특히 문화콘텐츠 산업의 확대와 다양화를 적극 추진하였다.

6. 문화예술 진흥

문화예술 진흥을 위한 정책사업이다. 이는 전통적인 협의의 문화정책 핵심영역이자 가장 고적전이고 기본적인 정책목표로서 문화의 창조성 및 자율성과 밀접한 관계를 갖는다. 문화정책의 초기단계부터 문화예술인들의 창작활동 지원에 역점을 두어온 문화예술 진흥 정책은 산업화, 민주화, 세계화, 정보화 시대를 거치면서 문화개념이 다양하고 복잡하게 확장되고, 문화정책의 영역과 범위가 넓어지고 융합됨에 따라 문화복지와 문화산업 등에 밀려 상대적으로 위축되어 온 게 사실이다. 하지만, 이는 문화정책의 기초 자원이자 핵심소재로서 소홀히 할 수 없는 기초문화적 정책분야라 하겠다.

1991년부터 문화예술 진흥을 위해 '연극·영화의 해'를 필두로 순차적으로 매년 특정 예술장르를 '문화예술의 해'로 선정하여 집중 지원하는 정책을 시행하였다.

노태우 정부는 직접적인 창작지원보다는 자율성과 다양성을 토대로 한 창작풍토조성과 창작환경 및 제도개선을 중시하고, 지원사업의 규모 확대와 장르별 집중육성 등으로 문화창조력을 제고하였다.

김영삼 정부는 '규제에서 자율로' 정책기조를 전환하여 문화창조력 제고와 문화환경 개선에 역점을 두고 창작공간을 확충해나갔는데, 문화복지와 우리 문화 세계화 정책에 밀려 창작활동 지원사업은 '문화예술 창작지원 확대' 만큼 활발하게 추진되지는 못하였다.

김대중 정부는 '창조적 예술활동을 위한 여건조성'에 역점을 두고, '지원은 하되 간섭하지 않는다'는 지원정책의 대원칙 아래 순수예술 활동의 진작, 예술진흥을 위한 전문인력 양성 및 제도·인프라 구축, 지역문화 활성화와 국민의 문화향수 기회 확대, 전통문화 예술 진흥 및 생활화를 추진하였다. 특히 민족문화의 정체성 규명에 바탕이 되는 전통문화를 창의적으로 계승 발전시키고, 창작활성화 기반조성을 위해 전통국악 분야와 미술분야의 창작활성화를 도모하며, 직접적인 체험과 시민참여를 위한 대중화사업을 집중 지원하였다.

또한 뿌리문화 예술을 중점 육성하고 첨단기술과 디지털매체의 발달에 의한 새로운 예술장르의 창작활동의 진작, 창작활동의 자생력을 확보하기 위한 시설·공간 확충 등 여건조성 사업을 지속적으로 추진하였다. 직접지원 방식보다는 간접지원 방식을 중심으로 문화예술 창작활동의 자율성과 전문성을 제고하기 위한 지원정책을 전개하고, 문화예술의 환경변화에 부응한 다양하고 새로운 문화예술의 개발과 영역확장에도 힘썼다.

노무현 정부는 문화예술 교육을 통한 문화역량 강화와 예술의 창조적 다양성 제고로 문화예술의 창조성과 자생력을 증진하고, 열린 문화예술행정 체계를 구축하며, 새로운 환경에 대응하여 문학, 미술 분야의 새로운 제도도입과 예술현장을 위한 역점과제를 추진하였다.

인터넷을 적극 활용하여 우리 생활주변의 문학소재를 DB화하고, 문화산업에 활용하고자 한 스토리뱅크 사업을 문학포털 사이버문학 광장사업으로 확대 추진하고, 한국문학의 번역출판 사업을 체계적으로 강화하였다. 또한 국민의 문화향수권과 미술시장의 활성화를 위한 미술은행제도와 공공미술제도를 시행하고, 예술생태계 현황분석을 통해 예술현장을 위한 역점추진과제를 설정하여 추진하였다.

7. 국제문화 교류

국제문화 교류를 위한 정책사업이다. 이는 문화분야의 대외정책에 관한 것으로 문화정체성과도 밀접한 관계를 갖고 있으며, 대북문화 교류와 통일문화 정책과도 관련성이 크다 하겠다. 문화의 국제교류 정책은 '제5차 경제사회발전 5개년수정계획'에서 주요시책 중의 하나로 '문화예술 국제교류 확대'를 제시하면서부터 정책화되었으며, 초기에는 한국문화의 위상정립으로 문화의 국제화와 해외선양에 역점을 두었으나, 점차 국제문화 교류와 협력증진으로 확대되고 다변화되었다.

한편, 남북관계와 관련하여 남북 문화교류의 흐름을 보면, 1972년 7·4 공동성명에서 1985년 이산가족 상봉 및 공연예술단 교류, 1992년 남북기본합의서 체결,

2000년 6·15 공동선언, 2002년 부산 아시안게임 참가, 그리고 2007년 남북정상선언으로 이어져 대결단계에서 화해협력 단계를 거쳐 평화공존의 단계로 이행되어 왔다고 할 수 있다.

노태우 정부는 '문화발전 10개년계획'에서 '민족문화의 틀'과 '개방문화의 틀'로서 '국제문화교류 증진'을, '통일문화의 틀'로서 '남북한 문화협력'을 각각 정책과제로 설정하고, 민주화와 함께 서울올림픽을 계기로 북방정책의 일환으로 동구권 사회주의 국가들과의 북방외교와 더불어 문화교류를 확대하고, 민족문화의 동질성 회복을 강조하여 미수교국 및 북한에 대한 문화예술 개방 및 각종 규제완화와 해금조치를 단행하였다.

김영삼 정부는 '문화창달 5개년계획'을 통해 '한겨레문화 조성'과 '우리문화 세계화'를 정책과제로 설정하고, 그 이후에도 세계화정책 일환으로 수립된 업무계획이나 '21세기를 향한 한국 문화의 비전과 전략'과 '문화비전 2000' 등에서 우리 문화예술의 세계화, 통일 문화기반 조성, 통일문화를 향한 문화여건 조성 등을 정책이념 및 정책과제로 제시하였다.

21세기 국가이미지의 세계화와 국가브랜드 가치를 제고하기 위해 10개의 한국문화 C.I를 선정하여 다양한 방식으로 문화홍보에 활용하고, 워싱턴 D.C와 북경 등에 한국문화원과 문화홍보원을 증설하였다.

김대중 정부는 '새문화정책'에서 중점과제로 '문화를 통한 민족통합 지향'과 '문화정체성을 바탕으로 한 보편적 세계주의 지향'을 제시하여 통일문화와 우리문화의 세계화의 중요성을 강조하였다. 과거 해외에서 개최되었던 단편적인 문화행사의 문제점을 인식하고, 체계적이고 종합적으로 한국문화를 소개하는 데에 노력하였다.

특히, 통일문화 정책에 대하여는 '햇볕정책'의 일환으로 '화해와 협력'을 위한 포용정책으로서의 남북한 사회문화 교류협력의 중요성을 강조하고, 6.15 남북공동선언으로 다양한 문화예술 교류를 본격화하기 시작하였다. 한일 문화교류도 2002 월드컵을 계기로 일본 대중문화의 단계적 개방조치를 통하여 체계적으로 추진하였다.

노무현 정부는 '창의한국'을 통해 '평화와 번영을 위한 문화교류 협력 증진'을 정책기조로 국가의 문화적 이미지 향상, 국제교류 확대를 통한 문화다양성 증진, 동북아 문화협력 강화, 남북 문화교류 확대를 정책과제로 추진하였다. 특히, 대외적인 문화홍보의 중요성을 강조하고, 한국문화원의 운영체계를 문화관광부로 일원화하여 통합운영하도록 하였으며, 문화다양성 증진에 역점을 두어 국제문화 교류를 다변화하였다.

기존의 국제문화 교류 정책방향을 전환하여 과거에 행해져 오던 효율성 낮은 국제행사 개최는 가급적 지양하고, 대규모 국제경기 대회나 주요 국가행사 등을 이용하여 국제문화 교류와 문화산업의 해외진출을 활성화하기 위해 다각적인 노력을 기울여 왔다. 또한 일회성 한국문화 소개 프로그램을 지양하고, '한국문화의 달' 등 주요계기별로 집중적이고 종합적으로 한국문화를 소개하였다.

이상과 같이 살펴본 각 정부별 문화정책의 특성을 종합하여 비교하면 <표 32>와 같다.

표 32) 정부별 문화정책 특성 비교

구 분	노태우 정부	김영삼 정부	김대중 정부	노무현 정부
문화정체성	민족문화 동질성 회복	민족정기 확립 한겨레문화 조성	민족통합 지향	열린 민족문화
문화민주주의	문화자율성	규제에서 자율로	검열제도 폐지 및 규제 개혁	문화권보장: 자율, 참여, 분권
문화복지증진	문화생활화	문화복지 균점화	문화격차 해소	취약계층 지원정책
지역문화진흥	지역문화시설 확충 확산	지역문화 활성화 지방자치제 시행	지역문화의 해 문화의 지방화시대	지역균형 발전 지역분권화
문화산업육성	문화매개기능 확충	문화산업의 개발	문화산업의 발전	문화산업의 고도화
문화예술진흥	창작풍토조성 창작공간개선	문화창조력 제고 창작공간 확충	창조적 예술활동 여건조성, 대중화	문화예술 교육 창조적 다양성 제고
국제문화교류	국제교류증진 남북문화협력	우리문화 세계화 통일문화기반 조성	보편적 세계주의 남북문화교류본격화	문화교류협력증진 문화다양성

제5장

한국의 문화정책과 정치적 결정요인

그간 국가주도형 문화정책이 정권의 정당성과 국가통치 수단으로 사용되거나 국민의식계도 차원에서 시행된 결과로 국민들의 문화적 욕구충족이나 향수권 신장이라는 본연의 목적을 외면한 채 추진되어 왔다.

과거 우리나라의 정치사나 문화사를 보면, 문화 또는 문화정책을 정권의 정통성 확보를 위한 수단이나 합의도출의 도구로 사용하거나 정치적 논리에 입각하여 목적 아닌 도구로 활용하였다. 문화행정 변천과정을 보더라도 문화정책이 일관성을 유지하거나 문화정책 본연의 의미차원에서 시행되지 못하였는데, 이는 정권교체 시마다 정책이 바뀌거나 중단되고 새로이 수립되어 정책내용이 대동소이함에도 불구하고, 정권의 새로운 이미지 형성과 상징조작의 차원에서 자의적인 새 정책으로 포장되는 측면이 강했기 때문이다.

1980년대 전두환 정부 이후 문화분야 중장기계획들이 우리나라의 문화발전과 문화정책의 개발에 많은 도움이 되기도 하였으나, 정책목표와 현실과의 괴리 특히 비문화적 발상과 정치적 홍보차원 및 재정확충의 미반영 등으로 실현되지 못하고 정치적 구호나 선거용 전시에 그친 그 결과를 감안하면, 아직도 문화가 일부 부정적인 정치적 속성을 완전히 벗어나지 못하고 정치적으로 이용되고 있음을 보여주고 있다고 할 것이다.

전쟁과 군사정권, 정치적 파행, 보혁갈등 등으로 굴곡을 겪어온 문화계가 문화를 지배문화와 피지배문화, 제도권과 비제도권, 순수문화와 참여문화 등과 같이 이분법적으로 보는 시각과 관점으로 말미암아 문화정책이 문화적 지배를 위한 도구적 역할을 해야 했던 것도 문화의 정치성과 그 맥을 같이 한다고 볼 수 있다.

문화정책이 결정되고 집행되고 평가받기까지는 많고 다양한 내적, 외적 요인의 영향을 받게 되며, 그 원인과 결과라는 관계를 보면 직간접적인 특정원인이 특정결과를 가져오는 인과관계로만 설명되기에는 영향을 미치는 요인들이 다양하고 복합적이어서 현실적으로 무리가 있다. 이에 본 연구에서는 한정적으로 규명되는 특정한 인과관계보다는 좀 더 폭넓고 유연한 유의성과 연관성을 의미하는 일반적인 상관관계로 정치와 문화정책과의 관계를 규명하고자 하는 것이다.

따라서, 위에서 언급한 정치적 요인들이 정치체제적 측면(정치체제, 행정체계, 통치이념, 국정지표), 대통령 리더십 측면(대통령, 장관, 참모), 상황적 측면(정치상황 및 환경)에서 문화정책에 미치는 영향을 각각의 특성 분석을 통해 각 정부별로 살펴봄으로써 본 연구에서 고찰하고자 제기한 문화정책의 정치적 요인을 규명하고자 한다.

제1절 정치체제적 측면

일반적으로 우리나라 문화정책의 태동은 1972년「문화예술진흥법」제정을 그 시발점으로 보고, 중장기 발전계획에 의거하여 문화정책이 본격적으로 추진된 것은 1974년 '제1차 문예중흥 5개년계획'으로부터 시작되었다고 할 수 있는데, 그간의 문화정책은 시대정신에 따라, 정치체제와 집권자의 통치이념이나 정책의지에 따라, 또한 정치적 상황에 따라 문화정책의 이념 및 가치와 함께 변화하여 왔다고 할 것이다.

각 정부에 따라 정치체제인 통치구조, 정부형태 및 조직, 그리고 통치이념, 국정지표가 달라지고, 그에 따라 행정체계인 부처의 행정조직, 인사, 예산, 법제, 제도, 계획 및 과제가 달라지며, 그 결과로 정책 또한 달라지게 된 것이다.

민주화 이후 각 정부의 정치체제적 요인을 일별하여 보면, 노태우 정부는 권위적 군부통치 체제에서 과도기적인 의사 민주주의 체제로, 김영삼 정부는 민간에 의한 명실상부한 문민화된 민주주의 체제로, 김대중 정부는 수평적 정권교체를 이룬 개혁적 민주주의 체제로, 그리고 노무현 정부는 탈권위적 민주주의 체제로의 전환적 특성을 바탕으로 그에 상응한 통치이념과 국정지표를 설정하고, 국정과제를 중심으로 정부의 조직과 행정체계를 정비하여 분야별 정책사업을 추진하여 왔다.

정치체제와 문화정책 간의 관계를 도식화하면 ＜그림14＞와 같다.

그림 14) 정치체제와 문화정책

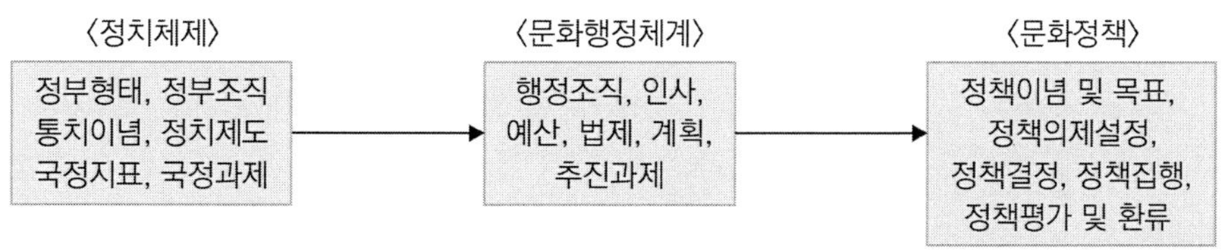

1. 노태우 정부

노태우 정부가 갖는 가장 큰 정치적 특성은 무엇보다도 '민주화'로서 약 30년 동안의 권위주의적 군부정권의 독재체제를 종식시키고, 형식적 민주주의에 의한 민주정치체제를 출범시킨 점이라 할 것이다. 그간의 민주화 운동이 6.29 선언을 통해 제6공화국 헌법으로 결실을 맺고 직선제에 의한 대통령제의 정부형태를 채택하게 되고, 이는 정치분야 뿐 아니라 경제, 사회, 문화 각 분야에 커다란 변화를 가져오게 되었다.

그간 정권의 정통성과 정당성, 정권홍보, 정치적 정변의 합리화 등을 위해서, 그리고 조국근대화를 위한 경제개발과 경제성장을 위한 개발독재의 정당성을 위해 사용해왔던 정치적 논리와 경제논리로 말미암아 도구화되었던 문화의 위상이 민주주의 체제를 맞이하면서 문화본연의 가치와 의미의 문화적 논리를 회복하게 된 것이다.

물론, 형식적 민주주의에 의한 정권의 절차적 정당성은 확보되었다고는 하지만, 군부의 권위주의적 지배체제와 군사문화가 잔존하는 과도기적인 정치체제인지라 정권의 태생적 한계를 완전히 벗어날 수 없어 전 정부의 정책을 많은 부분 승계하게 된다. 문화정책도 예외는 아니어서 문화중장기 계획과 정책사업의 기본방향과 정책기조가 유사함은 부인할 수 없다. 즉, 군부의 권위주의 체제와 군사문화의 지배권력의 잔존, 그리고 제5공화국의 정치적 적자로서의 출신성분에 의한 정치체제적 한계상황으로 인하여 기본적으로는 노태우 정부의 문화정책도 삶의 질 향상이나 민족문화 창달 등 전두환 정부의 정책이념 및 기본방향을 승계하게 되어 많은 유사점을 지닐 수밖에 없었다.

다만, '문화발전'이라는 이념적 지향과 '민족문화의 동질성 회복' 및 '자율성과 다양성'을 강조한 점은 기존 정책과의 차별성을 보여준 사례라 할 수 있다. 이에 노태우 정부는 문화정책 특성과 우선순위 등에 있어 차별성을 부각시키고자 하였다. 그것이 바로 문화향수권 신장을 위한 생활문화 진흥과 문화적 동질성 회복을 위한 통일문화 기반조성 및 북방정책에 의한 국제문화 교류의 다변화로 표출되었다고 할 수 있겠다.

특히, 북방정책은 노태우 정부의 대표적인 국가정책으로서, 민주화에 의한 민주주의 체제의 새로운 정권에 부합된 새로운 정책적 돌파구가 필요한 시기에 88서울올림픽으로 조성된 사회주의권과의 정치적 동서화합과 문화적 교류협력 분위기를 활용하여 소련을 비롯한 동구권의 붕괴에 발맞춰 추진된 매우 시의적절한 조치로, 이는 동구권 국가들과의 수교와 아울러 문화교류 협력의 길을 튼 북방문화 정책의 정치적 길잡이가 되었고, 국제문화 교류 확대와 함께 대북정책에도 큰 영향을 미침으로써 통일문화 정책의 기초가 되었다.

한편, 정부조직 개편을 통해 문화계의 숙원사업이자 대선공약 사항이기도 했던 문화전담기관으로서의 '문화부' 발족과 생활문화국의 신설을 들 수 있다. 과거 군부독재 체제하에서 정권홍보 내지는 정권의 정당성 강화를 위해 공보기능에 역점을 두어온 문화공보부를 해체하여 정부부처의 지위가 격상된 독립부처로서 문화부가 탄생하게 된 것은 '문화주의'를 표방하고, 문화와 문화정책의 위상을 국가발전 동력으로 이끌어가고자 한 정치체제적 의지와 정책적 노력의 당연한 귀결이라 하겠다. 생활문화국을 설치한 것도 국민의 일상생활에 문화적 감성을 고취시켜주려는 문화의 생활화에 대한 정책적 의지의 발로라고 할 것이다.

따라서, 이는 대선공약사항인 '문화발전 10개년계획'과 함께 새로운 체제하에서 국민적 지지와 여론성향에 부합되는 문화정책의 적극적인 추진을 위해 필요한 행정체계의 확립을 위한 획기적인 행정조치의 일환이었던 것이다.

노태우 정부의 문화정책의 특성인 문화향수권 신장을 위한 문화접근 전략 및 프로그램 개발 등의 생활문화 정책과 문화의 생활화운동은 국정지표인 '위대한 보통사람의 시대'에 부합하는 '문화 민주주의'의 정책목표와 정책모토로 '모든 국민에게 문화를'을 표방한 노태우 정부의 정치체제로부터 오는 문화정책 형성의 결과라고 할 수 있다.

그림 15) 노태우 정부의 정치체제와 문화정책

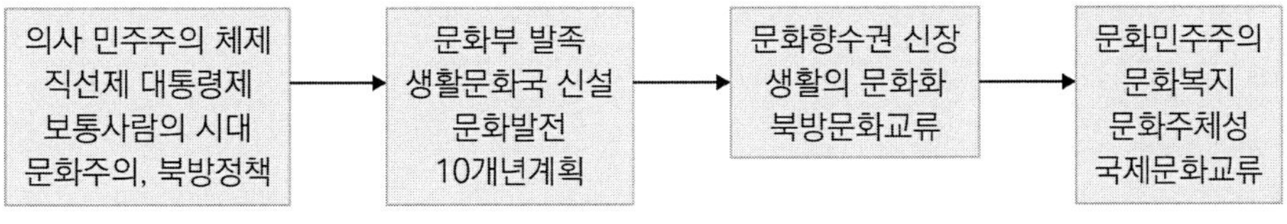

2. 김영삼 정부(문민정부)

김영삼 정부는 지난 30여 년간 이어져온 권위주의적인 군부체제와 그 유산을 완전히 청산하고, 명실상부한 문민시대를 새롭게 여는 문민화된 민주주의 체제하의 민선 민간정부로서 '신한국 창조'를 국정목표로 정하고, '변화와 개혁'을 국정모토로 하여 새 시대에 새로운 정부에 걸맞는 국정이념과 정책기조를 표방하였다. 진정한 민주화와 문민화를 이루어내고자 변화와 개혁을 단행하고, 새로운 이념하에 정책을 수립, 추진하게 되었다.

하지만, 3당합당에 의한 보수대연합의 결과가 가져온 민주화 세력과 신군부세력 및 수구세력과의 이합적 정치연대로 말미암아 진정한 정책연대 형성과 정통성 확립에는 이질적 한계가 불가피했다. 이는 국정운영과 정책추진에도 영향을 미쳐 정책실패와 오류를 낳게 하는 결과를 초래하기도 했다.

우선 과거 권위주의적 군부독재 체제의 청산과 새로운 문민적 민주체제의 출범을 확실히 하기 위해 단행한 정치적 조치가 '역사바로세우기' 운동이었다. 명실상부한 문민정부 출범이라는 의미와 상황을 감안해 과거 왜곡된 역사를 바로잡기 위한 '역사바로세우기' 운동을 전개함으로써 일제 잔재의 청산과 함께 독립운동의 정통성과 민족정기를 복원하고, 민주화운동의 재조명과 5, 6공의 단죄 및 청산이 주 대상이었다.

이는 과거 정부들이 표방하여온 '문화적 주체성의 확립'과는 달리 부정적인 측면의 역사 극복이라는 의미를 표명하면서 민족문화와 '민족정기의 확립'이 문화정책의 사업계획으로 구체화되고 중점적으로 추진되었다. 이는 철거에 대한 찬반논란의 대상이 되었던 구 총독부 건물의 완전 해체 및 국립중앙박물관의 신축, 그리고 왕궁들의 복원 및 재정비 사업으로 이어졌다.

이러한 점에서 민족정기의 확립과 문화정체성 회복이 김영삼 정권의 문화정책이 갖는 개혁적 조치로서의 특성이자 우선순위화된 이유이다. 또한 문민적 민주주의 체제의 정착을 위하여 각종 법률적, 행정적 규제완화와 해금에 의한 사상과 표현의 자유가 확대되고, 문화적 개방이 가속화된 것도 정치체제의 변화에 의한 결과라 할 것이다.

다음은 1993년 정부조직 개편에 의해 문화부와 체육청소년부를 통합함으로써 '문화체육부'의 통합적 탄생과 '문화산업국'의 신설을 들 수 있다. '작지만 강한 정부'의 지향에 따라 문화체육부를 출범시킴으로써 문화와 체육분야 간의 정책적, 행정적 접목이 활발하게 이루어지는 계기를 마련하게 되었다. 사실상 문화의 범위와 영역확장은 물론, 문화와 체육, 청소년 분야 간의 상호접목으로 문화정책의 다변화 및 다양성을 확장하였다. 이어서 1994년 교통부로부터 관광국을 이관하여 관광분야의 문화화를 추진하고, 문화정책의 외연 또한 다양하게 확대되었다.

또한 문화산업이 국가발전 및 국가경쟁력 강화의 동력임을 인식하면서 콘텐츠 중심의 문화산업을 육성하고 정책업무 전담을 위하여 문화체육부에 문화산업국을 신설한 것은 국가경제적 차원에서 문화산업에 대항 육성과 지원이 공식적인 국가정책으로 추진되게 되었으며, 우리 문화행정사에 획기적인 정책변화와 발전을 가져온 정책적 결단이었다고 할 것이다.

김영삼 정부의 정책 브랜드로 부각된 '세계화' 정책은 문민화를 지향하는 정치체제상 새로운 국가정책이 필요한 시기에 세계적인 추세 속에서 진행된 신자유주의에 따른 시장개방 시대의 정책적 산물로 국가정책의 기조를 이루었으며, 이는 문화정책에도 큰 영향을 미쳐 '우리문화예술의 세계화'라는 정책목표하에 국제문화 교류 확대는 물론, 문화정체성 확립 등의 정책사업을 추진하게 되었다.

김영삼 정부의 문화정책의 기본방향과 특성은 국가발전 동력으로서 '문화체육의 창달'이라는 새로운 정책이념 아래 '선진 문화복지국가 진입'을 정책목표로 수립한 '문화창달 5개년계획'에 잘 나타나 있다.

하지만, 이 계획도 1980년대 이후 과거 정권들의 중장기계획인 '새문화정책'과 '문화발전 10개년계획'의 기본적인 정책방향과 목표를 유사하게 이어받고 있다는 점에서 많은 내용들이 크게 차별화되지는 않았으며, 따라서 김영삼 정부의 문화정책도 그 이념적 바탕은 제5공화국 문화정책의 기본적 흐름과 같아 '삶의 질 향상'이라는 차원에서 문화를 바라보는 관점은 과거 문화정책의 연장선상에 있다고 볼 수 있겠다. 다만, 중점정책사업과 우선순위 및 그 배경과 동인을 달리하고 있다는 점에서 특성화된다고 할 수 있다.

한편, 제6공화국 헌법이 탄생하면서 국민기본권과 언론의 자유보장, 지방자치제도의 실시 등을 규정함으로써, 이는 이후의 문화정책에도 헌법정신의 영향을 미쳐 문화를 통한 행복추구권 등 문화기본권을 국민의 기본적 권리로 인식하는 계기를 마련해 주었고, 지방자치제도의 실시로 지방분권화에 의한 지역문화의 중요성과 지역문화 발전정책의 필요성을 인식시키면서 중앙정부의 문화적 권한이양과 함께 지방문화예술기금 등 지방재정의 확충과 지방문화재단과 같은 지방문화 추진기구의 설립 등을 통한 지역문화 발전정책을 적극 추진하게 되었다.

또「지방문화원진흥법」(1994)을 제정하여 지방문화원의 법적 근거와 기능을 한층 강화하였고, 지방자치단체의 문화행정 담당부서가 국 또는 과 수준으로 격상되어 독립적으로 문화행정을 전담하게 되었다. 따라서 지방자치 단체의 문화정책은 '전통문화 보존관리'에 국한되지 않고, 예술창작과 지역주민의 문화복지 차원으로 확대되었다. 또한 문화시설 건립운영은 물론, 다양한 문화예술 축제 등 문화예술 행사 개최 및 지원, 문화환경 조성사업, 문화정보 서비스사업 등으로 다양화되고 특성화되었다.

따라서, 지역주민들의 문화에 대한 인식 제고, 지방문화 재정의 확충, 지역축제 및 문화행사의 특성화 등 다양한 발전적 변화의 기반이 조성되었다.「지방문화원진흥법」이 제정된 것도 지역문화 활성화를 위한 기능강화의 정책적인 법률적 조치라고 하겠다. 지방자치제 실시로 중앙정부 주도의 문화정책이 지방분권화에 의해 지방정부로 이양되거나 위임되고, 지역문화의 정책적 가치 부각과 함께 지역주민의 문화복지 차원에서 지역문화정책을 본격적으로 추진하게 된 것이다.

또한, '선진 문화복지국가 진입'을 정책목표로 국정지표화하여 '문화복지'를 문화정책의 핵심정책으로 부각시키고 문화기본권적 개념으로 인식함으로써 '문화창달 5개년계획'의 주요 역점사업 중의 하나로 '문화복지 균점화'를 과제로 선정하여 추진하였으며, '문화복지기획단' 설치, '문화복지 중장기실천계획', '삶의 질, 세계화를 위한 문화복지 기본구상' 발표 등으로 21세기 문화복지에 대한 전망을 제시하고, 예방적이고 자율적인 문화복지를 추구하고자 하였다.

문화예술계 인사 및 조직과 관련해서는 그간 과거 정부에서의 문화예술계에 대한 정치적 관계와 보수적 성향으로 보수단체인 예총이 정부의 문화정책 과정상의 구조 내에 관변단체화 되어 왔으나,[227] 김영삼 정부에 와서는 문민화된 민주체제를 바탕으로 과거 민주화 투쟁과정에서의 인연으로 문화예술계의 진보

단체인 민예총과 비제도권적 관계를 유지해오면서 민예총의 사단법인화, '문화창달 5개년계획' 수립 시 의견수렴 및 정책반영, 일부 재정지원 등 부분적으로는 평면적인 포용적 관계를 맺어왔다.

그림 16) 김영삼 정부의 정치체제와 문화정책

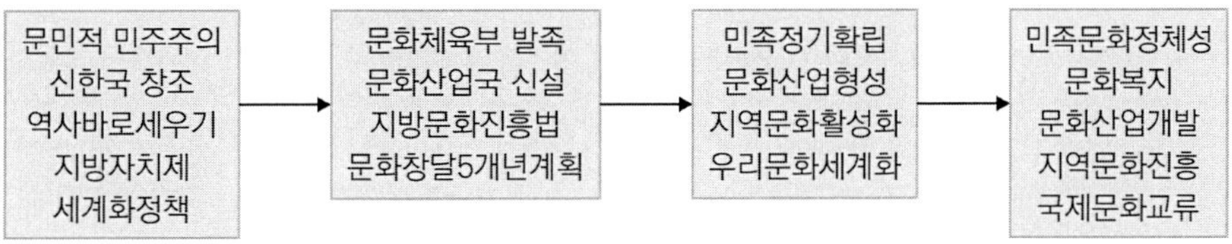

3. 김대중 정부(국민의 정부)

김대중 정부는 한국정치 사상 최초로 야당이 대선에서 승리함으로써 집권하게 된 진정한 수평적 정권교체를 이루었다. 이는 과거의 온갖 장애들로 작용한 지역주의, 색깔론, 소수 야당, 비개혁성과 반진보적 정서 등 이념과 지역연합의 한계 노정에도 불구하고 국민에 의한 평화적인 선거혁명의 쾌거를 일구어낸 결과이다. 수평적 정권교체에 의해 개혁세력이 소수정권으로서 집권하게 됨으로써 기존의 정치지형과 국정운영의 틀을 크게 바꿔놓았다고 하겠다.

진정한 국가주인으로서의 다수의 국민을 위한 정치이념을 지향한다는 차원에서 국민에 의한 국민을 위한 '국민의 정부'를 표방하고, 과거 권위주의적인 군부 및 수구체제를 일신하여 진정한 민주주의 체제를 정착해나가고자 자유 민주주의와 시장경제를 국정이념의 기본으로 삼아 서민과 중산층을 주 대상으로 하는 국민 중심의 평등과 균등배분 원칙을 주창하며, 개혁과 화합을 위한 중도개혁 성향의 정치를 추구하였다.

이러한 정치체제와 국정이념은 문화정책의 이념과 목표에도 반영되어 문화의 창의력 증진과 수용자인 국민 위주의 문화향수권 신장 및 문화산업 육성에

227) 예총회장의 비례대표(직능대표) 국회의원 선출, 예총회관 건립 지원 등 정치적, 재정적 지원으로 관변단체로서의 우호적 지지세력화 관계를 유지해왔다.

역점을 두었다. '새문화정책'에서 보듯이, '문화의 힘'을 통한 '창의적 선진문화복지국가 건설'을 목표로 문화를 고부가가치 창출과 사회·민족통합 및 문화복지 구현을 통한 삶의 질 향상 등을 위한 적극적인 국가발전자원으로 인식하고 문화정책 사업을 추진한 것이다.

김대중 정부의 가장 특징적인 정책사업은 '햇볕정책'으로, 이는 '6.15 남북공동선언'에서도 언급하였듯이, 평소 갖고 있던 민족통일관에 입각하여 사회, 문화, 체육 등 제반분야에서의 협력과 교류를 활성화하여 서로의 신뢰와 관계를 다져나가고, 궁극적으로는 민족통일을 이루고자 한 것이다. 따라서 이는 정치, 경제, 사회, 문화에 두루 큰 정책의 변화를 가져왔지만, 특히 대북 문화정책에 큰 변화를 초래해 남북 간 이념대립과 갈등을 넘어서 문화예술 교류가 본격화되기 시작했고, 이를 계기로 문화, 관광, 체육분야의 상호협력과 교류를 더욱 활성화하여 특히 문화분야에서는 실질적인 남북 간 문화예술 교류가 본격화된 것이다.

김대중 정부의 정치체제적 성향으로 인하여 대외적으로는 햇볕정책에 의한 민족통합 지향적인 남북 문화교류 사업이 본격화된 반면, 대내적으로는 서민, 중산층 위주의 문화 소외계층을 위한 각종 문화향수권 확대지원 사업이 전개되었다.[228)]

1997년의 IMF 관리 체제를 김영삼 정부로부터 고스란히 떠맡은 김대중 정부는 금융위기 극복과 함께 개혁과 구조조정에 박차를 가해 문화정책, 특히 문화분야의 구조조정과 재정운용 및 정책사업에도 상당한 영향을 끼치게 되었다.

자유 민주주의와 시장경제를 국정의 기본원칙으로 하여 국가정책을 추진해 나감으로써 문화정책에서도 민주성과 자율성, 창의성과 다양성을 중시하였다. 특히 '지원은 하되, 간섭하지 않는다'는 팔길이 원칙(arm's length principle)을 정책기조로 하여 문화예술의 자율성을 최대한 보장하고, 창작활동에 제약이 되어 온 각종 규제와 제도를 대폭 개선하였다.

정부조직은 국민의 정부 출범 직후 문화체육부를 문화관광부로 개편하고, 문화산업과 함께 관광산업을 굴뚝 없는 고부가가치 산업으로 적극 육성하고자 했으며, 문화산업육성을 위해 종합적인 지원체계를 정비하고, 책임운영제도를

---

228) '중산층과 서민을 위한 문화복지 확대'를 문화정책 8개 추진과제 중의 하나로 설정하여 도·농간 문화격차 해소, 저소득층에 대한 문화·관광 프로그램 확대, 소외계층지원으로 함께 누리는 사회구현 등을 기치로 각종 시책사업을 추진하였다.

도입하여 기관의 자율성과 책임성을 제고하였다.[229)]

민주화 흐름이 정치, 경제, 사회, 문화 모든 분야에 변화를 가져오고 이 또한 문화정책과 문화행정에도 쇄신적으로 영향을 미치게 됨에 따라 행정규제 완화로 이어져 영화제작업 등록제 완화, 영화제작 및 수입규제 완화, 제작신고제 폐지, 수출추천제 폐지 및 심의제도 개선 등의 법률적 조치가 이루어졌으며, 음반산업 육성을 위한 사전심의제 폐지, 제작업자 등록제도 개선 등 규제를 완화하고, 금융, 세제상의 제도적 지원기반이 마련되었다.

김영삼 정부에 의해 정책적, 제도적 기반을 마련한 문화산업이 김대중 정부에서 더욱 중시되고 확대됨으로써 문화산업 정책의 법적 토대가 되는 「문화산업진흥기본법」(1999)이 제정되고, 영화등급 보류폐지, 문화콘텐츠 설비제공업 개념 확대, 도서정가제 법제화를 포함한 「출판 및 인쇄진흥법」 제정(2002), 만화산업의 육성, 각종 기자재의 특소세 폐지, 전자출판물 부가세 면제 등 각종 규제개혁과 지원제도를 실시하여 문화정책, 특히 문화산업 정책의 발전에 박차를 가했다. 스크린쿼터제 고수, 한일 대중문화 개방, 한류의 지속적 확산 등도 우리 문화의 정체성 확립과 문화산업 보호육성 차원에서 정책적으로 시행되어온 정치영역과 연계된 주요제도로서 이에 해당된다.

한편, 김대중 정부의 권력기반이라 할 수 있는 시민단체가 정치적 대안세력으로 부상하여 민주화, 기득권 저항, 개혁성을 바탕으로 기존 제도권에 대한 정치타파를 지향하면서 정책적 지지세력으로 정부조직과 활동에 직접 참여하고 개입함으로써 정책결정과정에서 많은 역할을 수행하며 상당한 영향을 미쳤다.[230)]

---

229) 영화진흥위원회, 영상물등급위원회, 한국게임산업개발원(1999)과 한국문화콘텐츠진흥원(2001) 등이 설립되었으며, 국립중앙극장 등 국립문화기관을 책임운영기관으로 지정하였다.

230) 시민운동가 출신인 김성재 문화관광부장관 취임과 시민단체 관계자들의 청와대 행정관 임용, 그리고 문화연대 등 문화시민단체의 문화정책 과정상의 참여(정책토론회, 문화포럼 등)와 정책개입(시위, 서명운동, 성명발표 등) 등의 사례를 들 수 있다.

▎그림 17) 김대중 정부의 정치체제와 문화정책

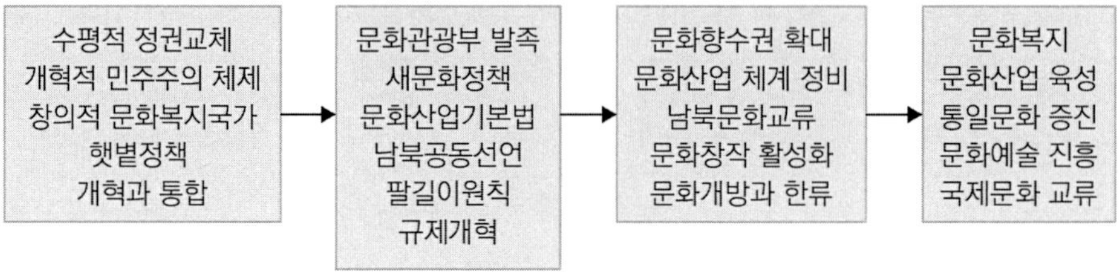

4. 노무현 정부(참여정부)

노무현 정부는 김대중 정부에 이어 진보성향의 탈권위적 민주주의 체제로서 제2의 선거혁명과 IT 혁명에 의한 집권으로 정권재창출을 이루어냈다. 노무현 대통령의 집권으로 한국정치의 중심과 주변 간에 권력이동이 일어나고, 정치사회의 중심축이 진보 쪽으로 기울어 보수세력의 입지가 좁아졌다.

노무현 정부의 출범과 동시에 진보성향의 인사들이 청와대를 비롯한 정부와 사회 각계에 진입하고, 4.15 총선에서 386세대를 비롯한 진보세력의 신진인사들이 대거 정계에 진출함으로써 정치적, 사회적 지분의 균형뿐만 아니라 권력지형을 크게 변화시켰고, 문화의 권력화 현상이 두드러지게 나타나게 되었다.

노무현 정부는 정치이념이나 정책이념 면에서 김대중 정부와 크게 다르진 않았지만, 개혁세력의 정권재창출로 진보성향이 더 강해져 계층 간, 세대 간 권력이동이 크게 일어나고, '자율, 참여, 분권'의 3대가치를 국정운영의 기본원리로 삼아 각 분야의 정책에 반영함으로써 문화정책에도 이를 적용하여 여러모로 영향을 미쳤다.

문화에 대한 개념의 재정립과 정책적 영역 및 범위확대는 물론, 문화적 가치와 문화적 마인드에 대한 사회적 인식을 확산시키고 문화권리 보장과 문화개혁을 내세우며, 기존의 관행과 행정문화를 쇄신하는 행정혁신 작업을 지속적으로 추진하였다.

이에 따라 문화행정혁신위원회와 행정조직의 팀제 운영, 공간문화 정책, 다문화정책, 문화예술 교육정책 등이 새롭게 등장하거나 더욱 체계적으로 활성화되었다. 또 문화예술인의 자율적 참여와 활동지원을 위해 독임제 문화예술 기관을 합의체인 위원회조직으로 그 기능을 전환하였으며, 정치분권화에 의한 지역문화 분권화와 지역주의적 정치이념으로 평등과 분배원칙이 더욱 강해져 사회취약 계층을 위한 문화향수권 확대와 문화양극화 해소를 위한 문화정책이 확대되었다.

따라서, 노무현 정부의 문화정책 방향은 '선택과 집중', 수요자 중심으로의 문화예술 지원방식의 개선과 지역문화 분권화, 그리고 문화정책의 영역 다양화 및 범위 확장으로 요약할 수 있겠다. '혁신과 통합의 균형발전 사회'를 국정비전화 하고, '참여, 자율, 분권'의 3대 가치를 국정운영의 기본원리로 국정이념화하여 국민이 직접 참여하는 참여 민주주의와 문화 민주주의를 지향하였다.

이를 각 분야정책에 반영하여 '차별 없는 사회 구현'을 위해 서민, 중산층 위주의 취약계층, 소외계층 및 소수 계층을 위한 문화나눔 사업 등 문화활동 지원정책과 지방분권에 의한 지역문화 활성화를 위한 지역균형 발전 정책을 강화하였으며, 민간과 문화예술인의 자율적 참여 시스템을 구축하여 국민의 문화향수권 신장을 위한 문화 민주주의를 확산시켜 나갔다.

또한 국민들의 문화적 창의력과 문화역량을 증진시키고, 문화활동 참여를 위해 문화예술 교육에 대한 중요성을 인식하여 취약계층에 대한 문화예술 교육기회를 확대하는 등 문화향수권 신장 차원에서 이를 소비자 중심의 정책으로 확대하고 강화시켜 나갔다.

국가전략 과제의 추진 패러다임을 '참여형'으로 설정하고, 국정과제위원회를 대통령 국정자문의 핵심조직으로 하여 100대 국정과제를 설정하여 토론을 통하여 논의하고 추진토록 하였다. 행정문화 혁신을 통하여 문화예술계 전문인사들을 문화정책 수립에 적극 참여시키고, 과거의 관행과 제도를 개선하며, 조직의 자율성과 창의성을 제고시켜나가고자 '문화행정혁신위원회'와 'TF팀제'를 가동시켰다. 나아가 정부산하 단체인 '한국문화예술진흥원'을 민간합의제 행정기구인 '문화예술위원회'로 전환하여 현장행정과 문화예술인의 정책결정 참여 확대 등을 추진하였다.

또한 문화의 지역 간 불균형과 양극화 현상을 해소하고, 장기적이고 안정적인 지역문화 성장기반을 마련하여 문화분야의 국가균형 발전을 달성하고자 지방문화 활성화 대책을 수립, 추진하였으며, 대형 국책사업으로서 대선공약 사업이기도 한 '아시아 문화중심도시' 조성사업 및 지역별 문화도시 조성사업을 지역 특성에 맞게 추진토록 하였다.

한편, 개혁적 진보성향의 정권적 특성으로 인한 보혁갈등의 정치적 편향성은 정치적 이념의 차이로 인한 문화정책, 특히 언론정책에 대한 시각차로 이어진다. 3대 메이저 보수언론과의 언론관계법 논쟁과 언론관에 대한 정략적 공방은 결국 건전한 긴장관계를 넘어 비정상적인 대립관계 내지는 적대관계를 형성하고, 레임덕 현상을 심화시키며 정권종기까지 지속하게 되었다.

또한 진보적 성향의 정치체제적 영향으로 편향된 문화예술계 인사정책에 따라 문화권력 현상이 반보수적, 반권위적 형태로 두드러지게 나타나게 되었고, 문화정책에도 많은 영향을 미쳤다. 결국 진보성향의 정치체제는 보혁 갈등과 대립을 심화시켜 문화분야의 정부기관 및 공공단체의 인사정책, 문화예술 단체에 대한 지원정책, 그리고 언론정책의 추진에 많은 영향을 미치게 된 것이다.

문화부 장관과 문화부 소속기관 및 산하단체장을 비롯한 임원인사에 대한 진보성향의 인사 임명 논란, 민예총과 문화연대 등 진보적 문화예술 단체 및 시민단체와 인사에 대한 재정지원 논란, 언론관계법 제·개정과 대언론 홍보정책, 언론관련 단체의 인사 및 운영에 대한 법률적, 행정적 논란 등이 정치체제와 이념적 성향으로 말미암아 제기된 문화정책의 대표적인 사례들이라 하겠다.

그림 18) 노무현 정부의 정치체제와 문화정책

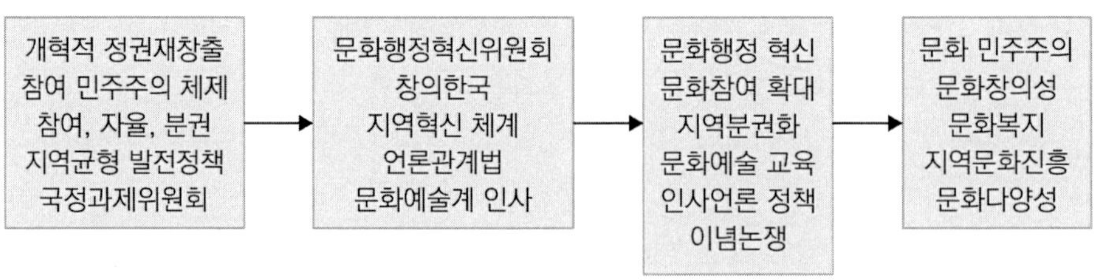

제2절 대통령의 리더십 측면

광의의 정치체제 내에 인적 요인인 대통령과 대통령 비서실의 참모, 그리고 장관과 관료가 포함되지만, 체제적 요인과 달리 문화정책에 대한 인적 요인의 영향력이 지대하므로 대통령의 특성을 중심으로 문화정책과의 관계를 고찰하고자 한다. 다만, 대통령실의 참모, 장관, 그리고 관료는 대통령을 보좌하고 그의 뜻을 받들어 정책을 결정, 집행한다는 점에서 부대적 요인으로 보고, 관계되는 부분에 한하여 기술하고자 한다.

따라서 문화정책 과정에서 문화정책의 이념과 목표, 정책의제의 설정 및 정책내용에 가장 큰 영향을 미치는 최고 정책 결정권자인 대통령을 중심으로 고찰하되, 대통령의 정치적 철학과 정책의지를 따르고 보좌하며 정책결정에 영향을 미치고 이를 집행하는 대통령의 참모진과 장관 및 고위 관료들에 대하여도 보조적으로 살펴보고자 한다. 또한 정책결정 및 집행과 관련하여 대통령이 지시한 사항이나 대통령 후보로서 공약한 사항에 대하여도 함께 고찰할 것이다.

대통령과 문화정책의 관계를 도식화하면, ＜그림19＞와 같다.

그림 19) 대통령과 문화정책

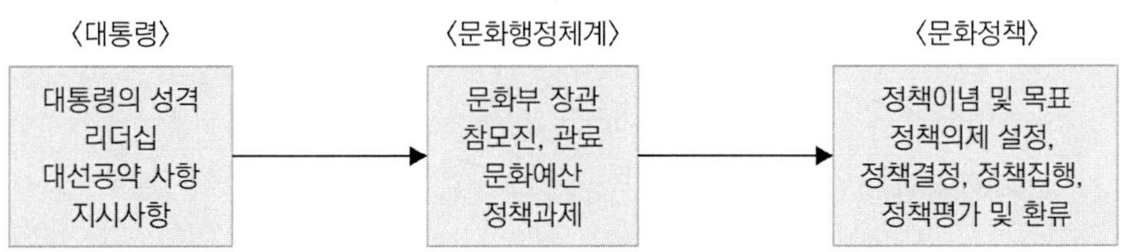

1. 노태우 정부

노태우 대통령은 직업군인 출신으로 12.12 사태를 계기로 정치군인의 길로 들어서서 군부에서나 정계에서나 항상 2인자로서의 입지를 지키며 힘을 키워왔고, 결국에는 전두환 대통령의 후광과 지원을 바탕으로 집권하게 되었다. 민주화운동의 결실로 이루어진 6.29 선언에 의한 형식적 민주주의 체제로 출범한 제6공화국의 정치적 수동성 때문에 문민이미지를 살리기 위해 '보통사람'을 모형화했고, 제5공화국과의 차별성 때문에 포용과 통합의 지배전략을 구사해야 했다.

노태우 대통령은 성장과정과 군대 및 정치 경력상의 2인자 콤플렉스를 가진 이중적인 내향적 감정형 성격으로, 수동적이나 긍정적이고 온건하며 신중하나, 우유부단하고 소극적인 상황적응형 리더십을 지녔다. 이러한 성격상의 특징과 리더십으로 국정운영의 스타일은 정책결정 권한과 책임을 일정부분 위임하는 소극적 위임형이어서 대통령 비서실의 참모와 개인적으로 신임하는 소수 특정인들에게 국정운영 전반에 걸쳐 방어적으로 의지하는 인간중심적 특성을 갖는다.[231] 즉, 내향형으로서 마이너스형 지도자의 정책 스타일을 나타내고 있다.

그는 온화하고 차분한 이미지의 외유내강형 성격으로 상향적 참모형 리더십과 소극적 상황적응형 리더십 스타일을 갖고 있어 특정 참모진의 의견에 의지하고 위임하는 편이며, '내향적 감정형'의 성격 유형으로 타인의 의견을 청취하고 화합을 추구하나, 우유부단하고 소신이 부족한 편이어서 정책결정과 추진 시에도 현실순응적이고 소극적인 행태를 보이는 경향이 크다.

이는 노태우 정부의 대표적인 정책 브랜드라고 할 수 있는 '북방정책'에서 잘 나타난다. 당시 황태자라 불리었던 박철언의 정책보좌에 의한 북방정책의 수립과 추진은 사회주의권 국가들에 대한 수교와 특히 문화, 체육분야의 국제교류정책에 획기적인 교두보를 마련해주고 국제적으로 국가위상을 크게 제고하는 결실을 맺기도 했다. 하지만 특정 참모진에 의존하는 국가정책으로서의 안정성과 신뢰성에 문제를 안고 있었던 것도 사실이다.

노태우 대통령의 핵심 참모는 주로 적극적이고 공격적인 전문가 출신 행정가형으로 국정운영에 적잖은 영향을 미쳤으며, 대통령실의 운영 또한 특별보좌관 제도의 부활로 '특보화' 방식을 활용하여 주요 정책개발 및 정책결정 권한을 위임하였다. 그 대표적인 사례가 박철언 특별정책 보좌관을 통한 북방정책의 추진이라 하겠다. 그만큼 대통령의 비서실과 참모진에 대한 의존도가 역대로 가장

---

231) 바버(Barber)의 유형을 토대로 노태우 대통령의 지배적인 정책성향을 분석한 안병만 교수에 의하면, 정책입안 단계에서 여론수렴과 시정 등에 강하나, 정책결정과 집행단계에서는 취약성을 드러낸다고 지적한다. (최진, (2008), p.364)

높은 편이었다.

북방문화 정책은 노대통령의 성격과 리더십이 낳은 제6공화국의 대표적인 문화정책으로, 한국문화 예술의 국제교류와 통일문화 교류를 확대해 나가는 계기가 되었다. 이러한 대통령의 성격과 리더십 및 국정운영 스타일로 말미암아 문화정책의 행정체계와 결정과정 또한 주로 문화부장관에게 위임하여 추진하게 되었다.

한편, 문화계의 숙원이자 대선공약 사항인 문화부가 발족하면서 문화전담 기구화와 함께 초대 장관으로 정치인이 아닌 문화계 전문인사인 이어령 장관을 발탁하여 새로운 정치체제에 부합하는 국민의 문화욕구 충족을 위한 생활문화 정책을 창의적으로 추진하게 한 것이다.

이에 문화부는 국민의 문화향수권과 참여권을 신장하고, 삶의 질을 추구하는 문화복지의 실현에 중점을 두고, 국가발전 전략과 연계시켜 추진하기 위해 대선 공약사항이었던 '문화발전 10개년계획'을 수립하였다. 이는 과거 문화정책이 주로 문화예술의 진흥과 창조역량 제고를 위한 기반조성과 확산에 중점을 둔 반면, 수용자인 국민을 대상으로 하는 향유자 위주의 정책으로 방향을 전환하였음을 의미한 것이라 하겠다.

그림 20) 노태우 대통령과 문화정책

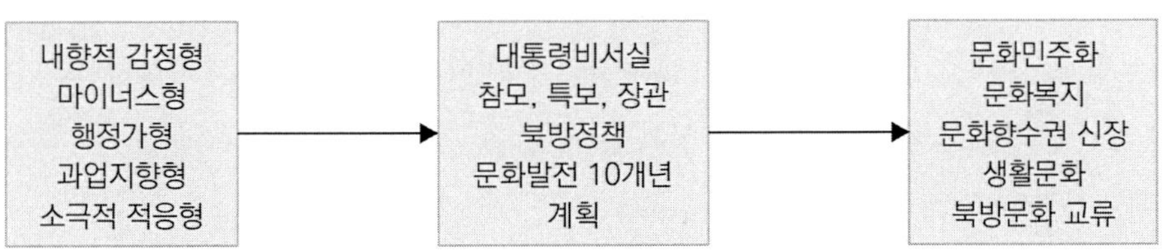

2. 김영삼 정부(문민정부)

김영삼 대통령은 전문 직업정치인로서 승부사 기질이 강한 정치투사형이고, 인치 스타일로 직관과 감정에 의존하는 경향이 강해 정치엔 강하나, 정책에 약한 특성을 갖고 있다. 3당 합당과 여권의 대통령 후보 지명과 '역사바로세우기'

운동으로 구 총독부 건물의 완전 해체, 철거 및 5, 6공 단죄, 하나회 해체 등 군부 개혁 등을 추진할 수 있었던 것은 '공격적 승부사형'의 리더십을 잘 대변해주고 있다.

하지만, 인치형 스타일은 소위 '상도동계'라는 집단 연고주의적 사당정치의 속성 때문으로 특징되고, 국정운영상의 인사정책에서 비롯된 정책 오류를 낳는 요인이 되기도 했다. 합리적이고 논리적인 사고나 실질적인 검증보다는 직관과 독선에 의한 깜짝 인사가 그 좋은 예이며, 이 또한 '소영웅적 과시형' 리더십의 소산으로 해석되기도 한다.

'외형적 감정형'으로 친화력과 포용력으로 화합의 정치를 펴고 현실감각이 뛰어나 순발력 있게 현 실판단과 적응력이 강하나, 즉흥적, 충동적으로 정책을 결정하고 깊은 사고를 싫어하며, 남의 말을 듣고 쉽게 정책을 결정하는 경향이 있어 일관성이 결여될 수 있는 단점이 있다.

세계화정책도 우리문화의 해외홍보와 국제교류 확대에 많은 기여를 하면서 우리문화의 세계화에 많은 영향을 미쳤으나, 해외순방길에서 세계화정책 구상을 발표하게 된 사실과 정책이 추진된 결과를 보면, 김영삼 대통령의 외향적 감정형으로서의 성격과 국정운영 스타일이 낳은 정치요인적 결과임을 알 수 있다.

김영삼 대통령은 이러한 성격과 리더십의 영향으로 국정운영 스타일은 적극적 지시형 내지는 정치지향적 독선형이라서 인간적 관계와 비공식 조직관계를 선호하고, 오랫동안 함께 정치생활을 해온 소수의 가신 내지는 측근인사에 의지하여 공식적인 지휘체계보다는 비공식 보고라인을 활용하며, 정치 감각에 의한 판단으로 국정을 공격적으로 운영하는 특성을 갖는다. 이는 외향형으로서 플러스형 지도자의 정책 스타일에서 나타난다.

측근 참모들은 주로 막후에서 조용하게 보좌하는 정치인 출신의 행정가형으로 대통령의 정책결정에 별로 큰 영향을 미치지 못하고 결과에 추종하는 수동적 행태를 보인다. 따라서 정부의 각 부처와 대통령을 연결하는 보조자이자 매개자인 대통령 비서실의 운영은 측근 참모에 의한 비선라인의 기능을 수행하는 '비선화'의 특성을 지닌다. 이는 정무수석실과 공보수석실의 기능강화로 나타나고, 실세라인 위주의 대통령 비서실 위상 강화로 연결되어 정부의 장관, 관료와의 일방적 의사소통으로 정책과정상의 난맥상을 드러내는 원인이 되기도 한다.[232]

실제로 '일하는 청와대'를 내세워 비서실 기능을 확대함으로써 각 부처와의 업무 협조체제 차원을 넘어 정책을 기획, 조정, 지원, 통제하는 '정치의 정책화' 현상이 나타나고, 정책수석실을 신설하여 사법개혁, 교육개혁과 같은 중장기 국가정책 프로젝트를 담당하는 '전천후 비서실' 기능을 수행함으로써 내부 갈등과 부처이기주의로 인해 제 기능을 발휘하지 못한 사례가 이를 잘 대변해준다.[233)]

이와 같은 대통령의 정치지향성과 국정운영 스타일로 인하여 김영삼 정부의 문화정책은 주로 대통령의 특성보다는 정치적 제도와 상황에 의해 의제가 설정되고 정책결정이 이루어졌으며, 문화부 중심으로 중장기계획의 내용에 따라 정책의 특성이 이루어졌다고 볼 것이다.

문화체육부의 업무보고 시 대통령의 지시사항에 의해 문화산업 육성을 위한 조치의 일환으로 문화체육부에 문화산업국이 신설됨으로써 문화산업이 국가전략 산업으로 육성, 발전될 수 있는 획기적인 기초를 마련하게 되었다.

김영삼 대통령은 대선공약으로 노태우 정부 때 수립된 '문화발전 10개년계획'(1990－'99)의 정책내용들을 내세웠다. 또 '신한국 문화창달 5개년계획'은 김영삼 대통령 후보의 공약사항을 체계화하고 구체화한 것이다. 따라서 김영삼 정부의 문화정책은 제5공화국의 새 문화정책이 표방한 '삶의 질 향상'이라는 기본적인 흐름과 이념의 틀을 승계한 노태우 정부의 문화부문 중장기계획들에 나타난 기본이념을 구체화한 것이라 보면 될 것이다. 이러한 현상은 문화정책의 발전을 위한 새로운 비전을 제시하기보다는 현직 대통령에 대한 지지확보와 문화정책 기조의 장기적 속성, 그리고 유네스코나 선진국 문화정책의 기본이념이나 정책방향을 원용한 홍보성 활동차원에서 비롯되었다고 하겠다.

이는 공약의 목표달성 수준과 현실정책과의 괴리로 나타나고 정치적 구호에 그쳐 국민들의 공약에 대한 신뢰도 저하는 물론, 문민정책상 실현가능성 없는 전시홍보용으로 인식되기도 하였다. 김영삼 대통령 후보의 '문화예산 1% 증액'에 대한 공약이 이러한 사례를 단적으로 보여준다.

---

232) 김현철과 이원종의 비선화 사례가 대표적이다.
233) 최진, (2008), pp.398－403

그림 21) 김영삼 대통령과 문화정책

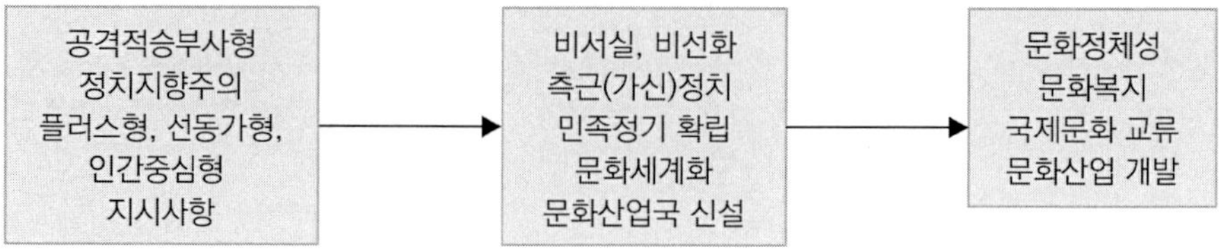

3. 김대중 정부(국민의 정부)

김대중 대통령도 일찍이 정치에 입문한 직업정치인으로서 거듭된 좌절을 딛고 의회에 진출하여 영향력 있는 정치인으로 급성장하였다. 1971년 대선 때 박정희 대통령과 정치적 라이벌로 부각되면서 유달리 지역주의와 색깔론의 공세에 시달리면서도 당시부터 개혁적 정책들을 내세울 만큼 원칙과 이상을 중시하고, 실사구시의 실용주의적이고 현실주의적인 정치행태와 치밀한 정책 수행능력을 지닌 개혁적 대통령이었다. 평소 독서를 많이 하고, 특히 경제와 문화에 조예가 깊어 '대중경제론' 등 여러 저서를 남길 만큼 해박한 지식과 문화적인 정책이념을 갖고 있었던 만큼 준비된 경제 대통령과 문화 대통령으로 지칭되기도 하였다.

김대중 대통령은 선천적인 유전적 요인에 의한 저항정신과 사회환경적 요인에 의한 역사의식과 출신, 지역, 레드 콤플렉스와 투쟁과 탄압의 정치적 역경에 의한 후천적 카리스마 영향으로 차분하고 세심하면서도 이성적이고 비판적인 집요한 저항적 특성을 지닌 '내향적 사고형'의 성격을 가졌다.

리더십 유형이 마이너스형, 행정가형, 과업지향형으로 분류되고, 국정운영스타일은 기획력을 바탕으로 한 정책중심주의로 실용적 개혁정책을 추구하였다. 이성적, 논리적, 체계적 성격으로 대통령으로서 정치보다는 정책을 더 우선시하는 경향이 강해 정부의 정책에 관심이 많았다. 대통령 비서실도 정책기능을 대폭 강화해 정책기획의 산실로 활동하였다. 참모진 또한 행정부, 학계, 시민사회, 정치계 인사 등 다양한 분야의 전문가를 등용하였는데, 특이한 것은 청와대 행정관을 관료 출신과 전문가 집단의 균형배치로 중심세력화하여 비서실의 정책기능을 주도하게 한 점이다.

따라서, 대통령의 철학과 사고와 정책의지를 중심으로 정책을 보좌하고, 정부 각 부처와의 연결고리 역할을 수행한 대통령 비서실의 정책기능 강화로 그만큼 정부의 정책에 미치는 대통령과 참모진의 영향이 컸다고 할 수 있다. 이에 문화정책 또한 문화의 시대, 문화 대통령의 이미지로 인해 정치체제 및 대통령의 특성이 미친 영향이 컸으며, 특히 대통령의 핵심인사인 박지원 문화관광부 장관의 등장은 문화부 위상 및 문화정책의 추진 전반에 매우 지대한 영향을 미쳤다고 하겠다.

다만, 김대중 대통령도 오랜 정치생활과 민주화 투쟁 속에서 형성된 소위 '동교동계'라는 계보정치의 결과로 가신을 중심으로 한 인치형 스타일에 의한 인사정책에 대해서는 측근인사라는 비판을 면할 수는 없었다.

대선공약 사항이자 문화계 숙원사항이기도 했던 문화예산 1% 달성과 1조원 돌파의 조기실현과 그에 따른 문화예술 및 문화산업의 재정기반 확충과 문화정책의 영역확대 및 정책사업의 다각화, 다변화, 다양화의 성과는 문화부의 위상강화와 함께 문화분야에 대한 대통령의 정치적 결단과 정책적 의지의 결과로 평가된다.

'창의적 문화복지국가 건설'이라는 문화정책의 이념적 목표 설정도 대통령의 창의성을 중시하는 미래지향적이고 이상적인 성격과 성향에서 비롯됐다고 할 수 있겠다. 다만, 문화부 장관에 정치인 출신을 유달리 많이 기용한 점은 대통령의 정책지향적 성향을 고려할 때, 문화부의 정치적 역할, 특히 신문, 방송 등 언론정책 기능의 정치적 측면을 중시한 결과로 보여진다.

한편, 업무보고 때마다 굴뚝 없는 산업으로서 부가가치가 높은 문화산업과 관광산업을 강조하고 적극 육성하고자 정책적으로 지원하게 한 것은 그러한 선험적이고 선지적인 배경을 갖고 있었기 때문으로 해석된다. 따라서 문화정책의 영역은 대중문화와 영화산업을 포함한 문화산업 분야로 대폭 확대되었다. 특히 경제와 문화에 조예가 깊어 문화산업과 전통문화에 대한 새로운 인식과 문화적인 정책이념을 갖고 있었다. 김대중 대통령의 개혁성향은 문화복지 정책에도 반영되어 과거와는 달리 문화격차 해소에 중점을 두고, 서민, 중산층을 주 대상으로 취약계층과 소외계층을 위한 '함께 누리는' 정책사업을 전개하였다.

김대중 대통령의 대선공약 사항 중 가장 획기적으로 실현된 부분이 문화재정의 확충으로 '문화예산 1% 확보'[234]라 하겠다. 2000년에 정부예산 대비 1.23%를 확보하고, 2001년 1조 원을 돌파함으로써 각종 문화정책 사업을 추진할 수 있는 재정적 기반을 마련한 정치적 결단으로 누구도 조기에 달성하리라고 상상치도 못한 획기적인 조치였다.

대선공약이 문화정책에 실제 큰 영향을 미친 것은 1992년 제 14대 대통령선거에서의 정당후보 간의 정책대결에서부터 비롯된 것이다. 노태우 정부까지는 재임 중의 대통령과 관료들이 사실상 문화정책을 독점적으로 제시하고 집행하는 것이 관례화되었다. 물론 대선공약 사항이 만들어지는 과정을 보면, 정당의 정강정책을 담당하는 정책위원회가 주도하여 기존의 정책을 참고하여 자료를 수집하고 새로운 정책을 개발하며, 행정부 담당부처와 협의 또는 관계, 학계 및 전문가들의 자문을 얻어 확정, 발표하는 것이 일반적이다.

대선공약이 정책의지나 실현가능성과는 상관없이 선심성, 구호성, 전시성, 심지어는 감언이설에 의한 허구성 등의 목적으로 제시된 경우도 있고, 과거 답습주의나 백화점식의 나열주의에 의해 그야말로 공약(空約)에 그치거나 일회성 선거용으로 끝나는 경우도 있다.

제14대 대통령선거 이후부터는 정책공약의 질과 내용이 향상되어 실현성 없는 선거공약의 남발이 억제되고, 당사자와 여당에게는 공약실천의 책임을 강제하는 효과를 낳게 되었다. 당선된 대통령의 문화정책의 목표와 내용은 정권 초기 정부부처에서 선거공약을 관리하고, 여당이 관심을 갖고 점검하고 통제함으로써 선거공약의 이행이라는 차원에서 그 범위내에서 동일하게 추진되었던 것이다.

각 정부별 문화예술 관련 공약은 문화부 관련 공약과 함께 복지, 외교, 교육, 통일정책 등 다양한 분야에 포함되거나 연계되어 있다. 한편, 대선공약과 정책우선순위를 비교해보면, 각 후보와 정당에서 표방하는 정책목표의 우선순위와 분석되는 정책영역별 관심도가 서로 다르게 나타나 정책공약의 외형과 실체가 서로 다르다는 것을 알 수 있다.[235] 다만, 장기적인 정책목표인 경우와 IMF 등

---

234) 이는 대통령 선거공약 사항으로 조기실현이 불가능하다는 것이 일반적이었으나, 문화에 대한 대통령의 강한 정책적 의지와 박지원 문화관광부 장관의 강력한 추진력에 의해 실현된 것으로 평가되고 있다.

의 대내외적인 정치적 상황으로 인한 재정확충 여건의 미비로 인하여 공약과 정책의 현실적 괴리가 존재하게 되는 것은 공약의 속성상 불가피한 점이 있는 것으로 이해된다고 하겠다.

김대중 대통령이 대통령 후보로서 1992년부터 공약해왔던 '지원은 하되, 간섭하지 않는다'는 문화정책의 기조는 문화정책을 정치적 도구로 이용하지 않겠다는 결의는 물론, 창조적 자율성과 책임성을 중시하는 정책적 기본철학과 정책의지를 천명한 것이라 할 수 있다.

또 남북 문화교류는 햇볕정책에 힘입은 바 크며, 특히 남북문제는 투철한 역사의식과 출생기의 저항의식, 그리고 색깔론에 의한 사상 공세와 민족주의적 주체의식 등을 바탕으로 하고 있다는 점에서 김대중 대통령의 성장과정 및 성격과 관련성이 크다고 할 것이다.

그림 22) 김대중 대통령과 문화정책

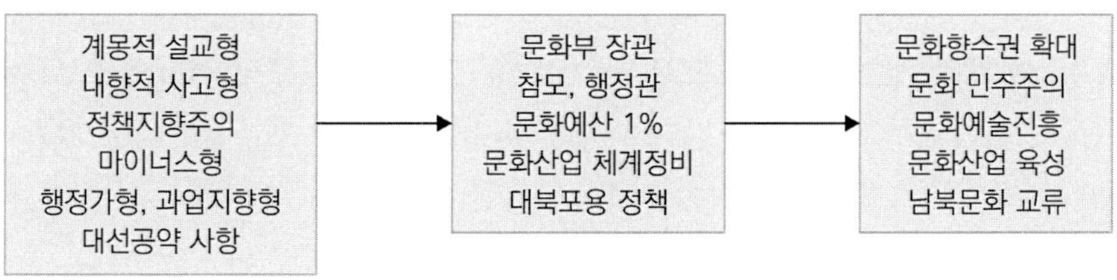

4. 노무현 정부(참여정부)

노무현 대통령은 완고한 성격으로 열등감과 반항의식을 갖고 성장했으며, 저학력, 저소득층을 위한 인권변호사와 민주화운동의 투사로서 불굴의 의지와 뚝심을 지녔다. 그는 원칙주의자로서 탈권위적 리더십과 토론형 리더십을 갖고 있었다. 국정운영 시 특히 국무회의나 정책회의에서 격식없이 토론하기를 좋아하고 잘 따지며, 열정적이나 편향적이고 선동적으로 포퓰리즘에 호소하고, 개혁과 변화를 추구하는 진보적 스타일이다.

235) 구광모, (1999), p.193

노무현 대통령은 법조출신 정치인으로 빈농의 막내로 태어나 가난과 소외감으로 가난, 학력, 마이너리티 콤플렉스를 갖고, 반항의식이 강한 반골기질의 '외향적 직관형' 성격을 지녔다. 또한 성격유형이 외형적 사고형과 감각형의 복합적 유형이라서 논리적이고 설득력이 강하나 갈등조장의 우려가 크며, 인사정책상의 독선과 혼선을 초래하기 쉽고, 문화, 예술, 교육 등 장기적인 정책분야에 소홀하거나 정책의 일관성을 잃는 경향이 있다.

임기 내내 문화계 진보세력에 대한 개혁적 코드 인사의 지속적 단행과 인터넷 언론과의 협조적 관계를 유지하고, 보수언론과의 적대적 관계를 견지한 언론정책 등에서 보여준 행태가 이러한 성격유형을 잘 말해주고 있다. 그러한 성격의 영향으로 리더십은 플러스형, 선동가형, 인간중심형의 '탈권위적 실험실습형'으로 개혁지향적이고 열정적 선동가형이며, 국정운영 스타일은 혁신과 변화를 중시하는 다원화된 지시적 위임형, 적극적 부정형, 창조적 파괴형 등으로 지칭되기도 한다.

리더십의 공통된 특징은 정치성, 반권위주의, 양면성을 갖고 있으며, 수평적, 개방적, 탈권위주의적 리더십으로 분권적 병렬형의 국정운영 스타일을 보여주었다.[236] 따라서 노무현 대통령은 외부상황에 민감하고 상황판단이 빨라 변화를 추구하며, 개혁적이고 미래지향적이나, 다소 충동적이고 독선적이어서 정책의 현실성과 일관성이 결여되고, 정책추진상의 혼선과 무리가 따르기도 한다.

참여정부의 출범과 함께 관료사회와 행정문화를 혁신하여 기존의 체제와 관행과 제도를 파괴하고, 조직운영의 구조와 기능 등 정책시스템을 새롭게 전환하면서 개혁정책을 추진하였으며, 탈관료주의, 정책결정 과정의 공개와 개방에 의한 정책의 투명성을 높혔다. 또한 진보적 창조의식과 혁신적 사고에 의한 담론주의를 바탕으로 수평적이고 개방적인 새로운 토론문화를 조성하고, 국정과제위원회를 중심으로 국정과제를 설정하고 논의하는 방식으로 국정을 운영하였다.

노무현 대통령은 어려운 성장과정과 콤플렉스화된 성격과 진보적 성향으로 국가정책의 기조를 탈권위주의 내지는 반권위주의적 문화 관행과 인습의 타파, 평등과 분배원칙에 입각한 취약계층 위주의 정책, 그리고 균형발전 사회를 지향

---

236) 최진, (2008), pp.518－520

하는 지역균형 발전에 두고 정책을 추진하였다. 문화정책도 문화행정 혁신, 취약계층 위주의 문화나눔 정책, 그리고 지역문화 활성화를 위한 균형정책을 추진토록 하였다.

노무현 대통령은 참모진으로 진보적이면서 차분하고 논리적인 학자 출신과 젊은 운동권 출신을 선호하였으며, 특히 대통령 비서실에는 운동권 출신 중심의 386세대를 전진 배치해 국정의 전위대 역할을 하게 함으로써 홍보대책 및 언론정책에 있어서 대통령과 행정부처의 의사결정에 큰 영향을 미쳤다. 문화부 장관도 초대로 이창동 장관을 기용하여 대통령의 철학과 의지와 스타일을 그대로 정책에 반영하도록 함으로써 행정문화의 혁신은 물론, 홍보정책과 언론정책의 새로운 기틀을 정착시켜 나가게 했다.

노무현 대통령은 '홍보도 정책'이라는 신념 아래 홍보정책의 중요성을 강조하고, 대규모적이고 공격적으로 홍보 시스템을 가동시키고 대외지향적인 홍보정책을 전개했다. 홍보정책과 함께 지속적이고 공격적으로 추진되었던 것이 보수메이저 언론에 대한 적대적 언론정책이었다. 노무현 정부의 대언론 정책은 대통령이 직접 진두지휘하고, 홍보수석실이 앞장서고 국정홍보처가 지원하며, 문화부 등 관련 정부 부처가 동참하여 실행하는 추진체제를 갖추어 진행되었다. 언론정책의 핵심적 법제인 언론관계법의 제·개정과 관련한 여야의 정쟁과 정부와 언론사 간의 위헌 여부에 대한 헌법소원은 홍보대책 논란과 함께 '언론과의 전쟁'의 실상을 보여주는 대표적인 사례들이라 할 것이다.

홍보기능의 중요성과 관련해서 과거 정권 및 정부정책 홍보기능을 벗어나 효율적인 해외 문화 홍보를 위해 국정홍보처 소관의 해외홍보원을 한국문화원으로 일원화하고, 코리아센터(Korea Center)를 개설함으로써 한국의 우수한 문화홍보는 물론, 우리문화의 세계화와 함께 한류의 지속적인 확산을 위한 지원시스템을 강화하였다.

국내정책의 거의 모든 분야에서 핵심가이드 라인으로 제시되었던 '혁신'은 대통령의 개인 성격과 리더십과도 밀접한 관계를 갖는 국정철학이자 정책목표였다. 이는 주로 조직, 인사, 예산, 제도 등 행정체계와 운영에 관한 것으로 정책결정에 직접적 영향보다는 정책집행과 정책평가 차원에서 간접적인 영향을 미치게 되었다.

혁신은 가치파괴적이고 미래지향적인 변화지향성을 핵심으로 하기 때문에 당연히 정부혁신과 함께 정책혁신이 수반되고, 법과 제도는 물론, 관행과 문화의 개혁과 변화를 목표로 한다. 따라서 과거 정부들의 개혁정책과는 많은 차이점을 갖는다.

노무현 대통령의 공약은 4대 비전과 20대 정책목표, 150대 핵심과제로 구성되어 문화예술과 관련된 부분은 '따뜻한 대한민국'에서 밝히고 있는 '21세기 문화대국 실현'을 목표로 설정하였고, 그 핵심전략으로 보편적 문화향수권 보장, 선진국 수준의 문화인프라, 자유롭고 활기찬 문화예술인, 세계수준의 문화산업을 내세우고, 이를 위해 14개 추진과제를 제시하였다. 나아가 문화예술 교육의 중요성을 강조하고, 지역 균형발전 차원에서의 지방문화 분권화 및 활성화 사업을 적극적으로 추진하였다.

또한 노무현 대통령의 대선공약 사항과 관련해 중요한 정책사업 중의 하나가 '광주 아시아문화중심도시'의 조성사업이다. 이는 광주를 문화가 중심이 되는 아시아 문화허브로서, 문화적으로 도시를 재구성하여 미래형 문화중심도시를 조성하고자 한 것으로, 광주가 갖는 역사적, 정서적, 정치적, 경제적, 지역적 특수성을 종합적으로 고려하여 설정한 장기적 복합문화 도시 모델사업으로 그 정치적 함의가 매우 크다고 하겠다.

그림 23) 노무현 대통령과 문화정책

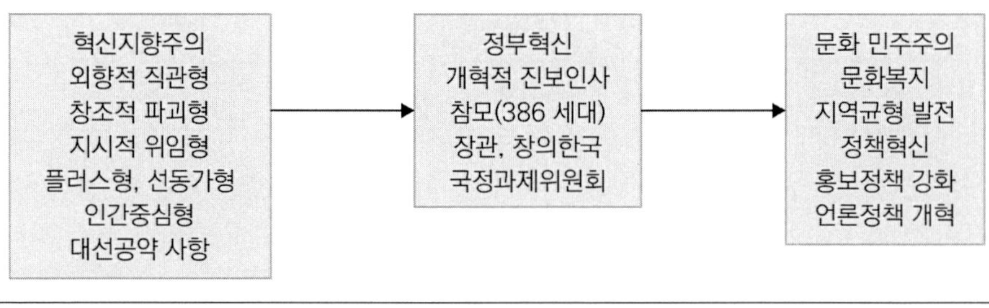

제3절 정치상황적 측면

정치상황적 측면은 정치적 상황 및 환경적 요인에 의한 문화정책의 과정과 결정에 관한 것으로, 국내외적으로 정치체제의 영향을 미치는 환경적 요인으로서 시대정신과 정치적 사조 및 이념, 정치적 변혁 및 사건, 그리고 정치문화와 여론, 압력단체의 행태 등에 의한 문화정책에 대한 영향을 말하며, 이는 주로 문화정책의 이념이나 기조 및 정책의제와 정책형성 등에 영향을 미친다.

정치적 상황 및 환경요인은 때로는 원인으로서, 때로는 결과로서 정치체제 및 대통령의 특성과 상호 직접적 또는 간접적으로 영향을 미치는 밀접한 관계를 갖고 있으며, 이는 대체로 현실처방적이고 문제해결적 차원에서의 정책적 특성을 갖게 된다. 일반적으로 새로이 발생한 정치적 상황이나 환경에 대응하여 그에 상응한 대책이나 대처방안의 형태로 정책이 수립되고 시행된다.

정치적 상황과 문화정책의 관계를 도식화하면, ＜그림24＞와 같다.

그림 24) 정치적 상황과 문화정책

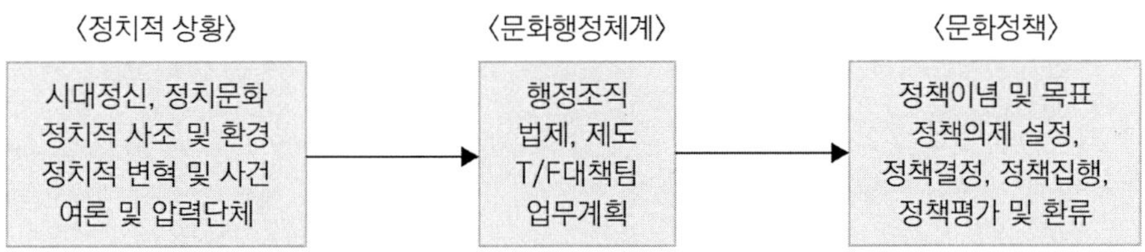

1. 노태우 정부

노태우 정부가 출범하기 전인 1987년에 민주화 운동의 결과로 6.29 선언이 발표되면서 민주화의 흐름이 정치적 상황을 주도하게 되었고, 이는 문화정책에도 지대한 영향을 미쳤다. 문화복지와 생활문화 정책으로 연계되는 문화향수권과 참여권 신장을 의미하는 문화민주화와 문화 민주주의는 문화정책적 관점에서 볼 때, 계층 간, 세대 간, 지역 간의 문화격차와 불균형을 해소하고, 인간다운 삶을 누릴 수 있는 문화환경과 문화기본권을 확보해야하는 점에 집중된다고 하

겠다.[237)]

이와 같은 정책사업의 일환으로 실시한 다양한 문화접근 전략과 구체적인 프로그램 개발사업은 문화소외 지역을 직접 찾아가는 이동문화 사업, 문화가족 운동 등과 도시 일각에 문화시설을 곁들이는 쌈지마당과 문화의 거리 조성, 그리고 생활 속에 다양한 예술활동 공간인 문화사랑방 운동과 문화정책에 대한 다양한 국민의 의견을 수렴하는 까치소리 전화 등을 들 수 있다.

한편, 제5공화국을 통해 심화되어온 순수문화와 참여문화, 제도권과 비제도권 문화, 민족과 민중문화, 보수와 진보 간의 갈등과 대립이 진보적 예술운동의 인적 토대를 구축하게 되었으며, 예술관의 다양화와 전국화로 확산됨으로써 예술단체의 조직력이 구비되어 이질성이 강화되고, 문화예술의 향유층과 유통에 획기적인 변화를 초래하게 되었다.

이때, 문화예술의 정치도구화, 문화예술계의 관변단체화, 군사정권의 정당성 부정 등으로 반독재와 반체제 활동을 전개해온 민족민중 예술계의 연합조직인 민족문화예술총연합이 결성된 것이다. 이는 참여정부를 거쳐 오늘날까지도 문화계의 보수와 진보 세력 간 이념적인 문화권력 다툼의 양상을 지속하고 있다.

다음으로는 88서울올림픽으로 인한 정치적 상황의 영향을 들 수 있다. 이는 모스크바 올림픽과 LA 올림픽이 이념대립에 의해 연속 반쪽 올림픽으로 행해진 이후의 동서화합의 평화 올림픽이라는 정치적 상징성으로 동·서구권 국가와 제3세계를 포함한 최다국가가 참여하여 개최된 종합적인 세계제전으로서 평화와 화합의 정치적 의미와 함께 문화올림픽으로서 세계 문화교류의 장을 마련하게 된 것이다.

서울올림픽은 홍보와 참가유도를 위한 문화계 인사교류와 문화예술 교류를 통해 국제문화 교류 증진과 함께 남북한 문화교류 협력의 계기와 한국문화의 세계화 기반을 마련하고, 특히 탈냉전 조짐과 탈이념경향으로 인한 북한과 미수교국의 예술작품 국내 개방 및 각종 규제완화와 해금조치가 이루어지게 되었다. 또한 올림픽 이후에는 일반국민의 해외여행 자유화와 예술품의 수입자유화 등의 허용으로 문화적 개방이 이루어지게 된 것이다.

---

237) 오양렬, (1995), p.61

노태우 정부의 가장 괄목할 만한 정책은 북방정책이라 하겠다. 대통령 취임사에서 북방정책을 대외정책의 기조로 설정했음을 천명하고, 동서해빙 분위기의 시대적 정치상황에 편승하여 대세순응형답게 소련의 개혁개방 정책과 그로 인한 동구권의 민주화 바람을 활용하여 1989년 헝가리와의 수교를 시작으로 동구권 국가들과의 수교와 함께 문화교류를 확대하였다.

또한 민족통일을 위한 문화적 동질성회복을 통일문화 정책의 기본방향으로 설정하고, 통일문화 기본조성 사업과 함께 민간주도의 남북 문화교류 사업도 적극 추진하였다. 북방문화 정책은 그야말로 노태우 대통령의 성격과 리더십의 특성을 여실히 드러내주는 동시에, 정치적인 시대 상황의 결정요인의 정책적 결과를 잘 나타내주는 전형적인 사례라 할 것이다.

그림 25) 노태우 정부의 정치적 상황과 문화정책

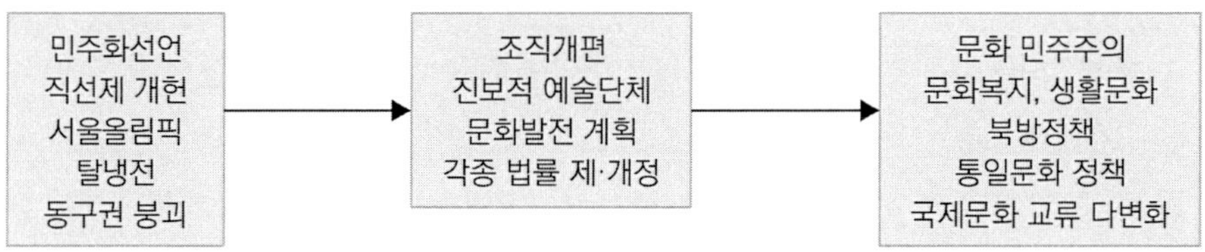

2. 김영삼 정부(문민정부)

김영삼 정부 출범에 즈음하여 포스트 모더니즘의 영향으로 신자유주의 사조가 지배적이었고, 세계화의 흐름이 탈근대, 중심해체 현상과 함께 세계경제에도 개혁, 개방 바람이 거세게 불어 닥쳐 UR에 이은 WTO 체제가 출범하게 되었다. 이에 따른 시장개방의 가속화로 수입자유화와 서비스 분야의 개방 확대 등 국제정치, 경제적 상황에 대응하여 '세계화정책의 구상'을 밝히고, 이를 김영삼 정부의 정책 브랜드로 부각시켜 국가정책의 기조를 이루며, 문화정책에도 '우리문화의 세계화'가 역점사업으로 부상되었다.

김영삼 정부의 문화정책의 특성을 민족정기의 확립과 함께 우리 문화예술의 세계화에 두듯이, '문화창달 5개년계획'과 문화체육부의 주요업무 계획은 물론,

'세계화 시대에 부응하는 문화와 관광의 연계 방안', '21세기를 향한 한국문화의 비전과 전략', '문화비전 2000' 등에 정책이념과 정책가치 및 정책목표로 문화산업 육성과 함께 반영되었다. 세계화 정책은 김영삼 대통령의 성격과 국정운영 스타일을 여실히 보여주는 전형적인 정책사례이자 당시의 국제정치, 경제적 환경과 국내정치적 상황에도 많은 영향을 받은 정책이라고 하겠다.

세계화정책의 구상은 호주 순방 시 기내에서 깜짝쇼로 발표되었듯이, 국내정치와 국제 정치경제적 상황에 발맞춘 임기응변적인 신자유주의 세계화 흐름에 부응한 전시적 구호성 정책이라는 비판을 피할 수 없었다. 그만큼 세계화에 대한 철학과 사고가 뒷받침되지 못한 즉흥적, 감각적 리더십과 국정운영 스타일의 결과였다는 평가가 일반적이다.

다음은 민주화운동의 결실로 인한 형식적 민주주의에 의한 민주정부의 출범과 동구권 사회주의 국가체제의 해체 등을 들 수 있다. 이는 정치체제나 통치이념 등과도 직접적인 관련이 있으며, 우리나라의 국정운영에 큰 변화를 가져왔고, 문화에 대한 가치와 효용성에 대한 안식전환을 토대로 문화정책에도 커다란 변화를 가져왔다.

민주화의 정책적 기조는 문화민주화를 목표로 문화복지 정책을 낳았으며, 사회주의 체제의 몰락은 동구권 미수교국가와의 수교와 함께 문화, 체육의 개방과 교류확대의 물꼬를 튼 계기가 되었다. 문민 민주화의 영향에 의한 대중의 시대 문화대중화와 대중예술의 특성 강화로 수용자 중심의 정책과 문화산업의 개발·육성정책이 대두되고 확대되어갔다. 이는 문화의 시대를 대비하여 문화에 대한 본격적인 성찰과 문화정책의 논의 및 정책변화를 수반하게 된 것이다. 이 당시의 상황은 정치적으로나 문화적으로나 단점과 새로움의 역사적 전환기를 맞이하게 되었다.

김영삼 정부의 정치적 상황과 문화정책의 관계를 도식화하면, <그림26>과 같다.

그림 26) 김영삼 정부의 정치적 상황과 문화정책

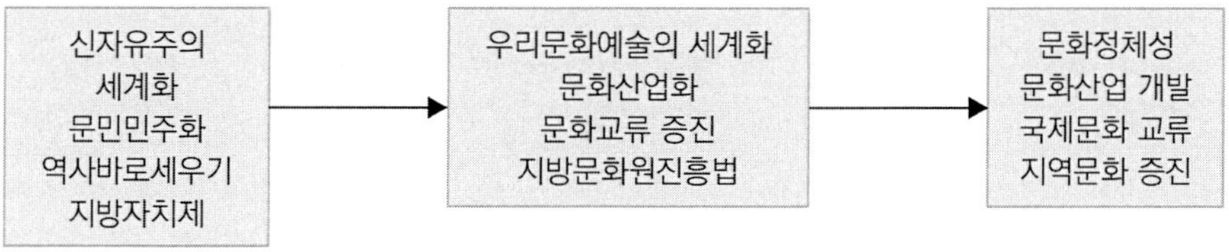

3. 김대중 정부(국민의 정부)

김대중 대통령이 야당 정치인으로서 우리나라 최초로 국민들의 선거혁명에 의한 여야간 수평적 정권교체를 이룬 개혁적 민주정치 체제로 말미암아 정치적 지각변동과 함께 정치이념상의 변동도 수반되었다. 즉, 정부수립 이후 김영삼 정부까지 우리나라 정치는 보수성향의 권위주의 체제하에서 국정운영이 이루어져 왔으나, 김대중 정부의 탄생으로 우리나라 정치사상 처음으로 수평적인 평화적 정권교체는 물론, 개혁성향의 정권이 출범하게 됨으로써 정치지형의 변동 뿐 아니라 국정운영과 각계 각 분야의 정책이 그 방향과 내용의 변화를 가져왔다.

과거 군사정부 이후 수구세력과 보수세력의 견고한 정치권력을 대체하여 재야인사 등 민주화 투쟁세력과 진보적 시민단체를 비롯한 개혁세력이 정치권 전면에 등장하고, 정부 각 분야에 참여하게 됨으로써 정부정책 또한 그들의 영향과 시대적 상황에 의해 과거와는 차별화되는 진보적 개혁성향이 나타나기 시작하였다.

물론, DJP 연대에 의한 보수세력과의 정책연대로 일정부분 정책적 제약을 받게 된 것은 불가피한 한계상황이었다고 할 것이다.[238] 하지만, DJP연합이 문화정책에 미치는 영향은 미미해서 정책의 특성에 미치는 영향 또한 미미한 것으로 판단된다.

새로운 시대인 21세기 '문화의 세기'를 맞이한 김대중 정부는 세계화 및 정보화의 시대적 흐름과 함께 지식정보사회의 문화경제적 차원에서 문화산업정책

238) DJP연합에 의해 총리직과 일부 장관직을 보수세력인 자유민주연합에서 맡게 됨으로써 정부정책에 어느 정도 관여하게 되고, 진보적 정책성향의 한계는 불가피했다.

을 본격화하고, 문화산업 육성을 위한 법제 및 재정을 적극 확충해나갔다. 대통령 취임사에서도 '문화산업이 21세기 기간산업'임을 천명하고, IT 산업과 함께 과거보다 훨씬 문화산업 부문에 대한 지원정책을 큰 폭으로 강화하였다.

'문화산업진흥 5개년계획'과 '콘텐츠코리아 비전21' 등 문화산업 발전을 위한 중장기 종합계획을 수립하여 국제경쟁력 강화와 문화정체성 확립을 중요한 정책목표로 제시하고, 디지털 시대에 적합한 법제도 정비, 전문인력 양성, 문화콘텐츠 창작역량 제고, 산업발전의 기반조성을 위한 인프라 확충 등을 정책수단으로 제시하였다. 나아가 문화콘텐츠 기술을 6대 국가전략 기술의 하나로 선정하여 지원체제 정비와 함께 정책대상을 기존의 출판사업과 영화산업에서 디지털 콘텐츠산업으로 확대하여 문화콘텐츠 제작지원 사업과 창작개발 사업, 그리고 유통구조 개선사업 등을 추진하게 되었다.

우리나라에 정치, 경제적으로 큰 부담을 안겨주었던 IMF 체제는 새 정부의 문화정책 현안으로서 창작지원을 위한 재원확보, 창작활동 관련 문화예술법률 개정 및 정부산하 문화예술기관 개편 등을 시급히 해결해야할 일로 지적하는 등[239] 문화계에도 심대한 영향을 미쳤으며, 전업예술인은 물론, 문화예술과 문화산업계, 특히 일반인들의 문화소비 감소와 함께 공연계, 영화계, 출판계 및 문학, 미술, 음악 등 모든 업계의 활동을 위축시키고 연쇄도산과 붕괴를 초래하게 하였다. 이는 문화행정 체계의 구조조정으로 이어지고, 문화재정 또한 감축이 불가피하게 만들었다.

글로벌 시대의 문화시장과 관련해서도 정치적 협상과 타협을 필요로 하는 만큼 문화외교에도 큰 영향을 미쳐 기존의 문화외교의 기본 틀을 재정립하여 한국의 문화적 특수성을 강조해온 일방적 홍보전략을 넘어서 상호주의에 입각한 상호이해와 교류의 협력체제를 구축하는 방향으로 문화외교 정책을 체계적으로 추진하게 하였다.

그중 가장 큰 변화는 '햇볕정책'으로 인한 남북관계라 할 것이다. 이는 문화정책에도 큰 변화를 가져와 남북 간 문화예술의 인적, 물적 상호교류가 매우 활발하게 이루어지고, 이념으로 인한 문화기본권의 제약이 크게 완화되었다. 여기

239) 양건열, "IMF 체제하의 문화정책과제의 방향설정을 위한 문화예술인들 의견조사", 「문화정책논총」 제9집(1998), pp.195－197

에서 특기할 점은 다른 분야의 문화정책과 달리 남북 문화교류 분야는 문화부나 문화예술계에서 독자적으로 정책을 펴거나 사업을 추진하기가 어려운 조건에 놓이게 되는데, 이는 남북관계에 대한 문화 외적인 규정력 특히 정치적 상황이나 사건에 따라 크게 영향을 받아왔기 때문이다.

서해교전이나 미국정부의 대북강경 발언만으로도 남북 문화교류는 직접적인 영향을 받고 정책을 중단하게 되거나 백지화하는 사례가 그 단적인 예라고 할 것이다.[240] 그로 인한 보수세력과 진보세력 간의 이념갈등과 논쟁이 심화되고, 문화예술계에도 예총과 민예총 간의 정치세력화와 이념논쟁이 활발하게 진행되었다.

김대중 정부의 대외 문화정책 중 한일 문화교류 정책은 1965년 한일 국교정상화 이후 한일 관계에 대한 국민의 정서와 여론에 의하여, 정치적 상황에 따라 제한하여 온 매우 민감한 정치적 문제로서, 특히 일본 대중문화 개방정책은 김대중 정부의 중요한 현안사항이었다. 당시의 정치적 환경은 일본 대중문화의 단계적 개방조치를 불가피하게 만든 것이다.

세계화에 따른 국제조류와 아태지역 발전을 위한 지역적 협력, IMF 경제난국 극복, 월드컵의 성공적 개최를 위한 새로운 한일 파트너십 구축의 필요성에 따른 미래지향적 양국관계 정립을 위해서 1998년 일본 대중문화의 단계적 개방방침에 의해 가시적인 개방조치를 단행하였다. 이는 과거 역사와 관계가 적은 분야와 문화적 가치가 높은 분야부터 단계적이고 점진적으로 상호주의에 입각하여 민간차원의 건전한 문화교류라는 5대 기본원칙하에 가시적 성과가 나타나도록 기본방향을 설정하였다.[241]

이에 따라 문화의 정치, 경제적 위상의 변화를 가져오고, 결국 우리나라 문화산업의 적극적 육성정책을 유인하는 효과를 낳았다. 즉, 정부가 문화산업과 지식산업을 21세기 국가기간 산업으로 육성하겠다는 적극적인 정책의지를 이끌어낸 것이다.

한편, 1966년 영화법에 명문화되어 1967년 시행된 스크린쿼터 제도는 통상

---

240) 그 대표적인 사례로 2001년 남북 문화장관 회담의 논의사항들이 부시 대통령의 '악의 축' 발언에 의해 백지화되기도 하였다.

241) 문화관광부, (2003), pp.316－317

협상의 중요한 의제로 부각될 만큼 경제적 중요성이 커졌고, 이는 문화정체성 차원과 문화산업 보호육성 차원에서 강화되는 측면이 있다. 스크린쿼터 제도는 문화정치의 한 단면으로서 국산제작 영화 상영 하한일수를 정하여 일정기간 이상 상영토록 한 것으로, 무제한적인 외국영화 상영을 제한하여 국산 영화산업을 보호, 육성하기 위한 산업보호 정책의 제도 일환이다. 이는 한미 경제협정 체결을 앞두고 폐지론이 대두될 정도로 문화국수주의 차원에서 많은 논란이 있었고, 문화정체성과 문화산업 육성 차원에서 문화주권으로 지켜져야 하는 정치적 현안 사항으로 제도상의 상징적 의미는 매우 크다고 하겠다.

2002년 월드컵은 한일 공동개최로 일본과의 정치적, 경제적, 문화적 분야에서의 외교협력, 교류관계를 미래지향적으로 발전시켜 나가는 계기를 마련하였으며, 이를 홍보하고 준비하며 개최하는 과정에서 특히 문화교류와 문화행사를 통해 한국문화를 성공적으로 소개하고, 우리문화 세계화 전략인 한국의 문화상징(CI) 개발 홍보 등 다양한 정책사업을 통해 문화역량의 강화는 물론, 국제문화교류를 확대, 강화하였다.

이 밖에도 한류는 주로 민간 차원에서 자연스럽게 형성된 문화유입 현상인데, 한국의 드라마, 대중가요, 영화 등 대중문화의 영향으로 중국, 일본과 베트남 등 동남아 국가 등지에서 한국문화에 대한 선호경향인 일종의 문화트렌드로 특히 대중문화의 국가 간 균형적 교류 문제로 부상한 대외 문화정책상의 문화정체성과 관련된 문제라 할 것이다.

김대중 정부의 정치적 상황과 문화정책의 관계를 도식화하면, <그림27>과 같다.

그림 27) 김대중 정부의 정치적 상황과 문화정책

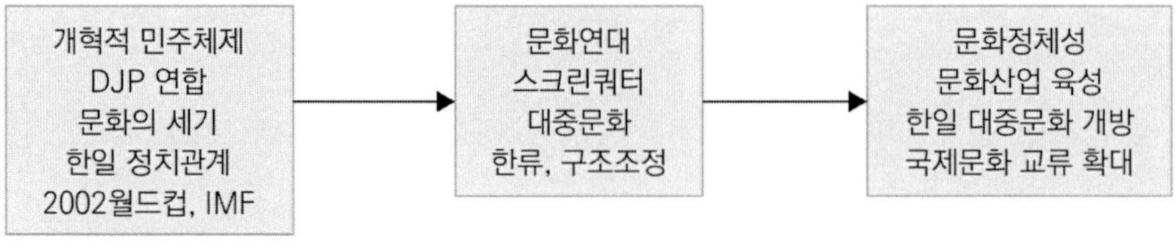

4. 노무현 정부(참여정부)

노무현 정부는 386세대와 IT 혁명에 의한 정권재창출로 정치적 환경은 김대중 정부에서의 정치적 상황과는 달리 권력지향의 대변혁과 함께 개혁성향의 진보적인 운동권의 제도권 진입으로 정치는 물론 경제, 사회, 문화 각 분야의 정책변화를 가져왔다.

노무현 정부의 탄생으로 진보적 개혁성향의 정권이 재창출됨에 따라 보혁갈등은 노골화되고, 정계는 물론 정치적, 정책적 환경변화와 함께 문화계와 언론계에 커다란 지각변동을 일으켜 정부기관 및 산하단체의 인사정책과 문화예술분야 지원정책이 혁신이라는 이름하에 진보적 성향으로 점차 바뀌어갔다. 이는 중산·서민층을 위시한 취약계층과 소외계층을 위한 정부의 분배정책과 지역균형 발전 정책의 일환으로 추진된 문화정책의 방향 및 내용과도 밀접한 관계가 있다.

노무현 정부의 출범과 함께 시작된 문화분야에서의 가장 큰 변화는 정부기관 및 산하단체에 대한 인사정책의 변화라 하겠다. 김대중 정부가 일부 진보성향을 띠긴 했어도 문화예술계 인사정책에서 실용적인 포용책을 썼던 것에 비하면, 노무현 정부의 문화예술계 인사정책은 진보성향의 편향적인 코드인사 중심이라는 비판을 면하기 어려운 실정이었다.

특히, 문화부장관을 비롯해 국립 문화기관장과 산하단체장에 과거 민중민족계열과 민예총 및 문화연대 등 문화예술계 인사를 포함한 시민단체 인사들을 기용하였다. 그들이 각 분야에서, 각 기관 및 단체에서 정책수행에 미치는 영향은 지대하였고, 그들에 의한 지원정책 또한 불공정성 논란을 불러일으킬 만큼 편중된 정책성향을 띠게 되었다.

다음은 탄핵정국의 영향을 들 수 있는데, 17대 총선 전 대통령에 대한 탄핵소추가 추진되어 정국이 매우 경색되었으나, 탄핵 실패 후 행해진 4.15 총선에서 그 여파로 386세대와 친노세력이 대거 국회에 진출하게 됨으로써 여대야소의 정치지형으로 집권세력이 더욱 힘을 얻게 되었다. 이는 정부의 정책결정과 관련된 법안과 예산안 등의 처리와 연결되어 정책과정에 많은 영향을 미치게 되었다. 그 대표적인 예가 언론관계법 제·개정과 연계된 언론정책의 진보적 변화라 하겠다.

노무현 정부의 정치적 상황과 문화정책의 관계를 도식화하면, <그림28>과 같다.

그림 28) 노무현 정부의 정치적 상황과 문화정책

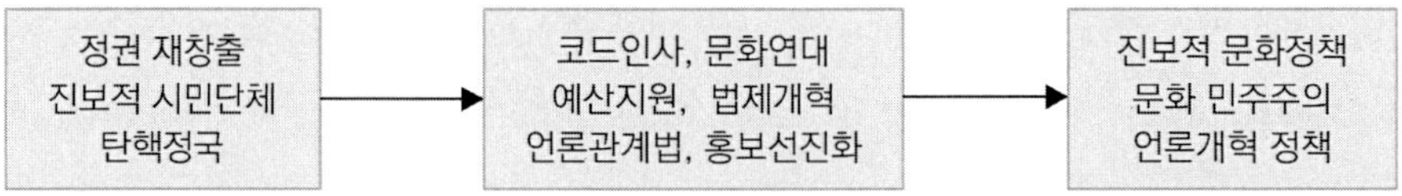

이상과 같이 역대 정부의 정치적 요인과 관련하여 문화정책의 이념 및 목표와 핵심사업 등을 종합하여 보면, 다음과 같이 일반적인 경향과 특성을 나타내고 있음을 알 수 있다.

일반적인 경향으로는 이미 제시되어 왔듯이,[242] 정부가 바뀔 때마다 정책도 새로이 작성되는 경향이 있는데, 이는 정책환경이나 정책수요와 통치이념이 변화했기 때문이기도 하나, 전시적, 과시적, 정치적 의도가 내포되어 있다. 또한 정책이념이나 정책가치가 제대로 정립되어 있지 않고, 통치권자의 정치적 수요를 이념화하여 내세우는 경향이 있으며, 이 경우에도 대체로 논란의 소지가 없는 보편적이고 당위적인 이념이나 가치를 제시하지만, 명목적이고 형식적이어서 실제 정책목표나 정책내용은 이와 무관하게 이루어지는 경향이 있다. 따라서 정책이념과 가치 및 정책목표와 정책사업 등이 논리적으로 일관성 있게 연결되지 못하며, 이러한 경향은 과거 민주화 이전에 비해 많이 개선되어 오고는 있으나, 일반적으로 나타나는 정책현상적 경향으로 보인다.

일반적인 특성으로는 첫째, 정책이념이나 목표는 문화정체성과 주체성 확립, 문화민주주의, 문화복지 등 보편타당한 사안들로 모든 정부에 공통적으로 지향되어 왔으나, 정책의 우선순위에는 각각 차이가 있다. 둘째, 역대 정부의 문화정책은 전 정부의 문화정책의 내용을 참고하여 대부분 중장기계획에 반영하여 수립되나, 과거 정부와 차별화하는 특성을 갖는다. 셋째, 각 정부는 문화정책

242) 정홍익, "문화정책의 가치론적 접근", 「문화정책논총」 제5집(1993), p.63

을 직접 또는 간접적인 방법을 통해 정치지향적으로 활용하고자 한다. 넷째, 대체로 정치체제적 요인보다는 대통령의 특성과 정치적 상황에 의하여 문화정책의 이념과 목표 및 우선순위와 내용이 달라진다는 점이다.

위에서 살펴본 바와 같이 정치적 요인과 문화정책 간의 관계는 각 정부별로 정치체제와 대통령의 특성, 그리고 정치적 상황 및 환경에 따라 문화정책이 각각 변화하고 특성화된다는 것을 알 수 있다.

제6장

우리나라 문화정책의 발전방안

본 연구의 기본 취지는 역대 정부 별로 문화정책을 평가해서 각 정부 간 문화정책에 대한 순위를 정하거나 우열을 가리는 것이 아니라, 정치적 요인에 따라 시대환경에 따라 각 정부가 어떤 문화정책을 어떻게 수립, 시행하였는지를 통시적으로 살펴보고, 정치적 요인과 문화정책 간에 어떠한 관계가 있는지를 고찰함으로써 향후 문화정책의 흐름을 파악하고 발전방안을 모색하고자 하는 데 있다.

따라서 정치적 요인과 문화정책 간의 관계를 통해 문화정책의 목표인 문화민주주의, 문화정체성, 문화다양성, 문화공공성, 문화복지 등의 실현을 통한 인간다운 삶의 질 향상과 궁극적인 문화사회 건설을 위해 향후 문화정책이 나아가야 할 방향과 과제, 특히 문화정책에 지대한 영향을 미치는 정치가 지향해야 할 발전방안에 대하여 제언하고자 한다.

앞에서 고찰한 바와 같이, 정치적 요인과 문화정책과의 관계를 정치체제적 측면, 대통령의 리더십 측면, 그리고 정치상황적 측면에서 각 정부별로 정치적 결정요인이 각각의 문화정책의 특성과 내용에 미치는 영향을 살펴보았다.

먼저 체제적 측면에서 각 정부의 정치체제의 경우 정부형태는 대통령 중심제로 공통적이나, 정치적 지배체제가 권위주의적 체제냐 민주주의적 체제냐에 따라, 정치이념 내지는 통치이념이 어떤 성향을 띠고 어떤 내용이냐에 따라 각기 다르게 나타나며, 특히 국정지표나 국정목표 또는 국정과제에 의해 정책의 특성 및 내용이 각각 영향을 받는 것으로 나타난다. 국정지표나 국정과제는 문화정책의 내용에 직접 반영되고, 특히 중장기계획 수립 시 정책이념과 정책목표로서의 준거가 되며, 정책방향을 제시해주면서 정책사업과 내용에 전반적으로 반영되어 나타난다.

정부조직 또한 정권이 바뀌어 출범할 때마다 정부직제에 의한 조직개편에 따라 조직이 신설 또는 통폐합되며, 정책적 관심과 함께 정책의 중요도와 우선순위가 달라진다.

다음은 인적 측면으로서 대통령의 특성의 경우 그 성격과 리더십 및 국정운영 스타일이 가장 직접적이고 강력하게 정책에 반영되어 나타난다. 정책과정상 특히 정책의제 설정이나 정책결정에 대통령의 정치적 철학과 정책적 의지가 대통령의 참모진과 장관 등 고위 관료를 통해서 정책에 직접 또는 간접적으로 반영된다. 또한 중장기계획 및 업무보고에 따른 대통령 지시사항의 형태로 직접 반영되기도 한다.

대통령 선거공약 사항도 새 정부의 정책목표로서 행정체계 및 정책과정에 실천적으로 직접 영향을 미친다. 헌법상으로나 실제 국정운영상 대통령에게 권력이 집중되어 있는 가부장적이고 제왕적이며 권위주의적인 우리나라의 대통령 중심제 특성상 정책에 미치는 대통령의 영향력은 가장 지대하다 하겠다.

정치적 상황 및 환경 또한 상황적응 방안 내지는 문제해결 방식으로 정책에 영향을 미치고, 특히 정치적 사조는 정치문화의 형성과 연관되는 정치적 환경으로 작용하여 시대정신과 세계화, 문화화, 정보화 등의 외적 변화와 시류에 따른 대응적 조치로 정책을 형성하기도 하고, 다른 정책에 반영되기도 한다.

실제 정책특성이나 정책내용의 배경과 과정을 보면, 현실적으로 정치적 특성 중 어느 한 요인만의 영향에 의해 정책이 형성되는 것이 아니며, 상호 복합적 또는 보완적 관계를 갖고 상호작용에 의하여 정책에 영향을 미치는 것이 일반적인 현상이다.

이러한 사실을 통해서 정치적 요인과 관련하여 문화행정 체계와 문화정책에 나타난 몇 가지 시사적인 결과와 발전방안을 도출할 수 있겠다.

첫째, 문화부 조직과 관련하여 문화국과 예술국이 문화예술국으로의 통합분리 과정을 수차례 반복하고, 매체국의 신설 폐지와 민주화 이후 문화전담 부처로서의 문화부 출범과 함께 신설된 생활문화국의 폐지 등 조직개편이 통폐합을 거듭하여 온 것은 문화행정의 환경변화에 따른 적시적 대응이라는 긍정적인 측면도 있으나, 투철한 정책의지와 조직논리에 의한 결과라기보다는 단기처방적이고 임시방편에 의한 행정편의주의 내지는 전시적, 정치적 행태에 기인한 결과라는 비판을 면하기 어렵다. 이는 또한 잦은 개편으로 인한 조직운영의 안정성 저해와 정책추진상의 비효율성 초래 등 부정적인 결과를 초래한 면도 부인할 수 없다고 하겠다.

앞으로는 전시적이고 정치적인 경직된 분위기에 흔들림 없이 정책환경의 변화와 중장기적인 미래예측에 의한 세심한 조직진단에 기초하여 정책효율성을 높일 수 있는 방향으로 시의적절한 조직개편이 이루어져야 할 것이다.

둘째, 정책과정에서의 참여주체로서 정책결정과 정책집행에 중심적 역할을 수행하는 문화부 장관과 고위관료 및 참모진에 대한 인사정책은 행정국가화 현상의 심화경향을 고려할 때 대단히 중요하며, 특히 그들의 능력과 성향, 의지와 역할이 정책에 직접적인 영향을 미친다는 점에서 인사에 신중을 요한다고 하겠다.

정책적 범위와 대상이 종합적이고 광범위한 중장기계획이나 공통사안의 대책을 마련할 경우와 특정사안에 대한 대책이나 방안을 수립하게 될 경우에 따라 정도의 차이는 있으나, 장관과 행정관료들의 영향력은 그만큼 크고 중요하다. 따라서 그들에 대한 인사는 정치적 입장이나 정략적 판단에 의한 인사보다는 대통령을 제대로 보좌하고 정책을 올바로 이끌어 나갈 비전과 창의력을 바탕으로 한 강력한 리더십과 자질 및 능력을 갖춘 공정하고 균형잡힌 정책적인 인사가 요망된다.

중앙집권적인 체제와 독립부처 모형의 중앙 문화행정 조직 형태를 채택하고 있는 우리나라의 경우 더욱 광범위하고 집권화된 문화정책과 문화행정의 특성상 정책책임자의 능력과 성향에 따라 또한 재량권에 의해 문화정책이 크게 좌우되기 때문에 더욱 그러하다. 세계화정책의 결과와 코드인사의 교훈이 이를 잘 말해준다.

셋째, 예산은 곧 정책이라 할 만큼 실효성 있는 정책 실현을 위해 반드시 뒷받침 되어야 할 정책수단이다. 정부의 예산안 편성과정에서의 예산당국에 대한 대통령의 정책의지와 영향력은 정책사업을 위한 예산반영에 매우 중요한 역할을 한다. 대선공약 사항과 대통령 지시사항을 비롯한 대통령의 정책적 관심사업은 정부의 예산안 편성뿐 아니라 국회의 예산심의 과정까지 큰 영향을 미친다.

김대중 정부의 문화부 예산 1% 달성과 문화예산 1조 원 달성은 이러한 예산에 대한 정치과정상의 메커니즘을 잘 나타내주고 있다. 앞으로는 문화예산에 대한 관계부처의 문화적 관점에서의 인식과 이해, 정책 결정권자와 정치권의 정치적 이해관계보다는 문화적 마인드와 문화논리가 전제되어야 하며, 더욱 효율적인 정책수행을 위한 예산 및 기금 등의 재정확충을 위해서는 다양한 재원확보와 함께 문화정책의 논리개발에 다각적인 노력을 기울여야 할 것이다.

넷째, 법제는 정책을 형성하고 추진하는 데에 밑바탕이 되는 정책적 근간으로서 정부입법이냐 의원입법이냐에 따라 정부나 의회의 정책에 대한 영향력이 달라진다. 정부가 발의하는 정부입법이나 하위법령인 대통령령(시행령)과 부령(시행규칙)의 경우 행정부처의 영향력이 결정적이지만, 의원이 발의하는 의원입법의 경우는 의회나 정당이 많은 영향력을 발휘한다. 부처협의나 입법예고 등 절차상의 이견과 번거로움 때문에 의원입법 형식을 빌려 입법을 추진하는 사례가 종종 있으나, 이는 바람직하지 못하며, 특히 문화관계법의 경우 정치적 배경에서의 단기적 추진보다는 시대적 요청과 국민적 수요에 따라 문화계와 학계 및 언론계 등을 포함한 폭넓은 국민적 의견수렴을 거쳐 정부가 장기적 관점에서 입법을 추진하는 것이 요망된다.

현재의 문화 법체계를 종합해 볼 때, 문화국가와 문화권의 개념을 명확히 하고, 문화행정과 문화정책을 체계적이고 유기적으로 수행하기 위한 문화 전반과 관련된 문화기본법의 제정[243)]과 실효적 시행, 그리고 국가와 지방자치단체의 각종 계획과 정책 수립시 문화적 관점에서 국민의 삶의 질에 미치는 영향을 평가하는 문화영향평가제를 운영하여 문화적 가치가 사회적으로 확산될 수 있도록 합리적이고 강력한 문화영향평가법과 제도가 시급히 마련되어야 할 것이다.

243) 국민의 문화향유를 장려하고, 문화의 가치를 사회영역 전반에 확산시켜 국민의 삶의 질을 높이고 문화격차 해소를 통해 국민 모두가 문화로 행복한 사회적 분위기를 조성하기 위하여 2013년 제정, 2014년 시행하였다.

문화정책을 효과적이고 합리적으로 실현하기 위해서는 그 규범적 틀을 제공하는 법체계가 확실하게 정립되어야 하고, 이러한 법체계 속에서 국민의 문화권이 실질적으로 구현될 수 있을 때 진정한 문화국가가 이루어질 수 있기 때문이다.[244)]

다섯째, 우리나라 역대 정부의 정책 변천과정을 살펴보면, 중장기계획에 의한 정책사업들이 새 정부출범과 함께 제대로 시행되지 못하고 유명무실해짐으로써 행정력 낭비와 함께 비효율을 초래하게 되고, 정권이나 장관이 바뀜에 따라 추진 중인 계획과 사업들이 중단되거나 취소되는 병폐를 반복하여 왔음을 알 수 있다.

중장기계획이나 정책방안은 단기적인 현안해소나 문제해결과는 달리, 사전에 설정된 정책목표 아래 지속적으로 추진되어야 할 사안들이다. 주기가 비교적 길고 순환하며 그 성과가 중장기적이고 점진적으로 나타나는 특성이 있다. 따라서 단기성, 전시성, 인기 위주의 비현실적인 정책은 배제하고, 문화 본연의 위상과 속성에 맞게 정부나 장관의 교체에 상관없이 국가발전 및 국민의 삶의 질 향상을 위한 실효성 있는 문화정책으로 꾸준히 추진될 수 있어야 할 것이다.

여섯째, 우리나라의 경우 정치체제에 있어 공통적으로 자유 민주주의 체제를 견지해 오고 있으나, 정권의 이념성향에 따라 각각 보수 또는 진보적 성향을 나타내는 정치적 입장과 정책적 입지를 지향해 왔다. 이에 따라 문화정책도 달라져 자유와 평등, 성장과 분배 위주 여하에 따른 정책기조와 문화향수 수혜대상 및 행·재정적 지원의 주요대상, 대북 문화교류의 행태 변화, 그리고 정책추진의 주체세력 형성 등에서 차이점이 나타난다. 이는 문화예술계 인사정책과 언론정책을 비롯한 지원정책 등에서 대립과 갈등의 원인이 되어 정책운영상의 폐해를 낳기도 하였다.

이분적 사고에 의한 보수 및 진보성향의 양분화로 대립과 갈등이 계속되어 왔는데, 이는 과거 반공이념과 남북분단의 이데올로기에 의한 대북 정치적 입장과 개혁성에 대한 현실적 단순논리에서 비롯된 것으로 진정한 보수와 진보의 개념을 일탈한 일반 정서적 잣대가 문제이며, 맹목적이고 고질적인 대립과 갈등에

244) 김수갑, "문화국가를 위한 법체계 검토" 문화정책논총, 제18집, (2006) pp. 40

서 벗어나 문화정책을 비롯한 국가정책 과정에서의 소통과 화해 및 통합의 정신으로 상호이해와 협력에 의한 발전적인 공동영역의 형성과 확장이 절실히 요망된다고 할 것이다.

일곱째, 대통령의 성격과 리더십에 따라 문화정책이 영향을 많이 받는데, 구체적인 정책수립과 집행에 대하여는 참모진과 장관에게 위임하는 행태가 일반적이어서 정책을 성공적으로 이끌어 나갈 능력과 자질을 갖춘 장관과 참모진의 적재적소의 등용이 중요하며, 대통령의 성격과 리더십유형을 고려하여 정책적 조화를 이룰 수 있는 성격과 리더십 유형의 소유자가 요구된다고 하겠다.

특히, 문화정책의 결정권자이자 정책책임자인 대통령과 문화부 장관과의 역할과 위상을 고려하여 정치성과 전문성, 균형성과 책임성 차원에서 집권화모형 또는 분권화모형에 대한 접근방법의 채택문제가 매우 중요하다고 할 것이다. 문화정책을 결정함에 있어 대개는 행정관료들을 중심으로 문화예술계, 학계 등 전문가들의 자문이나 의견수렴을 거쳐 결정하며, 조직 내부의 역학관계에 의해서 또는 정치적 압력단체나 관련 이익집단의 영향이 혼합되어 결정되기도 한다.

이러한 점에서 과거 문화정책들이 대통령과 장관, 그리고 일부 관료들에 의해 독점적으로 주도되었던 행태를 벗어나 정책과정상의 투명성과 공정성, 민주성과 형평성을 높일 수 있도록 국민적 참여와 합의라는 정치적 과정의 정당성을 확보하고, 다양한 전문가와 이해집단의 참여 확대는 물론, 그들의 역할을 증대하고 활성화할 수 있는 개방적인 정책시스템을 갖춰 나가야 할 것이다.

여덟째, 대통령의 선거공약 사항은 국민에 대한 정치적 사전약속이자 정부의 기본정책방향이라 할 수 있다. 선거공약의 구호에 현혹되지 않고, 정책으로서의 소망성과 실현가능성을 철저히 따져서 판단하는 현명한 결단은 국민들의 몫이라 하겠다. 매니페스토(Manifesto) 운동[245]이 활발하게 논의되고 추진되는 요즘에는 과거보다 그 폐해가 적고, 공약을 이행하게 하는 정치적 압력과 정부 스스로의 도덕성과 사명감으로 공약이 갖는 정책적 의미가 훨씬 커졌다고 할 것

245) 이는 선거와 관련하여 유권자에 대한 계약으로서의 공약, 곧 목표와 이행 가능성, 우선순위, 예산 확보의 근거 등 예산과 추진일정 등을 구체적으로 제시한 정책공약을 말한다. 우리나라의 경우 2000년에 전개되었던 낙천·낙선운동의 연장선상에서, 2006년 5월 31일의 지방선거를 계기로 후보자들이 내세운 공약이 구체성을 띠고 있으며, 실현 가능한지, 곧 '갖춘 공약'인지의 여부를 평가하자는 매니페스토 운동이 시민단체를 중심으로 전개되었다. (네이버 백과사전, Encyber & Encyber.com, (http://100.naver.com))

이다. 이를 통하여 선거에 승리한 정당이나 후보자에게 이행에 대한 책임을 물음으로써 이행 정도에 따라 다음 선거에도 많은 영향을 미친다.

대선공약이 국가정책에 대한 국민의 지지를 바탕으로 선거를 승리로 이끌기 위한 정치적인 대국민 약속인 점을 감안하면, 무엇보다도 집권기간 동안 공약사항을 이행하여야 한다는 사명과 신뢰가 최우선이다. 이를 위해서는 대선공약을 실현가능한 정책으로 구체화하여 실천하고자 하는 대통령의 정책의지와 관료들의 정책적 뒷받침이 매우 중요하다고 하겠다.

아홉째, 시대정신과 국내외적 정치상황 및 환경에 대응하여 문화정책을 수립하고 추진할 경우 정치적 구호나 전시적 효과를 겨냥한 임기응변적인 명분상의 정책이어서는 안 되며, 그에 적합한 정책개발을 통해 이를 호재로 활용하거나 확대재생산할 수 있는 발전적 계기를 마련할 수 있어야 할 것이다.

본 연구는 과거 문화정책의 이념과 가치의 흐름을 중심으로 문화정책을 이해하고, 이를 근거로 새로운 문화정책의 이념을 정립하고 정책의제와 목표를 설정하여 문화정책을 수립하고 시행하는데 도움을 주는 한편, 우리나라의 정치적 변화에 능동적으로 대처하여 어떠한 정책이념을 바탕으로 문화정책을 전개해 나가야 할 것인지 그 방향을 시사해주고자 한 것이다. 아울러 과거 역대 정부에서 시행되었던 문화정책에 대한 시행착오와 문화적 갈등의 부작용 등을 되풀이하지 않도록 사전에 예방할 수 있는 정치적, 정책적 사전준비와 경계심을 철저히 해야 할 필요성을 환기시키고자 함에도 그 의의가 있다 할 것이다.

따라서 보다 바람직한 문화정책을 위해서 정치체제의 구조나 운영방식의 개선을 위해 정치적으로 부단히 노력하고, 정책결정권자의 전반적인 정책결정 및 판단능력의 향상과 올바른 정책방향 및 내용의 선택을 위해서 이들에 대한 정확하고 올바른 정보와 자문, 보좌와 직언, 정도의 정책적 자세 등에 신중한 선택과 노력이 필요하다고 하겠다.

그간 문화행정 체계 및 문화정책의 변천을 통해서 볼 때, 문화정책이 일관성을 유지하거나 문화 본연의 의미를 정책적 차원에서 시행하기가 어려웠고, 정부가 바뀔 때마다 문화정책의 일관성과 연속성을 유지하지 못하고 수정되거나 폐기되었으며, 그를 대체할 정책을 새로 작성하여 정책내용이 대체로 대동소이함에도 불구하고, 새로운 정책을 수립하고 개발했다는 정책의 정체성과 신뢰성을 주기 위해 거의 예외 없이 반복적으로 새로운 정책과 계획을 추진하여 온 게 사실이다.

또한 문화계는 순수문화와 참여문화로 이분화되어 이념적 차이로 인한 대립과 갈등현상을 노출하고, 국가의 문화정책에 대한 대응과 비판의 역할을 다하지 못한 채 고질적인 분파적 대립을 지속하여 왔다.

정치의 요체가 정당화이고 경제의 요체가 효율화인 반면, 문화의 요체는 의미화로 정의할 수 있다는 점을 감안하면, 문화의 논리는 정치논리나 경제논리와는 원론적으로 구분되어야 할 것이다. 탈냉전과 함께 이념적 갈등이 점차 퇴조하면서 문화부문에 대한 정치적 논리나 관여는 현저히 약화되고 있으나, 아직도 문화정책에 대한 경제적 논리나 경제주의적 문화관이 특히 문화산업에 대한 경쟁력 강화 차원에서 효율성을 앞세워 답습되고 있다.

문화가 소수의 엘리트나 예술가들만의 전유물이 아닌 국민 모두의 공적 자산으로, 고급 문화예술의 진흥이나 대중문화 억제가 아닌 삶의 질 향상을 위한 복지문화의 정착으로, 정권홍보나 정치수단이 아닌 국민 통합과 국가발전의 원동력으로서의 문화 본연의 위상을 다지는 정책으로 나아가야 할 것이다. 그야말로 선택이 아닌 당위의 문제로 확실하게 인식되어야 한다. 특히 문화정책이 정치로부터 일정부분 자율성과 독자성이 보장되고, 국가정책으로서의 일관성과 지속성을 유지해야 한다는 기본전제가 확보되어야 할 것이다.

한편, 주로 전통문화와 예술창작 부문이 문화정책의 주요 대상이었던 초기와는 달리, 요즘은 문화의 가치와 역할의 중요성이 날로 증대하고 문화의 범위와 영역이 확대되어가고 있다. 다원화되고 민주화된 사회, 국제교류의 일상화, 여가사회화, 지방화시대 등 정치적 사회 환경의 변화와 지식기반 중심의 경제·산업구조의 변화는 문화정책에 대한 사회 전반의 인식을 확대하고, 문화정책을 바라보는 시각, 즉 패러다임을 변화시키고 있다. 또 정보화로 대변되는 오늘날의 지식기반 사회는 창의성과 다양성이 국가의 발전을 이끌어가는 핵심의제가 되고 있다. 그간 국민들의 문화복지와 대중문화로 그 범위가 점차 확대되어 왔고, 또 문화와 콘텐츠의 융합현상이 확대되어 문화정책의 영역선정도 이분법적인 접근에서 통합적인 접근전략으로 추진할 필요성이 커진 것이다.

문화정책의 여건과 전망을 바탕으로 향후 문화정책이 나아가야 하는 기본방향을 종합하면, 크게 다섯 가지로 요약될 수 있다.[246] 첫째, 문화적 가치에 대한 사회적 인식을 지속적으로 확산시켜 나가야 한다. 둘째, 국민들의 삶의 질을 높여 국민생활을 풍요롭게 하는 문화정책을 실현해야 한다. 셋째, 사회의 구조적 변화에 따른 새로운 수요에 부응하는 정책이 되어야 한다. 넷째, 고유한 개성이 분출하는 지역문화의 창출을 위한 문화정책이 필요하다. 다섯째, 국민을 경제적으로 풍요롭게 하는 문화정책이 되어야 한다.

따라서 위와 같은 문화정책의 기본방향을 감안할 때, 앞으로 추진해야할 문화정책은 첫째, 문화발전을 국가발전을 위한 국정운영의 핵심목표로 하여 문화를 활용한 사회정책을 효율적으로 추진하고, 둘째, 다양한 문화욕구 충족을 통한 풍요로운 문화생활을 누릴 수 있는 창조적 수요자 중심의 문화정책으로 전환하며, 셋째, 문화의 가치에 대한 사회적, 정책적 인식을 확산시키고, 넷째, 지역 고유의 문화와 전통을 특성화하여 지역문화를 문화복지 차원에서 육성하며, 다섯째, 문화예술의 교육을 강화하여 문화예술 수요기반을 확대해 나가도록 해야 할 것이다.

이러한 문화정책을 추진할 수 있는 정책기반을 조성하기 위해서는 조직의 운영과 효율성을 강화하기 위한 조직 혁신과 체계 확립, 급증한 문화수요에 대한 안정적 재정확충과 실효성 있는 계획 수립, 행정관료의 역량과 전문성 강화, 그리고 정책사업을 뒷받침할 수 있는 법제정비와 시설확충이라는 행정체계상의 전제가 필요하다고 하겠다.

1990년대 이후부터 지금까지의 문화정책과 앞으로의 환경여건의 변화를 고려하여 차기정부에서 추진해야할 문화정책 과제로서 참여와 체험활동 중심의 국민 창의성 제고, 문화다양성과 다문화활동 증진, 문화공간 조성 및 운영 확대, 지역문화 특성화와 문화예술 교육의 강화, 그리고 정책추진 체계의 개선 및 효율화 등을 제시하고 있다.[247]

이는 일반적으로 지향하는 문화정책의 이념과 목표에 의거한 본연의 역할기능을 고려할 때, 문화향유의 기회확대(생활문화 공간 및 참여프로그램 등 인프라 확충), 문화의 정체성 확립(전통문화와 민족문화의 확대발전 및 문화공동체 형성), 문화활동의

246) 오양렬, "문화예술환경의 변화와 문예정책의 새로운 방향" 문화정책논총 제19집 (2007) p.118
247) 양건열, "참여정부 문화정책과 향후과제", (서울: 문화관광부), (2007)

연계성 강화(유기적 문화행정 체계 및 참여적 협력체제 구축), 문화산업의 육성(전략적 육성 및 집중 지원), 그리고 문화적 감성계발(국민의 창의성 제고 및 문화예술 교육 활성화) 등이 핵심적인 문화정책의 발전과제라는 사실과 일맥상통한다.

향후 정부가 문화정책을 수립할 경우에는 정책대상과 영역이 다양해지고 확장되어간다는 점을 고려하여 예상되는 문화환경의 변화에 부응하는 문화정책을 제시하여야 한다. 그 일례로 세계화의 흐름과 함께 국제적 혼인과 고용에 의한 이주로 말미암아 형성되고 융합하는 다문화사회의 출현에 대응하여 이를 사회현상의 한 축으로 수용하는 문화정책의 수립, 시행이 절실히 요구된다고 하겠다.

따라서 사회환경의 변화, 국민경제적 여건, 국제적 상황변화 등을 세심하게 관찰하고 예측하여 문화정책의 이념과 목표를 먼저 정하고, 핵심적인 정책의제의 채택과 함께 정책을 형성해나가야 할 것이다. 창의적 문화복지사회 건설에 역점을 두고, 문화가 국가발전을 위한 경쟁력의 요체이자 국민들의 삶의 질을 향상시키는 원천이라는 점을 깊이 인식함과 동시에 정치체제적, 인적, 제도적, 상황적 요인들을 감안하여 문화정책의 방향, 목표와 전략 및 내용을 설정하여 실효성 있는 정책사업을 추진해야 할 것이다.

이는 문화정책 과정과 정책내용에 가장 밀접한 영향력을 갖고 있는 정책 결정권자들, 즉 대통령과 장관, 그리고 정부의 행정관료와 문화전문가들이 스스로 정책적 균형감각을 갖고 유념해야 할 일이라 하겠다. 실현가능성이 높은 정책이나 계획이 수립되어야 국민의 소망성과 국민수요를 충족시킬 수 있기 때문이다.

또한 일과 여가의 균형이 강조되고 있는 여가중심의 소비사회에 대비하고, 문화영역에서 기존의 장르나 영역중심보다는 콘텐츠중심으로 혼성적 형태의 문화적 융합이 이루어진다는 점과 인구구조의 변화에 따른 문화수요의 증대와 변화, 그리고 라이프스타일의 변화와 교육수준의 향상으로 인한 프로슈머 시대의 도래와 지식기반 서비스산업의 성장에 따른 문화인력 수요증가 등에도 관심을 제고할 필요가 있다 하겠다.

앞으로의 문화정책은 문화의 발전방향을 규범적으로 제시할 것이 아니라, 전체 국민들이 문화예술의 주체라는 사실의 인식하에서, 국민들의 합의를 기반으로 한 동의와 참여를 이끌어내 실제 삶 속에서 문화가 창조되고 생산되며 향유되고 소비되는 방식에 중점을 두어야 할 것이다. 따라서 미래사회의 문화정책[248]의 방향과 과제를 예측하기 위해서는 문화의 생산, 유통 및 소비구조에 영향을 미치는 다양한 환경에 대한 충분한 검토가 선행되어야 할 것이며, 나아가 창의사회 건설, 경제발전, 지역발전, 국제공동체 형성 등 보다 상위의 이념들과의 연관성 속에서 이해할 필요가 있다. 미래사회의 문화정책은 상호 공존하는 조화와 균형의 가치를 추구하는데 초점을 맞추고, 다양한 이념과 가치를 지향해 나가야 할 것이다.

'창의한국'에서도 밝혔듯이, 앞으로는 우리사회에서 문화가 차지하는 위상이나 문화의 긍정적 잠재력을 사회적으로 극대화할 수 있는 많은 과제들을 해결하기 위한 '문화비전'이 필요하며, 이는 국민과 함께 추구해야할 문화의 미래상과 지향해야할 가치를 명확히 설정해야 하는 문화에 대한 근본적인 문제의식에서 표출된 산물이어야 한다.

따라서, 문화정책은 문화개념의 확대와 문화영역의 재편에 따라 사회문제에 대한 해결을 위해 문화적 접근과 문화적 처방이 필요하다는 점과, 문화가 사회를 구성하는 3대축의 하나로서 정치, 경제와 함께 상생하는 균형발전과 문화를 통한 지속가능한 발전이 국가발전의 새로운 전략이자 발전 패러다임이라는 점을 고려하여 수립되고 추진되어야 할 것이다.

나아가 급변하는 사회적 현상과 사회구조적 변화로 출현된 다원적인 문화사회는 문화 민주주의를 통해서 형성되고, 그 속에서 다양성과 자율성, 그리고 정체성이 존중되는 문화적 권리를 보장받으며, 진정한 의미의 사회통합을 이룰 수 있기 때문에 궁극적으로는 문화 민주주의의 구현에 문화정책의 초점을 맞춰 나가야 할 것이다.

또한 국가사회의 발전방향과 새로운 가치관의 형성, 사회통합과 민족통합, 다원주의와 민주화를 위한 중요한 가치를 지닌다는 문화적 의미에 초점을 두고, 문화적 관점과 문화논리에 기초한 문화의 정치가 이루어져야 할 것이다.

이러한 맥락에서 "우리나라가 세계에서 가장 아름다운 나라가 되기를 원한다. 오직 한없이 가지고 싶은 것은 높은 문화의 힘이다. 문화의 힘은 우리 자신을 행복하게 하고, 나아가서 남에게도 행복을 주기 때문이다. 우리나라가 남의 것

---

248) 창의적인 미래 문화정책에 대하여는 임학순 (2003), pp.33－46 참조

을 모방하는 나라가 되지 말고, 이러한 높고 새로운 문화의 근원이 되고, 목표가 되고, 모범이 되기를 원한다"고 문화의 중요성과 창조적 문화의 힘을 역설한 백범 김구 선생의 소위 '문화강국론'을 우리나라의 정치지도자와 문화정책 결정권자들이 정책적 지표로 삼아 우리의 문화정책을 수립하고 시행해 나가야 할 것이다.

참고문헌

국문

강내희, 「한국의 문화변동과 문화정치」 (서울: 문학과학사, 2003)

강윤호, "지방정부의 정책선호와 그 결정요인" 「한국행정학보」, 2002

구광모, 「대통령론: 지도자의 개성과 유형」 (서울: 고려원, 1984)

- 「문화정책과 예술진흥」 (서울: 중앙대학교출판부, 1999)
- "우리나라 문화정책의 목표와 특성" 「문화정책논총」 제11집, 1999

김강녕, 「현대정치학」 (서울: 법문사, 2007)

김강녕 역, 「현대정치체제론」 (서울: 인간사랑, 1991)

김대중, 「나의 삶 나의 길」 (서울: 도서출판 산하, 1997)

김문환. 양건열, 「한국문화정책연구의 동향」, 한국문화정책개발원, 1998

김석준, 「대통령과 국가정책」 (서울: 대영문화사, 1994)

- 「현대 대통령 연구1」 (서울: 대영문화사, 2000)

김세준, "문화정책교육의 해외현황: 미국의 사례를 중심으로" 「정책과 지식」 제266호, 2006

김세중 외, "IMF 체제하의 한국의 문화외교", 「문화정책논총」 제9집, 1997

김수갑, "문화국가를 위한 법체계 검토" 「문화정책논총」 제18집, 2006

김영명, 「한국현대정치사」 (서울: 을유문화사, 2000)

김운태 외, 「한국정치론」 (서울: 박영사, 1999)

김종기 외, 「서울올림픽의 의의와 성과」 (서울: 한국개발연구원, 1989)

김종석, "대통령의 성격유형과 리더십스타일에 관한 연구－융의 심리학적 유형론을 중심으로"

「서울대학교 행정대학원 석사학위논문」, 2001
김호진, 「한국정치체제론」 (서울: 박영사, 2003)
「한국의 대통령과 리더십」 (서울: 청림출판, 2008)
김호진 외, 「한국의 도전과 선택」 (서울: 나남, 1997)
남시욱, “노무현정부 평가: 노무현정부와 언론”, 「정책제안」, 자유기업원, 2007
노화준, 「정책학원론」 (서울: 박영사, 2000)
류정아, 「문화정책의 새길 트기」, 한국문화관광연구원, 2008
박종국 외, 「문화발전중장기계획연구」 한국문화예술진흥원, 1989
서순복, “문화예술진흥법의 내용분석과 환경변화에 따른 입법방향” 「문화정책논총」 제18집, 2006
송하중, 「새 정부혁신의 전략과 과제」 (서울: 법문사, 2001)
신정현, 「정치학」 (서울: 법문사, 2000)
안병만, 「한국정부론」 (서울: 다산출판사, 1994)
“역대통치자의 리더십 연구” 「한국행정학보」, 1998
안철현, 「한국현대정치사」 (서울: 새로운사람들, 2009)
양건열, “IMF체제하의 문화정책과제의 방향설정을 위한 문화예술인들 의견조사”, 「문화정책논총」 제9집, 1998
오양렬, “한국의 문화행정체계50년” 「문화정책논총」 제7집, 1995
“문화예술환경의 변화와 문예정책의 새로운 방향” 「문화정책논총」 제19집, 2007
윤성식, 「정부혁신의 비전과 전략」 (서울: 열린 책들, 2003)
윤형섭 외, 「한국정치과정론」 (서울: 법문사, 1988)
이정식 외, 「정치학」 (서울: 대왕사, 2001)
이종률, 「대통령」 (서울: 통일시대연구소, 2002)
이종인, “한국의 문화정책에 관한 연구” 「단국대학교 행정대학원 석사학위논문」, 1985
이홍재, 「문화예술정책론」 (서울: 박영사, 2005)
「문화정책」 (서울: 논형, 2006)
이홍재 역,「예술경영과 문화정책」 (서울: 역사넷, 2002)
임학순, 「창의적 문화사회와 문화정책」 (서울: 진한 M&B, 문화콘텐츠산업총서, 2003)
“문화정책의 연구영역과 연구경향 분석” 「문화정책논총」 제8집, 1996
“문화정체성 제고정책의 변천과정” 한국문화정책개발원, 2002
“문화정책의 역사적 전개 과정” 한국문화관광정책연구원, 2003
“우리나라 문화정책 연구 경향분석” 「문화정책논총」 제21집, 2009
정갑영, “우리나라 문화정책의 이념에 관한 연구” 「문화예술논총」 제5집, 1993
“세계화의 의미와 문화정책의 기본 방향” 「문화정책논총」 제6집, 1994

"국민문화창조력의 의미와 활성화를 위한 정책방향" 「문화정책논총」 제12집, 2000

정광렬, "문화정책 연구의 정체성과 과제" 「문화정책논총」 제21집, 2009

정범모, 「21세기와 창조적 풍토」 (서울: 한국정신문화연구원, 1994)

정윤재, 「정치리더십과 한국민주주의」 (서울: 나남출판, 2003)

정정길 외, 「정책학원론」 (서울: 대명출판사, 2008)

정정호, 「이론의 정치학과 담론의 비판학」 (서울: 푸른사상, 2005)

정철현, 「문화정책론」 (서울: 서울경제경영, 2008)

정홍익, 「문화정책의 역사적 분석」, 1991

「문화정책의 회고와 발전방안」, 1995

"문화정책연구－개념틀과 분석" 「한국행정학보」 제25권 제4호, 1992

"문화정책의 가치론적 접근" 「문화예술논총」 제5집, 1993

"정책준거로서 세계화와 문화정책의 과제" 「문화정책논총」 제6집, 1994

조애리 외 역, 「문화코드」 (서울: 한울, 2008)

조현성, 「2000 문화예술단체 실태조사」, 한국문화정책개발원, 2000

「문화예술통계」, 한국문화관광연구원, 2007

「2007 문화예술백서」, 한국문화관광연구원, 2007

최진, 「대통령리더십 총론」 (서울: 법문사, 2008)

"국정지도자의 화법과 의사소통" 「목요국정포럼」, 2009

한국정책학회, 「대통령과 국가정책」 한국행정학회, 1994

한국정치학회, 「현대한국정치론」 (서울: 법문사, 1987)

「한국현대정치사」 (서울: 법문사, 1995)

한승희, "IMF 체제에서의 문화교육의 과제와 방향" 「문화정책논총」 제9집, 1997

함성득, 「대통령학」 (서울: 나남출판, 1999)

"대통령학의 이론적 고찰과 우리의 과제" 「한국행정학보」, 1997

"성공적 대통령을 위한 국정운영리더십" 「한국정치학회보」 제32권1호, 1998

홍원기, "문화정책연구에 대한 학문분야로서의 정체성 탐구" 「문화정책논총」 제21집, 2009

경제기획원(재정경제원), 「각년도 예산개요」, 1969~1995

공보처, 「제6공화국실록(교육 · 사회 · 문화 · 체육 · 청소년 · 여성편)」, 1992

「노태우 대통령 정부 5년」, 1992

「변화와 개혁 김영삼 정부 국정5년 자료집」, 1997

문공회, 「문화공보연감(문화부편)」, 1992

문교부, 「문교40년사」, 1988

문화공보부, 「문화공보30년」 (서울: 문화공보부, 1979)

「문화발전장기정책구상(1986~2000)」, 1985

「한국문화예술진흥원, 문화발전10개년계획의 방향」, 토론회자료, 1989
문화공보부, 문화부, 문화체육부, 문화관광부,「각년도 사업예산개요」, 1969~2007
문화부,「문화발전10개년계획」, 1990
「우리나라 문화행정」, 1992
「문화공보연감: 문화부편」, 1992
문화체육부,「새문화 · 체육 · 청소년진흥5개년계획」, 1993
「문화창달5개년계획: 사업별설명자료」, 1993
「문화비전2000: 문화의 세기가 오고 있다」, 1997
문화관광부,「2002문화정책백서」, 2003
「창의한국」, 2004
「새예술정책－예술의 힘」, 2004
「미래의 문화 문화의 미래」, 2004
「2007문화정책백서」, 2008
문화관광부. 한국문화정책개발원,「문화예술통계」, 1995~1998
한국문화관광연구원,「참여정부 문화정책과 향후 과제」, 2007
「문화정책논총」, 제16집－19집(2004－07), 제21집(2009)
한국문화예술진흥원,「제1차문예중흥5개년계획의 방향」, 1979
「한국의 문화정책」, 1992
「문예진흥원 20년사」, 1993
「문화예술논총」, 제1집(1988), 제5집(1993)
「문화도시 문화복지」,「문화시선」,「문화예술연감」
각종 문화정책자료
한국문화정책개발원,「뉴미디어시대의 문화정책과제」, 1995
「21세기를 향한 한국문화의 비전과 전략」, 1996
「문화정책연구의 새로운 전망」, 1997
「창의적 문화국가건설을 위한 정책제안」, 1998
「순수문화예술진흥방안연구」, 2000
「문화정체성 확립을 위한 정책방안 연구」, 2002
「문화정책논총」 제6집(1994), 제8－9집(1996－97), 제11－12집(1999－2000)
「통계로 보는 우리문화」, 1995~1998
각종 문화정책자료
한국예술종합학교,「한국현대예술사대계」(1권~6권) (서울: 한국예술연구소, 1998－2005)
기타 참고자료: 역대 대통령의 선거공약, 연두교서, 취임사, 치사, 지시사항 등

영문

Almond, Gabriel A. and Powell, G. Bingham, *Comparative Politics*, Boston: Little Brown and Company, 1978

Almond, G.A. and Verba S., *The Civic Culture*, Prinston, N.J.: Prinston Univ. Press, 1963

Barber, J. David, *The Presidential Character*, ; *Predicting Performance of white House*, 4th ed. Englewood Cliffs, New Jersy, Prentice–Hall, 1992

Bennett, O., '*Cultural Policy, Cultural Pessimism and Postmodernism*', European Journal of Cultural Policy, Vol.4, No.1, 1997

Bennett T., *Culture and Policy: Acting on the Social, Cultural Policy*, Vol.4, No.2, 1998

Bourdieu P., *Distinction*, Boston: Harvard Univ. Press, 1984

Brooker P., *Cultural Theory : A Glossary*, London : Arnold, 1999

Department of Culture, *Media and Sports, The New Creative Industries Mapping Document*, 2001

Easton, David, *Categories for the System Analysis Politics, in D. Easton(ed.), Varieties of Political Theory*: Prentice Hall, 1996

A Framework for Political Analysis, Englewood Cliffs, New Jersey, Prentice–Hall, 1965

The Political System: An Inquiry into the State of Political Science, New York: Alfred A. Knopt, 1953

Elaine Baldwin, B. Longhurst. S. McCracken, M. Ogborn, G. Smith, *Introducing Cultural Studies*, Pearson Prentice–Hall, 1999

Freud, S., *Introductory Lectures on Psychoanalysis*, in standard edition, vols 15 and 16, London Hogarth, 1963

A General Introduction to Psycho–analysis, New York, Pocket Books, 1969

Haksoon Lim, '*Cultural Identity and Cultural Policy in South Korea*', The International Journal of Cultural Policy, Vol.8, No.1, 2002

Julius Gould, in Julius Gould and William Kalb (eds.), A Dictionary of the Social Sciences, New York: Free Press, 1992

Jung, C.G., *A Review of the Complex Theory*, in Collected Works, vol.8 Princeton Univ., Press, 1960

Psychological Types, London and Henry: Routledge and Kegan Paul, 1979

Lasswell, Harold D., *Power and Personality*, New York, Viking Press, 1962

Power and Society: A Framework for Political Inquiry, New Haven, Yale Univ., 1950

Lowi, Theodore G., *The personal President: Power Invested Promise Unfilled*, ithaca and

London, Cornnell Univ. Press, 1985
McGuian Jim, *Culture and the Public Sphere*, London : Routledge, 1996
Mulcahy K.V., '*Cultural Policy : Definitions and Theoretical Approached*', The Journal of Arts Management, Law and Society, Vol.35, No.4, 2006
Murdok, Graham, *Digital Futures: European television in the age of Convergence*, in Jan Wieten, G. Murdok and P. Dahlgren(eds), Television across Europe. London: sage, 2000
Neil Gilbert and Harry Specht, *Dimension of Social Welfare Policy*, Englewood Cliffs, N.J.: Prentice－Hall, 1974
O'Donnell, G. "*Reflections on the Patterns of Change in B－A state*", Latin American Research Review, Vol.13, no.1, 1978
O'Donnell, G. A. and Schmitter, P.C., Transitions from Authoritarianism Rule: *Tentatative Conclusions about Uncertain Democracies*, Boltimore: Johns Hopkins Univ. Pr., 1986
Parsons, Talcott, *The Social System*, New York : The Free Press, 1951
R. Robertson, *Globalization as a Problem: Social Theory and Global Culture*, 1992,
Roy C. Macridis, *Modern Political Regimes－Patterns and Institutions*, Boston: Little Brown and Company, 1986
Smith P., *Cultural Theory*, Oxford : Blackwell Publishers Inc., 2001
Swaim, C. Richard, "*Public Culture and Policy Analysis: An Introduction*", in Mulcahy Kevin V. & Richard Swaim C.(ed),Public Policy and the Arts, Westview Press, Boulder, 1982
Taylor, A., "'*Arm's Length but Hands on*', *Mapping the New Governance : The Department of National Heritage and Cultural Politics in Britain*", Public Administration, Vol.75, No.3, 1997
Throsby, *Economics and Culture, Cambridge* : The Press Syndicate of the Univ. of Cambridge, 2001
Tomlinson, J., *Globalization and Culture*, Cambridge: Polity Press, 1999
UNESCO, *Cultural Industries : A challenge for the future of culture*, France : Imprimerie de la Manutention, 1982
Williams R., Keyword: *A Vocabulary of Culture and Society*, London: Fontana, 1983
Zimmer A. and Toepler S., '*Cultural Policies and the Welfare State : The Cases of Sweden, Germany and the United States*', The Journal of Arts Management, Law and Society, Vol.26, No.3, 1996

찾아보기

ㄱ

ㅂ

ㅅ

ㅇ

1

2

3

4

5

6

7

8

한국정치와 문화정책

초판발행 2026년 1월 15일

지은이 백 익
펴낸이 안종만 · 안상준

편 집 전혜민
기획/마케팅 정성혁
표지디자인 BEN STORY
제 작 고철민 · 김원표

펴낸곳 (주) 박영사
서울특별시 금천구 가산디지털2로 53, 210호(가산동, 한라시그마밸리)
등록 1959. 3. 11. 제300-1959-1호(倫)
전 화 02)733-6771
f a x 02)736-4818
e-mail pys@pybook.co.kr
homepage www.pybook.co.kr
ISBN 979-11-303-9761-0 93340

정 가 22,000원